테슬라 리부트

테슬라 리부트

백수전 지음

AI 패러다임을 이끄는 위대한 전환

한국경제신문

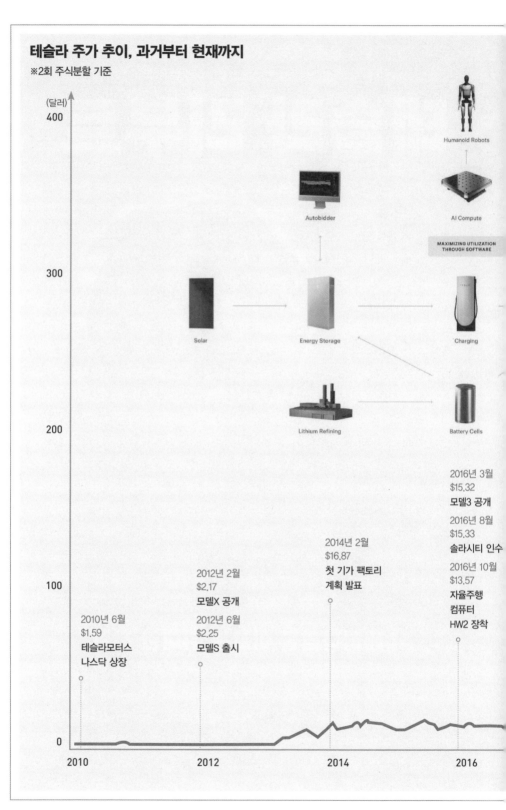

테슬라 주가 추이, 과거부터 현재까지

※2회 주식분할 기준

(달러)

Humanoid Robots

Autobidder

AI Compute

MAXIMIZING UTILIZATION
THROUGH SOFTWARE

Solar

Energy Storage

Charging

Lithium Refining

Battery Cells

400

300

200

2016년 3월
$15.32
모델3 공개

2016년 8월
$15.33
솔라시티 인수

2014년 2월
$16.87
**첫 기가 팩토리
계획 발표**

2016년 10월
$13.57
**자율주행
컴퓨터
HW2 장착**

2012년 2월
$2.17
모델X 공개

100

2010년 6월
$1.59
**테슬라모터스
나스닥 상장**

2012년 6월
$2.25
모델S 출시

0

2010   2012   2014   2016

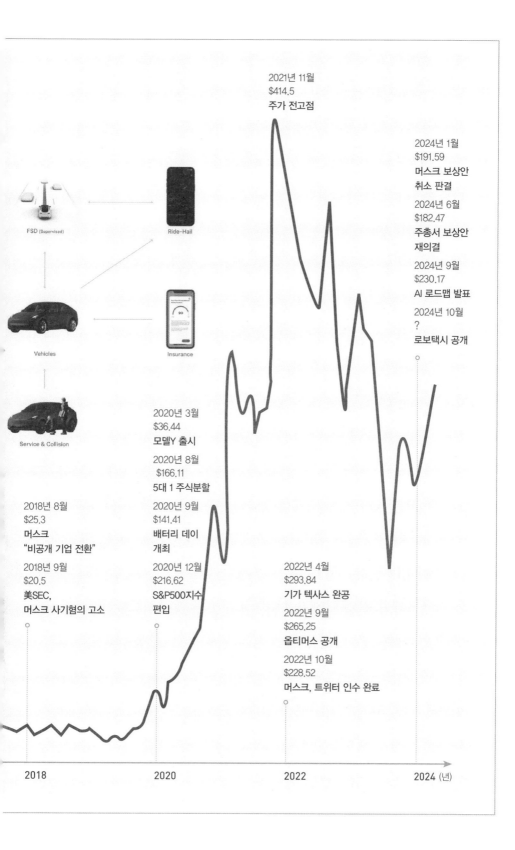

2021년 11월
$414.5
주가 전고점

2024년 1월
$191.59
머스크 보상안
취소 판결

2024년 6월
$182.47
주총서 보상안
재의결

2024년 9월
$230.17
AI 로드맵 발표

2024년 10월
?
로보택시 공개

FSD (Supervised)

Ride-Hail

Vehicles

Insurance

Service & Collision

2020년 3월
$36.44
모델Y 출시

2020년 8월
$166.11
5대 1 주식분할

2020년 9월
$141.41
배터리 데이
개최

2020년 12월
$216.62
S&P500지수
편입

2018년 8월
$25.3
머스크
"비공개 기업 전환"

2018년 9월
$20.5
美SEC,
머스크 사기혐의 고소

2022년 4월
$293.84
기가 텍사스 완공

2022년 9월
$265.25
옵티머스 공개

2022년 10월
$228.52
머스크, 트위터 인수 완료

2018   2020   2022   2024 (년)

왜 우리는 테슬라에 열광하는가

첫 만남, 2016년 5월

미국 중서부 와이오밍주의 옐로스톤국립공원. 여행 특집기사를 위해 4년 만에 미국을 찾았다. 이곳의 유명 볼거리인 간헐천(뜨거운 물이나 수증기를 뿜어내는 온천)을 둘러보고 나온 주차장엔 관광객들의 스포츠 유틸리티차(SUV)나 미니밴, 렌터카가 빼곡했다. 유독 한 차량이 눈길을 끌었다.

　유광의 보라색으로 랩핑을 한 세단은 한낮의 햇살을 받아 영롱하게 반짝였다. 물 흐르듯 유려한 라인에 길고 낮은 차체. 그 어디서도 본 적이 없는 차였다. 호기심이 생겼다. 가까이 다가가 차량 뒷부분을 살펴봤다. 은색의 'T' 로고 밑 크롬 장식에 'TESLA'란 이름이 새겨져 있었다. 테슬라의 전기 세단 모델S를 처음으로 본 순간이었다.

'테슬라, 이게 전기차구나.'

20대부터 나는 자동차에 관심이 많았다. 주말이면 차를 산다는 명목으로 여러 브랜드의 차량을 시승했다. 국내에 없는 마이너 브랜드의 차량도 찾아보곤 했다. 하지만 나의 인식은 '자동차=내연기관차'라는 명제에 갇혀 있었다. 8년 전 전기차는 소비자들에게 전혀 고려 대상이 아니었다. (테슬라는 2016년 8월 한국 시장에 진출했다.) 자동차 마니아들도 테슬라를 이색 마이너 브랜드 정도로 여겼다.

그날 밤 숙소에 돌아와 노트북을 펴고 테슬라를 검색했다. 전기차보다 눈길을 끌었던 건 이 회사의 수장인 일론 머스크(Elon Musk)였다. 주류 언론에 비친 그는 철저한 아웃사이더였다. 영화 〈아이언맨〉의 실제 모델이자 기행을 일삼는 괴짜 CEO였다(전자보다 후자에 무게가 실렸다). 그는 10년 전부터 '지속 가능한 에너지의 확산'이란 아무도 믿지 않는 비전을 말하고 있었다. 훗날 그가 세계 최대 부자가 될 것이란 단서는 온라인의 바다 어디에서도 발견할 수 없었다.

폭등, 2019년 12월

테슬라를 투자 대상으로 인식한 건 2019년 하반기다. 테슬라 주가의 급등과 함께 LG화학, 삼성SDI 등 국내 배터리 관련 주식이 수혜를 본다는 〈한국경제신문〉의 기사를 읽었다. 당시 나에게 미국 주식이란 국내 펀드를 통해 간접 투자하는 것이었다. 주변에 직접 주식 투자를 하는 사람들도 삼성전자 등의 국내 우량주나 코스닥의 테마주 위주로 보유했을 뿐 미국 주식을 샀다는 이들은 찾기 어려웠다.

단견이었다. 미국 주식을 알아본 소수의 고수는 한국 주식에서 갈아탄 지 오래였다. 이들은 개별 종목의 부침이 심하고, 배당도 적은 데다, 장기간 횡보하는 국내 주식은 '결국 우상향하는' 미국 주식에 비해 상대적 매력이 떨어진다고 판단했다. 애플, 아마존, 페이스북, 구글, 마이크로소프트(MS) 등 우량 성장주 및 코카콜라, 존슨앤존슨(J&J), 3M 등 안전한 배당주가 인기 투자 종목에 올랐다.

하지만 무엇보다 개인 투자자들의 마음을 사로잡은 주식은 테슬라였다. 이는 미국도 마찬가지였다. 테슬라는 2019년 3분기 흑자 전환과 동시에 중국 상하이 공장의 생산 준비가 완료됐다고 발표했다. 폭등의 방아쇠였다. 주가는 하루 만에 20%가 치솟았고 연말 30달러에 육박했다. 2020년 3월 코로나 사태로 조정받은 주가는 이후 고공행진을 거듭했다. 그해 200달러를 돌파하고 2021년 400달러를 찍었다. 불과 2년 만에 1,000%가 넘는 상승률이었다. 글로벌 전기차 시장에서 판매 100만 대를 넘기며 실제 사업에서도 성공을 거뒀다.

테슬라를 의심의 눈초리로 보던 시장과 언론은 180도 달라졌다. 테슬라가 내일 파산해도 전혀 이상하지 않다고 말하던 공매도 세력은 백기를 들었다. '괴짜 CEO' 머스크는 세계 최대 부자이자 스티브 잡스(Steve Jobs)를 잇는 혁신가로 바뀌었다. 그와 함께 성공의 맛을 본 투자자들의 테슬라에 대한 믿음은 종교처럼 굳건해졌다. 한국에선 이들을 '테슬람'이라고 부르기 시작했다.

일그러진 영웅, 2022년 10월

화장실 세면대를 안고 트위터 본사에 들어선 머스크의 얼굴엔 함박웃음이 피었다. 그는 수개월간 법정 소송 끝에 440억 달러(약 61조 원)에 트위터를 인수했다. 이 모습을 본 주주들은 못내 착잡했다. 2022년 머스크는 인수 대금 마련 등을 위해 테슬라 주식 229억 달러(약 32조 원)어치를 처분했다. 그해 테슬라 주가는 60% 폭락했다. 금리 상승으로 성장주 전반이 약세였지만 머스크의 매각이 하락의 방아쇠였음을 부인하긴 어려웠다.

팬들의 믿음에 금이 간 것도 이즈음부터였다. 무엇보다 트위터 인수 이후 잦아진 머스크의 정치적 발언이 도마에 올랐다. 그간 머스크의 기행과 독설에도 사람들은 '특출난 혁신가'의 성향이라고 너그럽게 보곤 했다. 주가가 오를 땐 모든 게 좋아 보였다. 그러나 상황이 달라졌다. 노골적인 정치색은 반대편에 선 사람들을 불편하게 했다. 특히 개별 소비자를 상대로 자동차를 파는 기업에 불리한 이미지였다.

무엇보다 시장은 금리가 오르자 꿈보다 구체적 숫자를 원했다. 머스크는 지난 수년간 완전자율주행을 이룰 것을 약속했지만 기술의 진보는 더뎠다. 인간형 로봇 옵티머스는 아직 시제품 단계였다. 2023년부터 전기차 시장이 둔화하자 테슬라 매출의 주력인 자동차 판매 성장세도 떨어지는 조짐을 보였다. 테슬라는 가격 인하로 대응했다. 한 번 꺾인 주가는 쉽사리 전고점을 회복하지 못했다.

한국인에게 테슬라는 무엇인가

횡보하는 주가에도 테슬라는 서학개미 부동의 원픽이다. 한국예탁결제원에 따르면 2024년 7월 초 기준 국내 투자자는 140억 달러가 넘는 테슬라 주식을 보유하고 있다. 최근 엔비디아 주가의 급등으로 왕좌를 잠시 넘겨줬지만 지난 4년간 보유액 1위였다. 테슬라는 2024년 들어서도 미국 주식 순매수액 1~2위를 다툰다. 주가가 하락하자 투자자들이 저가 매수에 나선 것이다. 테슬라는 전 세계 개미들이 선호하는 주식이지만 유독 한국에서 큰 사랑을 받고 있다. 도대체 그 이유는 무엇인가.

나는 2022년 4월부터 '백수전의 테슬람이 간다'라는 코너의 기사를 매주 연재했다. 반응은 기대 이상으로 뜨거웠다. 취재를 하면서 온·오프라인의 많은 테슬라 주주들과 만났다. 그중엔 테슬라 커뮤니티에서 존경의 대상인 '1만 주 이상 보유' 자산가들도 있었다(이들은 한사코 언론에 드러나는 것을 꺼렸다). 하지만 대다수는 직장 생활을 하면서 투자를 병행하는 평범한 소액주주들이었다. 성공한 주류와는 거리가 있었다. 그들에게 테슬라 이야기를 꺼내면 눈빛이 달라졌다. 머스크와 테슬라의 비전, 전기차와 자율주행 시대의 예고된 미래, 로봇과 인공지능(AI) 기업의 야망, 언젠가 글로벌 시가총액 1위가 될 것이라는 믿음까지. 책에서, SNS에서, 유튜브에서 접했을 테슬람들의 이야기를 나는 가만히 듣곤 했다. 그리고 그들에게 질문을 던졌다.

"좋습니다. 그러면 선생님은 테슬라 투자에 성공하면 무엇을 하시겠습니까?"

다양한 답변이 나왔던 것으로 기억한다. 조기 은퇴를 하겠다, 노후 자금으로 쓰겠다, 테슬라 사이버트럭이나 로봇 옵티머스를 사겠다, 머스크의 화성행 로켓에 타겠다… 하지만 가장 많았던 대답은 '주택 구입을 하겠다'였다. 그중에서도 단연 서울 아파트를 꼽았다. 나는 그 답변에서 '나도 성공하고 싶다'는 강한 열망을 읽었다. 그들은 이미 다락같이 오른 부동산은 진입하기에 늦었다고 판단했다. 그리고 그 대안으로 테슬라라는 로켓을 택했다.

테슬라는 일론 머스크라는 남아프리카공화국 출신 이민자가 일으킨 회사다. 그는 맨주먹으로 시작했다. 하루 1달러면 살아가는 데 큰 지장이 없었다. 잃을 것이 없었기에 두려울 것도 없었다. 그에겐 어린 시절부터 키운 꿈과 야망, 그리고 인재들을 불러 모을 열망이 있었다. 그것은 범인(凡人)이 이해하기엔 너무나도 큰 것이었다. 머스크는 평생을 사람들에게 손가락질당하는 비주류로 살았다. 상관없었다. 그에게 조롱은 이를 악물게 하는 연료와도 같았다. 세계 최고 부자 반열에 오른 지금도 그는 전혀 달라지지 않았다.

Elon Musk ✔ ✕
@elonmusk

"Don't be the clown on the clown car!"

Too late haha

6:26 AM · Dec 28, 2022 · 37.3M Views

"광대차에 탄 광대가 되지 마세요!"
너무 늦었어. 하하.
– 2022년 12월 27일(현지 기준) 일론 머스크 X

대다수 언론은 머스크의 트위터 글을 두고 하락장에서 고통받는 테슬라 주주들을 조롱하는 뜻으로 해석했다. 하지만 내 생각은 다르다. 그는 (특히 힘든 시기에 본인을 믿어준) 주주를 비웃는 사람이 아니다. 쌍따옴표 안의 문장은 머스크가 누군가에게 들었던 말은 아니었을까. 테슬라 주가가 하락하는데 (트위터를 인수하는 등의) 광대짓 하지 말라는 경고의 말. 머스크는 답했다. "(되돌리기엔) 너무 늦었어"

나는 이 아웃사이더의 성공 스토리가 한국인에게 묘한 울림을 준다고 생각했다. 언제부터인가 한국은 성장의 벽에 부딪힌 채 고착화되고 있다. 한계를 뚫고 나갈 기업가 정신은 자취를 감추고 보신주의만 팽배하다. 겹겹이 쌓인 규제와 기득권의 카르텔은 젊은이와 혁신을 옥죄고 있다. '머스크가 한국에서 태어났다면 의대에 갔을 것'이란 세간의 자조는 괜히 나온 말이 아니다. 문제를 풀어야 할 정치권은 좌우 어디도 의지가 없어 보인다.

왜 한국인은 머스크에게 열광하는가. 틀을 깨부수고 있는 세기의 천재 또는 '관종'. 우리는 오랫동안 그 같은 남자의 등장을 갈구했는지 모른다. 나는 주류 언론과 SNS, 유튜브에 범람하는 '묻지마 찬양 또는 비난' 대신 진짜 그의 모습을 알고 싶었다. 정확히는 한국인에게 테슬라는 어떤 의미인지 찾으려고 노력했다.

테슬라 리부트

1부 '혁신의 주역들'은 그 고민의 결과물이다. 지금까지 머스크를 다룬 수많은 전기(傳記)와 저서가 나왔다. 대부분 그의 일생을 시간순으로 정리한 것들이다. 나는 접근법을 달리했다. 머스크와 관련된 주요 인물을 선별해 그의 여정을 에피소드별로 재구성했다. 가족과 애인, 동료, 정치인, 심지어 적(敵)들까지. 단언컨대 머스크를 모르고선 테슬라를 안다고 할 수 없다. 그의 스토리로 이 책을 시작하는 이유다.

2024년 초 머스크는 테슬라가 성장과 성장의 물결 사이에 있다고 말했다. 제1 성장의 물결은 전기차 전환 혁명이다. 그는 창업 20년 만에 연간 180만 대를 파는 글로벌 자동차 회사를 일궜다. 실로 기적 같은 일이었다. 테슬라는 크라이슬러(1925년 설립) 이후 성공한 유일한 미국 자동차 회사가 됐다. 하지만 고금리 환경 속 불어닥친 전기차 수요 부진과 중국 경쟁자들의 부상은 테슬라의 성장세를 꺾었다. 머스크는 본인이 공언한 2030년 2,000만 대 판매가 불가능하다고 판단하자 미련 없이 제1 성장 모델을 버렸다. 그리고 회사의 비전을 '리부트'했다. 그는 모두에게 말했다. 테슬라는 이제 'AI & 로봇 컴퍼니'라고.

2부 'AI, 그 험난한 여정'과 3부 '테슬라의 경쟁자들'은 AI 혁명이라는 제2 성장의 물결로 전환하는 테슬라의 분투를 소개한다. 자율주행과 로봇 및 그것들의 두뇌가 될 AI까지 테슬라에 관한 최신 이슈를 추적하고 관련 인물을 인터뷰했다. 애플과 MS, 오픈AI, BYD, 도요타, 현대차 등 테슬라를 위협하는 경쟁자들의 이야기도 지난 3년간 취재를 토대로 풀어냈다.

마지막으로 4부 '테슬라 투자법'에서는 실제 투자를 다룬다. 2020년 이후 테슬라 주가의 급등락을 거치며 성공과 실패를 맛본 투자자들의 생생한 사례를 담았다. 특히 국내 투자자의 관심이 큰 부동산과 비교했다. 다양한 테슬라 투자법과 목표 주가를 계산하는 방법도 알아본다. 여기에 천기누설이나 대박의 비법은 없다. 대신 전설적인 투자 대가들의 조언을 청취했다.

투자는 냉정해야 한다. 테슬라를 포함해 그 어떤 주식도 '묻지마 투자'가 되어선 곤란하다. 테슬라와 머스크를 균형 있게 아는 것이

건강한 투자의 첫걸음이라 생각하고 이 책을 썼다. 독자 여러분의 투자 결정에 작은 도움이 된다면 이 책은 성공한 것이다.

일러두기

- 책에 표기한 과거 테슬라 주가는 2020년(5대 1), 2022년(3대 1) 분할 이후 기준으로 통일했다.
  ex) 2019년 1주당 500달러(주식 분할 전) → 1주당 33.3달러(현재 기준)
- 머스크가 인수한 SNS 기업 X는 2023년 7월 사명 변경 전엔 트위터, 이후엔 X로 표기했다.
- 원 · 달러 환율은 2024년 6월 기준 1달러당 1,380원으로 통일했다.

1부 │ 혁신의 주역들

2부 │ AI, 그 험난한 여정

3부 | 테슬라의 경쟁자들

4부 | 테슬라 투자법

일론 머스크

테슬라 공동창업자 겸 최고경영자(CEO). 최대주주. 현재 스페이스X, X, 보링 컴퍼니, 뉴럴링크, xAI를 함께 이끌고 있다. 금세기 최대 문제적 남자.

JB 스트라우벨

공동창업자 겸 전 최고기술책임자(CTO). 초기 전기차 파워트레인 및 배터리 개발을 이끌었다. 테슬라의 영혼이자 영원한 2인자. 현 레드우드머티리얼즈 CEO.

프란츠 폰 홀츠하우젠

수석 디자이너. 2008년 입사 후 테슬라의 모든 제품 디자인을 총괄. 스트라우 벨이 떠난 뒤 직원들의 대선배이자 정신적 지주 역할을 맡고 있다.

톰 주

자동차 부문 수석 부사장. 현 테슬라 서열 2위 임원. 기가 상하이를 성공리에 이끌며 초고속 승진했다. 중국의 제2 머스크로 불린다.

아쇼크 엘루스와미

오토파일럿 소프트웨어 이사. 현재 테슬라 자율주행 팀을 이끌고 있다.

안드레이 카르파티

전 AI 부문 이사. 비전 중심 자율주행의 기반을 닦았다. 머스크와 오픈AI 창립 멤버다.

샘 올트먼

오픈AI 창업자 겸 CEO. 머스크와 AI 개발 방향을 놓고 10년간 갈등을 벌이고 있다.

빌 게이츠

MS 창업자. 기후 변화·코로나 문제 등을 놓고 머스크와 대립각을 세웠다.

피터 롤린슨

루시드모터스 CEO. 테슬라 전 수석 엔지니어로 모델S와 모델X 개발을 이끌었다.

캐시 우드

아크 인베스트먼트 CEO. 월가의 대표적 테슬라 강세론자로 머스크의 혁신을 지지한다.

TESLA REBOOT

——— 1부 ———

혁신의 주역들

머스크와 함께 여행을 다닐 때 가끔 직업을 묻는 세관 양식을 작성했다.
그는 CEO나 세상의 왕, 멋진 국제 플레이보이라고 쓴 적이 없었다.
그는 늘 본인을 엔지니어라고 적었다.

저스틴 윌슨(머스크의 첫 번째 아내)

1장

워크 슈퍼하드 30년

| 머스크가 쓰러진다면 테슬라는 어떻게 되는 건가?

2023년 2월 한 뉴스에 테슬라 투자자와 팬들은 섬뜩했다. 일론 머스크 테슬라 CEO가 법정에서 "허리 통증이 상당히 심하고 밤잠을 설쳤다"고 발언한 것이 보도됐기 때문이다. 이 한마디에 언론은 앞다퉈 머스크의 과로와 건강에 대해 전했다. 보도에 따르면 2022년 10월 트위터 인수 이후 머스크의 근무 시간은 주당 80시간에서 120시간 이상으로 늘어났다. 휴일도 없이 하루 17시간씩 일한 셈이다.

'하드 워커' 머스크의 과로는 어제오늘 이야기가 아니다. 그는 10대 시절부터 본인을 실험이라도 하듯 극한의 상황에 몰아넣고 업무에 매달렸다. 물론 머스크의 신체 조건은 일반인 평균보다 뛰어나다. 알려진 바로 키 189센티미터, 몸무게 90킬로그램(이보단 과체중으로 약물 다이어트를 하고 있다)으로 건장한 체격이다. 그가 경호원들과 함께 찍힌 사진을 보면 덩치만으론 전혀 밀리지 않는다.

누구나 일에 몸을 불태우는 시기가 있다. 보통 젊은 시절이다. 머스크는 1971년 6월생이다. 지난 30년간 10개의 사업체를 설립 · 인수하며 폭풍처럼 달려온 그도 어느새 50세를 넘겼다. 일선에서 한창 일할 나이지만, 건강을 과신하기엔 관리가 필요한 중년이기도 하다. 하지만 그는 전혀 물러서지 않을 듯하다. 한때 세계 1위 부자였고, 애플의 고(故) 스티브 잡스를 잇는 혁신가로 명성과 명예를 거머쥐었다. 이만하면 은퇴까진 아니어도 '워라밸'은 누릴 만하지 않을까. 도대체 무엇이 이 남자를 이토록 채찍질하고 있는가.

실리콘밸리에서 머스크보다 더 일하는 사람은 없다

머스크의 불굴의 추진력과 정신력은 어린 시절에 기인한다. 유복한 집안에서 태어났지만, 아버지 에롤 머스크는 툭하면 어머니 메이를 손찌검했다. 1980년 결국 부모는 이혼하고 2년간 어머니 밑에서 어렵게 생활하다 아버지 집으로 돌아갔다. 머스크의 아버지는 매우 괴팍했고 아들을 혹독하게 다뤘다. 학교에선 코뼈가 부러질 정도로 폭력에 시달렸다. 일련의 사건들은 10대 소년에게 심적으로 큰 상처였다. 이후 머스크는 "아버지와 함께하는 삶은 비참했다"고 밝힌 바 있다. 이때부터 '죽기 아니면 까무러치기' 식의 깡을 키웠다.

머스크는 17세에 모국 남아프리카공화국을 떠나 '어머니의 고향' 캐나다로 무작정 이주한다. 이때부터 그의 잡초 같은 생활력이 본격적으로 드러났다. 캐나다 전역에 흩어져 있는 외가 친척들을 찾아다니고 막노동을 하면서 1년을 보냈다. 당시 일화가 하루 1달러 식비로만 생활한 극단적 실험이다. "싸구려 아파트와 컴퓨터만 있으면 굶지 않고 살 수 있겠더군요. 한 달 30달러 버는 건 쉬우니, 언제든지 하고 싶은 사업을 시작할 수 있다는 자신감을 얻었습니다."

미국 실리콘밸리로 이주한 머스크는 1995년 동생 킴벌과 '집투(Zip2)'라는 웹 소프트웨어 회사를 창업한다. 숙소까지 구할 돈은 없어서 밤엔 사무실 바닥에서 잠을 잤다. 이때부터 밤낮으로 일하는 그의 '하드코어 근무' 스타일은 평생을 지속하게 된다. 머스크는 집투 지분을 컴팩에 2,200만 달러(약 305억 원)에 매각했고, 이어 두 번째 사업인 온라인 금융 서비스 'X닷컴'도 '페이팔'로 성장시킨다. 이베이가 지분을 인수하며 머스크는 단숨에 1억 6,500만 달러(약 2,290억 원)를 거머쥔다. 그의 나이 31세. 창업 7년 만에 억만장자가 됐다.

주당 120시간 근무, '탱크 같은 남자'

머스크의 첫 번째 아내 저스틴 윌슨(Justine Wilson)은 전남편에 대해 다음과 같이 회상한다. "머스크는 실리콘밸리에서 일하는 사람조차 상상할 수 없을 정도로 일을 많이 합니다. 밤 11시에나 집에 들어왔고 그 후에도 일했어요. 지금의 자리에 오르려고 머스크만큼 사생활을 희생한 사람도 없을 겁니다." 윌슨은 머스크가 마치 탱크 같다고 말했다. "누구보다 체력이 좋고 스트레스를 견디는 능력도 탁월해요."

물론 탱크 같던 남자도 쓰러질 때가 있었다. 머스크는 2000년 말 모처럼 휴가를 내서 아프리카 모잠비크 여행을 하던 중 심한 말라리아에 걸렸다. 미국에 돌아와서 극심한 탈수에 시달렸고 구급차로 병원에 실려 갔다. 이때 중환자실에서 열흘간 사경을 헤맸다. 건강 회복에 6개월이 걸렸고 체중은 20킬로그램이나 빠졌다.

테슬라가 첫 대중 전기차 모델3 양산에 돌입한 2018년에도 머스크는 공장 바닥에서 자면서 주당 120시간을 일했다. 밤낮을 잊은 채 몇 시간 쪽잠을 잔 후 바로 일하는 패턴을 반복했다. 만성 수면 부족과 과로에 시달릴 수밖에 없었다. "당시 제 두뇌 신경세포들을 다 태워버린 것 같았습니다."

상황이 어려울수록 더 집중한다

체력적인 문제보다 머스크를 괴롭힌 것은 사업에 따른 정신적 압박이었다. 2003년 설립 후 십수 년간 '적자 기업'이었던 테슬라는 늘 자금 부족과 안팎의 공격에 시달렸다. 특히 글로벌 금융 위기가 닥친 2007~2008년은 머스크가 가장 힘들었던 시기였다.

테슬라의 첫 전기차 모델인 로드스터 개발비가 2004년 계획했던

2,500만 달러(약 347억 원)를 넘어 2008년엔 1억 4,000만 달러(약 1,940억 원)에 이르렀다. 스페이스X와 테슬라 직원들에게 줄 월급조차 궁할 정도로 현금이 바닥났다. 아무리 계산기를 두드려도 두 회사 모두 살리기 쉽지 않다는 결론에 이르렀다. 머스크는 매일 돈 문제로 고민했고 밤마다 악몽을 꿨다. "2008년 크리스마스 직전엔 은행에 일주일 버틸 돈도 없었습니다. 신경쇠약에 걸리기 일보 직전이었어요."

결국 머스크는 남은 사재 4,000만 달러(약 555억 원)를 망할지도 모를 회사 테슬라에 몽땅 털어 넣는 베팅을 한다. 기존 투자자와 부자 친구들을 쫓아다니며 추가 투자를 부탁해야 했다. "테슬라에 대한 긍정적 기사는 한 줄도 찾아볼 수 없고, 나는 사방에서 공격당했습니다. 당시 여러 면에서 정말 괴로웠습니다."

머스크의 오랜 친구이자 2021년까지 테슬라 이사를 지냈던 안토니오 그라시아스(Antonio Gracias)는 당시를 이렇게 설명했다. "머스크가 2008년 겪은 일은 누구도 이겨낼 수 없었을 겁니다. 대부분 사람은 위기가 최고조에 달할 때 두려움을 느낍니다. 하지만 머스크는 상황이 어려울수록 이성적 태도를 취하고 목표에 집중합니다. 고난을 이겨내는 능력은 정말 최고입니다."

머스크가 만약 쓰러진다면

2020년대 들어 테슬라 주가가 폭등하면서, 세간엔 머스크를 두고 새

비즈니스 모델을 만든 '천재 사업가'로 평하는 이들이 적지 않다. 하지만 그의 비전과 꿈은 단순히 사업가라는 틀에 가두기엔 스케일이 웅대하다. '지속 가능한 에너지로의 전환', '다행성 종족이 되기 위한 우주 탐사', 'AI 위협을 대비한 초지능 인류 프로젝트'는 머스크가 일생을 걸고 추구하는 미션이다.

머스크 역시 이런 시각에 대해 2018년 한 팟캐스트 방송에 출연해 해명했다. "사람들은 저를 '거물 사업가'라고 생각하는 것 같아요. 사실 제가 하는 일의 80%는 기계, 전기, 우주공학 등 엔지니어링과 생산 공정에 관한 것들입니다."

머스크는 본인의 미션을 달성하기 위해선 기술적 난제가 가득한 긴 여정을 걸어야 한다고 보고 있다. 기술 개발은 점진적이 아닌, 기하급수적인 속도로 이뤄져야 한다. 이 때문에 직접 연구직원들과 밤낮으로 기술 혁신에 투신할 수밖에 없다. 테슬라 공동 창업자이자 전 CTO였던 JB 스트라우벨(J.B Straubel)은 이에 대해 다음과 같이 설명했다. "머스크는 인생이 짧다는 결론을 일찍 내렸어요. 스스로 최선을 다해 열심히 일해야 한다는 결론에 도달한 겁니다."

'테슬라=머스크'. 그를 옹호하거나 비판하는 사람들이 한결같이 동의하는 사안이다. 현재 테슬라라는 브랜드는 머스크를 제외하고선 생각하기 어렵다. 2022년 머스크가 트위터 인수 및 정치 개입 이슈로 논란이 불거지자 주가가 급락한 것이 그 증거다. 당시 월가의 테슬라 강세론자 댄 아이브스(Dan Ives) 웨드부시 연구원은 "테슬라가 머스크다. 수년간 공매도 세력도 성공하지 못했던 테슬라 주가를 머스크가 자기 손으로 박살 내고 있다"고 강하게 비판한 바 있다.

다시 말해 테슬라의 가장 큰 리스크는 머스크가 될 수도 있다는 것이다. 지난 수십 년간 건강을 해쳐가며 일한 머스크가 만약 쓰러진다면…. 전 세계 테슬람이 가장 두려워하는 일이다. 이는 2011년 잡스의 죽음으로 애플이 받은 충격을 넘어설 수도 있다. 당시 애플은 걸출한 2인자이자 현 CEO인 팀 쿡(Tim Cook)이 있었다. 그러나 테슬라엔 아직 돌발 위기 상황에 등장할 새 얼굴이 보이질 않는다.

주문 제작된 듯한 미국의 영웅

머스크는 테슬라 주주들에게만 지지를 얻는 게 아니다. 일반 대중들도 마치 록스타를 보듯 그의 행보에 열광적으로 반응한다. 그는 잡스 이후 전 세계, 특히 미국에서 가장 강력한 팬덤을 지닌 경영자다. 《테슬라 모터스》의 저자 찰스 모리스(Charles Morris)는 그를 가리켜 "주문 제작된 듯한 미국의 영웅"이라고 평했다. 이 말뜻을 이해하기 위해선 머스크가 어린 시절부터 꿈꿨던 목표와 1995년 첫 창업 후 평생을 고군분투해온 사명(使命)으로 거슬러 올라가야 한다.

머스크는 10대 시절 니체(Nietzsche)와 쇼펜하우어(Schopenhauer)의 실존주의 철학책을 독파했다. 2013년 언론과 인터뷰에서 그는 "인생의 모든 것이 덧없어 보였던 시기"라며 "청소년들에게 이 책을 추천하지 않는다"고 말했다. 그는 결국 낙관주의가 세상을 이끈다고 믿었다. 소년 머스크가 가장 좋아한 책은 SF소설《은하수를 여행하는 히치하이커를 위한 안내서》와《파운데이션》이었다. 이때부터 머스크는 인류의 긍정적 미래를 위해선 '우주를 무대로 활동하는 문명'을 건설해야 한다고 꿈꿨다.

성인이 된 머스크는 미국 실리콘밸리에서 연달아 창업에 성공해 큰돈을 벌었다. 스물여덟 살에 전 세계 62대뿐인 100만 달러짜리 맥라렌 F1 슈퍼카를 뽑고 밤엔 로스앤젤레스(LA) 부촌 벨에어 저택에서 호화파티를 했지만 금세 시들해졌다. 열대 휴양지에서 칵테일을 마시며 인생을 즐기는 갑부들의 삶에 그는 흥미를 느끼지 못했다.

청년 억만장자 머스크는 이때부터 두 가지 미션에 초점을 맞췄다. 우선 화성에 정착지를 건설하고 인류가 다행성 종족이 되기 위한 첫발을 내딛게 한다. 다음으로 인류 유일한 터전인 지구를 최대한 오래가게 한다. 이를 위해선 기후 변화의 위협을 줄여야 한다. 머스크는 2002년 민간 우주 탐사 기업 스페이스X를 설립하고, 2004년 전기차 기업 테슬라에 합류한다. 1971년생, '20세기 소년'의 꿈은 그렇게 시작됐다.

마스터플랜 1, 야망의 실현

—— 테슬라모터스(테슬라 초기 사명)의 초기 제품은 고성능 전기 스포츠카지만 장기 계획은 저렴한 가격의 가족용 자동차를 포함해 광범위한

모델을 만드는 것이다.

2006년 7월 테슬라는 2인승 전기 스포츠카 로드스터를 정식 공개한다. 전시된 모델은 시제품 2개였다. 당시 테슬라는 언론을 타고 약간 이름이 알려진 스타트업이었다. 직원은 고작 100명. 그동안 제작한 로드스터는 20여 대에 불과했다. 양산은 고사하고, 사실상 수작업으로 차를 만든 셈이다. 로드스터는 2009년에 들어서야 500대가 생산됐다. 그 누구도 미래의 테슬라가 GM이나 포드 같은 글로벌 완성차 기업이 될 것이라고 상상하지 못했다. 단 한 사람만 제외하면 말이다.

로드스터 공개 후 한 달도 지나지 않아 머스크는 테슬라의 장기 청사진이자 본인의 비전을 담은 첫 번째 마스터플랜을 올린다. 그는 A4 세 쪽 분량의 글 말미에 다음의 네 개 요약을 덧붙였다. 이 로드맵은 현재까지도 테슬라 사업 전략의 근간이라 할 수 있다.

① 스포츠카를 만든다
② 그 돈으로 저렴한 차를 만든다
③ 그 돈으로 훨씬 더 저렴한 차를 만든다
④ '무배출 발전' 옵션도 제공한다

머스크는 2006년부터 전기차 대량 생산을 통해 지속 가능한 에너지

경제를 이끌겠다는 야심을 드러냈다. 당시 테슬라 직원 중에선 그 전략이 실현될 만큼 회사가 오랫동안 살아남을 것이라 믿은 사람은 거의 없었다. 그러나 머스크의 호언장담은 모두 실현된다. 럭셔리카를 내세워 투자받았고, 그 돈으로 고급 전기차 모델S와 모델X에 이어 대중차 모델3와 모델Y가 모두 양산에 성공했다. 2016년엔 태양광업체 솔라시티를 인수해 친환경 에너지 사업에도 진출한다.

마스터플랜 2, 논란의 자율주행

2016년 3월 테슬라는 준중형 전기 세단 모델3를 공개한다. 가격은 3만 5,000달러. 신차 발표 하루 만에 11만 5,000명이 예약금 1,000달러를 걸며 흥행에 성공했다. 이에 고무됐던 걸까. 그해 7월 머스크는 10년 만에 두 번째 마스터플랜을 회사 홈페이지에 올린다.

—— 미래 어느 시점에 지속 가능한 에너지 경제를 달성해야 합니다. 그렇지 않으면 화석 연료가 고갈되고 문명은 붕괴될 것입니다. 우리는 다음과 같은 계획을 하고 있습니다.

    2016년 7월, 〈마스터플랜, 파트 2〉 중

① 통합된 에너지 저장 시스템(ESS)과 솔라루프
② 세단과 SUV를 넘어 전기차 제품군의 확장

③ 수동 운전보다 10배 안전한 자율주행 개발

④ 차량을 쓰지 않을 때 수익 창출

2024년 현시점에서 보면 충분히 끄덕일 만한 로드맵이다. 그러나 당시 대중에겐 전기차는 고사하고, 자율주행도 생소한 개념이었다. 게다가 4번 비전은 자율주행을 기반으로 한 차량 공유, 즉 로보택시를 뜻한다. 차가 스스로 움직인다니…. 이때부터 미국의 주류 언론과 감독 당국은 머스크를 위험한 인물로 여기기 시작했다. 테슬라가 자율주행 기능을 전면에 내세우자 안전 불감 및 사기 논란이 불거졌다. 2016년 5월 모델S가 오토파일럿 모드로 주행 중 충돌로 운전자가 사망하는 사고가 발생했다. 이 사고는 당시 미국에서 큰 파장을 일으켰고 테슬라를 겨냥한 비판 기사가 쏟아졌다.

머스크는 굴하지 않았다. 그는 틈날 때마다 "테슬라의 자율주행 기술에 경쟁자가 보이지 않는다"며 "완전자율주행은 반드시 이뤄질 것"이라고 공언했다. 테슬라는 2021년 안전 보고서를 통해 오토파일럿 기능 사용 시 일반 차량보다 사고 확률이 10배 낮아진다고도 주장했다. 테슬라의 자율주행 소프트웨어인 FSD(Full Self-Driving)는 현재 북미에서 약 40만 명이 이용 중이다.

마스터플랜 2를 정리하면, 머스크는 1번과 2번을 완수해냈다. 캘리포니아에 ESS 메가팩 공장을 건립했고 에너지 사업은 성장 중이다. 사이버트럭은 2023년 출시했고 세미트럭도 양산을 앞두고 있다. 3번은 논란의 여지는 있으나 기술적으로 상당 부분 진척된 것으로 보인다. 가장 꿈만 같았던 4번마저 2024년 로보택시 공개를 예고하며 현실화에 시동을 걸었다. 테슬라 주가는 마스터플랜 2 발표 후 7년여간 13배 올랐다.

영원히 꿈꾸는 소년

머스크의 삶을 돌이켜보면, 마치 게임 속 주인공처럼 보인다. 불가능해 보이는 미션을 내걸고 그것을 달성하기 위해 본인을 한계 상황에 몰아넣는다. 휴일도 없이 하루 17시간을 근무하고, 직원에게도 더 열심히 탁월하게 하라고 압박한다. 이 남자에게 주변의 조롱과 비난은 오히려 이를 악물게 만드는 채찍과도 같았다.

머스크가 화성 탐사를 해야겠다고 결심한 게 20년 전이다. 당시 그는 1970년대 아폴로 계획(유인 달 탐사) 이후 인류가 왜 여전히 지구 저궤도에만 머물러 있는지 이해할 수 없었다. 《리프트 오프》의 저자 에릭 버거(Eric Berger)는 머스크와의 인터뷰에서 "스페이스X 설립 후 19년이 흘렀는데 화성엔 여전히 가지 못했다"고 도발하듯 물었다. 머스크는 다음과 같이 답했다.

"네. 화성 근처에도 가지 못했습니다. 그게 환장할 만큼 화가 납니다."

그는 스페이스X의 거대한 스타십 로켓을 바라보며 다짐하듯 덧붙였다.

"하지만 저 물건이, 아니면 비슷한 뭔가가 45억 년 만에 처음으로 인류를 다른 행성으로 데려갈 겁니다. 아마 그렇게 될 겁니다."

2장

혁신가의 어머니

| 안녕, 서울! 초대해줘서 고마워요.

2022년 6월 한 70대 여성의 트윗이 국내 테슬라 커뮤니티를 술렁이게 했다. 머스크의 어머니인 메이 머스크(Maye Musk)가 처음으로 한국을 찾았기 때문이다. 그녀는 서울에서 열린 '글로벌 우먼 리더십 포럼'에 연설자로 참석했다. 테슬라 팬들은 트위터에 "축 일론 회장 어머님 방한", "낳아주셔서 감사합니다" 등의 글로 메이의 방한 소식을 알렸다. 국내 언론도 앞다퉈 그의 동정을 보도했다.

메이가 단순히 '세계 최대 부자의 어머니'이기만 했다면 이렇게 화제가 되진 않았을 것이다. 그녀는 75세의 나이가 무색하게도 활발한 활동을 하고 있다. 디올과 돌체앤가바나 등 명품 브랜드의 모델이자, 영양학 박사학위를 받고 각국에서 영양사로 일했다. 두 권의 책을 쓴 작가이자 성공리에 세 아이를 키웠다. 겉으로 보면 일도 가정도 남부러울 것 없는 '슈퍼 맘'으로 보인다. 하지만 그의 화려한 경력 뒤엔 아픔의 과거가 있었다.

탐험가 집안에서 자라다

메이는 1948년 캐나다 서스캐처원의 주도(州都)인 리자이나에서 쌍둥이로 태어났다. 그의 부친이자 머스크의 외할아버지인 조슈아 홀드먼은 바람 같은 남자였다. 가족들을 비행기에 태우고 북미 곳곳을 여행했다. 아무 연고도 없는 남아공으로 이주해 아프리카 사막과 오지를 탐험했다. 메이를 비롯한 아이들은 철저히 자유방임으로 키웠다. 이러한 기질과 교육 방식은 머스크가(家)에도 그대로 이어졌다.

메이는 15세 때부터 모델 일을 시작했다. 금발에 키가 크고 쾌활한 표정의 소녀는 사람들의 시선을 끌었다. 지역 백화점 패션쇼에 섰고 화보를 찍었다.

"일흔 살이 될 때까지 모델 일을 할 줄은 꿈에도 몰랐어요. 그때는 돈을 벌어서 대학에 가고 싶었습니다."

대학에서 영양학을 공부하던 그녀는 스물한 살에 지역 미인 대회에서 우승했다. 이어 미스 남아공 대회에 출전해 결선까지 나갔다. 이 경력은 그의 평생에 걸친 모델 커리어를 뒷받침했다.

지옥 같던 결혼생활

메이는 남아공 북동부의 대도시 프리토리아에서 성장했다. 10대 시절 메이에겐 에롤 머스크란 남자친구가 있었다. 그와 수년간 사귀고 헤어짐을 반복하다 1970년 결혼한다. 에롤은 집착증이 있는 남자였다. 여러 차례의 청혼에도 메이가 거절하자 그녀의 부모님에게까지 찾아가 결혼을 졸랐다. 당시 남아공에선 남자들이 여자의 아버지에게 결혼 승낙을 받아야 했다. 남아공은 아파르트헤이트(흑인 인종차별 정책)로 인한 흑백 갈등이 심각했고, 인권 운동이 막 태동하던 시기였다. 한국도 마찬가지였지만, 여성 인권이란 인식 자체가 없던 시절이었다.

에롤은 유럽 신혼 여행길부터 아내를 손찌검했다. 친절과 배려가 넘치는 집안에서 자란 메이에겐 큰 충격이었다. 모든 게 잘못됐다는 생각이 들었을 땐 이미 첫째 일론을 임신 중이었다. 게다가 당시 남아공 법률은 합당한 사유가 없는 이혼을 금지했다. 그 사유에 '여자를 학대하는 남자'는 해당 사항이 없었다. 오히려 남자라면 그럴 수도 있다고 여겼다. 지금으로선 상상도 할 수 없는 일이었다.

1971년 6월 28일 첫째 일론이 태어났다. 이후 3년 사이 둘째 아들 킴벌, 여동생 토스카가 세상에 나왔다. 에롤은 기계 엔지니어로 일했고 사업이 큰 성공을 거뒀다. 집에 차가 6대나 있었고 휴가철엔 호주나 홍콩, 뉴욕으로 해외 여행을 다녔다. 집안 살림은 풍족했지만, 메이에 대한 폭력은 멈추질 않았다. 에롤은 "이혼하면 면도날로 얼굴을 그어버리겠다", "아이들 다리에 총을 쏘겠다"는 등의 폭언도 서슴지 않았다.

메이는 결국 '회복 불가능한 혼인의 파탄' 법률이 통과된 해인 1979년 이혼소송을 냈다. 남편과 이혼 후 메이는 아이 셋 딸린 싱글 맘으로 가족의 생계를 책임져야 했다. 남아공 동부의 항구 도시 더반에서 영양사로 개업했고 모델 일도 다시 시작했다. 넉넉하진 않았지만 세 가족이 입에 풀칠할 수준은 됐다. 아이들은 사실상 방치 수준으로 성장할 수밖에 없었다.

가족이 해체된 지 2년 만에 일론은 아버지와 살고 싶다고 말한다. "당시 아버지 곁엔 아무도 없어서 슬프고 외로워 보였어요." 메이에겐 충격이었다. "이해할 수 없었지만, 일론은 자기 생각이 확고한 아이였어요." 혹자는 "일론이 부자 아버지를 선택한 것"이라고 말한다. 그러나 당시 소년 일론은 손주를 가엾게 여겼던 친할머니와 매우 가까웠고 그 영향이 적지 않았던 것으로 보인다. 이후 둘째 아들 킴벌마저 형을 따라 아버지의 집으로 돌아갔다.

천재 아들을 키운다는 것

메이는 부모님이 자신을 기른 방식으로 아이들을 키웠다. 아기처럼 대하지도 꾸짖지도 않았다. 아이들에게 무슨 공부를 해야 하는지 정해주지도 않았다. "응석받이로 키우면 안 됩니다. 안전한 상황이라면 아이들 스스로 책임지게 내버려두세요." 대신 그녀는 아이들 각자의 관심 분야를 좇아가도록 도왔다.

첫째 일론은 어렸을 때부터 책벌레였다. 《브리태니커 백과사전》한 질을 다 읽고 몽땅 외웠다. 하루에 10시간씩 책을 보기도 했다. 한번 생각에 잠기면 무아지경에 빠진 듯 누가 불러도 전혀 반응을 보이지 않았다. (2021년 그는 아스퍼거 증후군을 앓고 있음을 고백했다.) 일론은 컴퓨터광이기도 했다. 열 살 때 처음으로 PC를 가졌고 사흘 밤을 꼬박 새워서 베이식(BASIC) 프로그램을 마스터했다. 12세엔 〈블래스터〉라는 컴퓨터 게임을 만들었다. 보통의 엄마였다면 게임에만 정신이 팔렸다고 나무랄 법도 했다. 메이는 오히려 아들에게 그 게임을 컴퓨터 잡지에 내보라고 권했고 상금으로 남아공 돈 500랜드(당시 미화로 약 750달러 가치)를 받았다. 그녀는 본인의 자서전에서 이렇게 회상했다.

"1983년 일론에게 컴퓨터를 사줬고, 컴퓨터는 아주 새로운 것이었습니다. 그땐 그 아이가 장차 무엇을 할지 몰랐습니다. 테슬라나 스페이스X가 나올지는 상상도 못 했어요. 돌이켜보니 우리 아이들이 성공한 것은 어린 시절 좋아했던 것에 뿌리를 두고 있었습니다. 아이가 어떤 것에 흥미를 보이면 격려해주세요."

아이들 교육을 위해 캐나다로

메이는 40대 들어 남아공 최대 도시 요하네스버그에 정착한다. 영양사 사업이 번창하면서 집도 구입했다. 서른한 살 이혼 후 불안했던 삶이 안정을 찾았다. 일론은 프리토리아 남자고등학교를 다녔다. 이 학교 학생은 대부분 영국 옥스퍼드나 케임브리지 같은 명문 대학을 준비했다. 그러나 아들은 더 큰 세상을 꿈꾸고 있었다.

"일론은 캐나다로 이주하고 싶어 했어요. 컴퓨터 관련 일을 하려면 북미가 낫다고 생각한 것 같아요. 나더러 시민권 복구 신청을 해달라고 조르더군요. 그러면 세 남매 모두 캐나다 시민권을 받을 수 있다면서요." 메이는 일론의 청을 이기지 못하고 시민권 복구 신청을 했다. 당시 남아공은 흑백 갈등이 유혈사태로 번지며 사회가 극도로 불안했다. 일론은 남아공 남자의 의무였던 입대가 마뜩잖았다. 이후 한 인터뷰에서 그는 "흑인을 억압하는 정권의 군대에 들어가는 게 시간 낭비라 생각했다"고 밝혔다.

17세 일론은 캐나다 여권을 손에 쥐자 지체 없이 비행기에 올랐다. 메이는 아들에게 여행자수표 2,000달러를 들려 보냈다. 이 돈의 출처가 드라마틱하다. 20년 전 메이는 지역 미인 대회에서 우승한 상금 100랜드(당시 미화 150달러 가치)로 난생처음 주식을 샀다. 이후 증시가 폭락하면서 주식 가격은 10분의 1로 쪼그라들었다. 1971년 일론이 태어난 해, 메이는 아이 명의로 주식계좌를 열었다. 18년 뒤 15달러 투자금은 무려 130배 넘게 불어 있었다.

첫째가 캐나다로 떠나자 둘째 킴벌과 셋째 토스카도 가고 싶다고 나섰다. 이때까지만 해도 메이는 본인까지 남아공을 떠날 생각이 없었다. 그렇다고 고등학생인 아이들만 보낼 수는 없었다. 일단 일론도

볼 겸 캐나다에 방문했다. 메이는 캐나다 최고 명문 토론토대학교에서 영양사 연구원 제의를 받았다. 토론토는 대도시답게 모델 일도 제법 많았다. 메이는 3주간 캐나다에 머물면서 괜찮을 것 같다는 생각은 들었지만 당장 이주 결심을 하진 못했다. 요하네스버그 집으로 돌아오자 막내 토스카가 이미 사고를 쳤다. 15세 아이가 엄마의 집과 가구, 자동차까지 몽땅 팔아버린 것이다.

메이는 자서전에 이렇게 적었다. "서류에 서명하는 일만 남아서 그렇게 했습니다. 아이의 행동에 화를 내지 않았어요. 일리가 있었고, 계획을 앞당긴 것이라 생각했습니다. 아이들이 미국에서 미래를 봤고 캐나다에서 시작하면 되는 일이었습니다."

매서웠던 토론토의 겨울

캐나다에서의 새 삶은 예상대로 힘들었다. 12월의 토론토는 매우 추웠다. 평생을 따뜻한 남아공에서 살다 오니 옷차림부터 적응이 어려웠다. 작은 아파트에 입주했다. 침실 침대는 메이와 토스카가 쓰고 일론은 거실 소파에서 잤다. 영양사 면허를 따기 위해 토론토대학교에서 5개 학부 시험을 봐야 했다. 야간에 어린이 영양 강의를 맡았고, 지역에서 조그마한 모델 일을 시작했다. 영양학책도 썼다. 이름이 알려지자 토론토에서의 사업이 궤도에 올랐다.

아이들은 모두 토론토를 떠나 타지의 대학으로 갔다. 일론은 킹스턴의 퀸스대학교에서 물리학과 경영학을 전공했다. 토론토대학교에서 학비를 면제받을 수 있었지만 모두 자신만의 길을 선택했다. 장학금, 학자금 대출도 아이들이 직접 챙겼다. 일론은 대학 졸업 후 미국 캘리포니아 팰로 알토로 건너갔다. 둘째 킴벌도 형을 따라 실리콘밸리에 합류했다. 당시 실리콘밸리는 인터넷 시장이 뜨겁게 달아오르던 시기였다. 똑똑한 젊은이들은 대학 기숙사 방에서 세상을 변화시킬 아이디어를 짜내 돈방석에 앉았다.

머스크 형제는 1995년 인터넷 회사 집투를 창업한다. 이 회사는 일종의 온라인 도시 안내 사이트였다. 인터넷으로 검색할 수 있는 사업체 목록을 만들고 여기에 지도를 결합했다. 집투는 〈뉴욕타임스〉, 〈시카고 트리뷴〉 등 언론사와 협력해 180개 이상의 도시 사이트를 운영했다. 지금 보면 평범한 지도 서비스지만 당시만 해도 혁신적인 아이디어였다.

쌈짓돈 꺼낸 혁신가의 어머니

벤처 창업가들이 그렇듯 머스크 형제도 초창기엔 형편이 좋지 않았다. 아버지 에롤이 창업 자금으로 지원해준 2만 8,000달러는 순식간에 말랐다. 아주 싼 사무실을 임대했고 거기서 숙식을 해결했다. 샤워는 YMCA 시설을 이용했다. 일론은 밤새 코딩에 매달렸고 킴벌은 사업체를 방문하는 영업을 맡았다.

메이는 6주에 한 번씩 아들들을 찾았고, 식료품과 옷, 가구 등을 사줬다. 아들들이 사업 자금이 떨어졌고 급전이 필요하다는 걸 알게 되자 주저하지 않고 쌈짓돈을 꺼냈다. 토론토에 집을 사려고 모아뒀던 1만 달러였다. "아이들이 하는 일을 믿었어요. 힘닿는 한 돕고 싶었습니다." 메이는 결국 아이들 뒷바라지를 위해 캐나다를 떠나 미국으로 또 한 번 이주한다.

창업 이듬해 한 벤처 투자 회사에서 머스크 형제의 사업에 관심을 보였다. 일론은 발표 기술은 미숙했지만, 회사를 잘 선전했고 투자가들은 그가 뿜어내는 에너지에 깊은 인상을 받았다. 그들은 집투에 300만 달러(약 40억 원)를 베팅하기로 결정한다. 기쁨에 들뜬 그날 저녁, 메이는 아들들을 데리고 근사한 식당에 갔다. 식비를 내면서 말했다. "너희들은 이제 내 신용카드 볼 일 없을 거야."

머지않아 메이의 말은 현실이 됐다. 1999년 컴퓨터 기업 컴팩이 집투를 3억 700만 달러(약 4,260억 원)에 사들였다. 지분 7%를 보유한 스물여덟 살 머스크는 단숨에 2,200만 달러(약 305억 원)를 손에 쥐었다. 혁신가 머스크의 첫 성공이었다.

일하는 엄마의 의미

메이는 칠십 평생을 영양사와 모델로 일했다. 서른한 살에 싱글맘이 된 후엔 홀로 돈을 벌고 아이들을 보살펴야 했다. "내 어머니 역시

테슬라 리부트

일하는 여성이었고, 결코 죄책감을 느끼지 않았어요." 아이들 하고는 이웃에게 부탁했다. 패션쇼에 나가면 무대 앞줄에 아이들이 앉아 있기도 했다. 일론은 편지를 워드로 치는 등 엄마의 일을 도왔다. "자립적이고, 정직하고, 예의 바르고, 근면하게 기르고 싶었습니다. 보호해 주려 들지 않아도 됩니다. 아이들은 내가 열심히 일하는 모습에서 덕을 봤습니다."

메이의 교육관은 손주들에게까지 이어졌다. 그녀는 LA로 이사한 뒤 일론 가족과 함께 집에서 저녁을 먹곤 했다. 메이는 일론의 다섯 아들에게 책을 읽어주고, 함께 게임을 하고, 예의 바른 식사법을 알려줬다. "식사를 마치면 너희들 식기는 물론이고, 네 아빠의 식기도 주방에 갖다 놓거라. 너희의 하루가 어땠는지 아빠에게 말하지만 말고, 아빠의 하루도 여쭤보고." 머스크가의 혁신은 하루아침에 이뤄진 게 아니었다.

3장

머스크의 여자들에겐 특별한 게 있다

> 나는 전기차에 대한 아이디어가 많습니다. 당신도 생각해본 적이
> 있나요?

머스크가 여자들에게 접근할 때 즐겨 쓴 멘트다. 머스크는 결혼만 세
번, 이혼도 세 번 했다. 할리우드의 유명 스타들을 포함, 수많은 여성
을 만났다. 스쳐 간 인연도 있었지만, 진중한 만남도 적지 않았다. 그
는 대체로 주변 사람들이 말리는 관능적인 팜므파탈에 빠져들었다.
머스크의 동생인 킴벌은 형의 연애에 대해 다음과 같이 말했다. "형
은 자신에게 못되게 구는 여자들과 사랑에 빠지곤 해요. 아름답지만
어두운 일면을 보유한 여자들이죠."

   머스크에게도 문제가 있었다. 아스퍼거 증후군을 앓고 있는 그는
보통 사람보다 공감 능력이 떨어졌다. 그는 일에 집착적으로 매달렸

고 그 외 사적인 일엔 냉담했다. (이는 동료나 부하 직원들을 대할 때도 마찬가지였다.) 여성들과의 관계가 오래가기 어려웠다.

머스크의 여자들 중 중요하게 다룰 인물은 4명이다. 첫 번째 부인인 저스틴 윌슨, 두 번 결혼하고 두 번 이혼한 배우 탈룰라 라일리(Talulah Riley), 현재까지도 '애매한 관계'인 팝가수 그라임스(Grimes), 그리고 머스크의 회사인 뉴럴링크 임원 시본 질리스(Shivon Zilis)다. 머스크의 20대부터 현재까지 연결된 이 여인들의 스토리를 알아야만 그의 여정을 제대로 이해할 수 있다.

머스크의 초기 창업 성공을 지켜본 윌슨

머스크와 윌슨은 캐나다 킹스턴의 퀸스대학교에서 만났다. 머스크는 89학번으로 퀸스대학교 입학을 선택한 건 예쁜 여학생이 많다는 이유에서였다. 갈색 머리에 키가 크고 소설가 지망생이었던 윌슨은 퀸스대학교의 '인싸'였다. 윌슨은 가죽 재킷을 입은 야성미 넘치는 작가와 로맨틱한 사랑을 꿈꿨지만, 그를 따라다니는 건 괴상한 소리만 늘어놓는 아웃사이더였다. 둘은 이상심리학 수업을 함께 들으며 친해졌다.

머스크는 '직진남'이었다. 윌슨에게 꽃을 주고 편지를 쓰고 전화를 받을 때까지 계속 걸었다. 처음엔 냉정하게 거절했던 윌슨도 집요한 구애에 서서히 마음을 열었다. 윌슨은 이 당시를 회상하며 "머스크는 무언가에 꽂히면 반드시 손에 넣어야 하는 사람"이라고 언급했다. 머스크는 3학년에 미국 펜실베이니아대학교로 전학했다. 둘은 장거리 연애를 이어갔고, 주말엔 뉴욕에서 데이트했다.

머스크는 대학 졸업 후 집투와 페이팔을 창업했고 승승장구했다. 둘은 2000년 1월 결혼했다. 머스크 가족들은 불같은 성격의 윌슨을 달가워하지 않았지만, 그의 고집을 꺾을 수 없었다. 두 회사를 잇달아 매각한 머스크는 실리콘밸리의 청년 백만장자 대열에 합류했다. 이때 확보한 자금으로 스페이스X를 설립하고 테슬라 최대주주에 오르면서 머스크의 유명세는 점점 커졌다.

반대로 아내와의 관계는 삐걱거리기 시작했다. 첫아들이 생후 10주 만에 세상을 떠나자 윌슨은 상심에 빠졌다. 머스크는 빨리 이 일을 잊고 싶었다. 부부는 두 달도 안 돼 시험관 시술을 택했고, 5년간 다섯 명의 사내아이를 낳았다. 이 과정에서 윌슨은 사업에만 몰두하는 냉정한 모습의 머스크에게 큰 상처를 받았다. 특히 세쌍둥이를 낳고 산후우울증에 시달렸다. "그녀는 그냥 매일 화를 내는 상태로 변했어요." 머스크의 말이다.

2007년부터 머스크의 사업이 흔들렸다. 테슬라와 스페이스X는 현금이 바닥났고, 돈 문제로 부부 간 갈등의 골은 더욱 깊어졌다. 끝내 2008년 머스크가 이혼소송을 제기했다. 당시 윌슨은 "일론을 상대로 치르는 전쟁은 정말 잔인하다"고 눈물로 토로하기도 했다. 그는 이혼 위자료로 현금 200만 달러, 양육비로 17년간 매달 8만 달러와 테슬라 로드스터 한 대를 받기로 합의했다. 이혼 후 둘은 사적으로 연락하진 않았다. 하지만 윌슨은 남편의 성을 계속 쓰고 있다.

머스크와 두 번 이혼한 그녀, 라일리

윌슨과 이혼소송으로 우울했던 머스크는 바람도 쐴 겸 2008년 7월 영국 런던으로 출장을 갔다. 런던의 한 고급 위스키 클럽에서 그는 인생의 두 번째 중요한 연인을 만나게 된다. 당시 22세였던 영화배우 탈룰라 라일리였다. 당시 라일리는 2006년 개봉한 영화 〈오만과 편견〉의 조연을 맡고 이름을 알리기 시작한 신예였다. 그녀는 이후 2010년 영화 〈인셉션〉, 2016년 미국 드라마 〈웨스트월드〉에 출연했다.

머스크는 라일리에게 첫눈에 반했다. 라일리 옆에 앉아 휴대폰을 꺼내 스페이스X 로켓과 테슬라 로드스터 사진을 보여주며 말을 걸었다. 그는 다른 아름다운 모델들도 소개받았지만 거들떠보지도 않았다. 라일리도 그런 머스크가 싫지 않았다. 대학에서 자연과학을 전공했던 그녀는 전기차 이야기에 흥미를 느꼈다. 머스크가 무릎에 손을 얹는 과감한 스킨십을 시도해도 제지하지 않았다. "머스크가 긴장했다고 생각했고, 상냥하게 대해주고 싶었어요."

라일리가 가족들에게 밤에 클럽에서 만난 '로켓맨'에 대해 얘기하자 그의 아버지는 즉각 뒷조사를 했다. 애 다섯 딸린 유부남에 바람둥이로 소문난 자였다. 라일리는 연예인이었지만 보수적인 집안의 외동딸로 자랐고 명문 사립학교를 나왔다. "그땐 머스크의 여자친구가 될 거라곤 생각도 하지 않았어요. 그냥 재미있게 지냈어요." 둘은 런던에 있는 동안 여러 차례 만났다.

머스크가 미국으로 돌아가고 나서도 둘은 이메일로 계속 연락했다. 결국 라일리는 머스크를 보러 캘리포니아로 날아갔다. 그녀의 마음을 확신한 머스크는 비버리힐스 호텔 방에서 깜짝 청혼을 했다 (윌슨과 아직 이혼소송 중이었다). 기가 막힌 라일리는 그저 웃기만 했다. "전 겨우 스물두 살이에요." 그리고 그날 밤, 그녀는 부모님에게 결혼하게 됐다는 전화를 건다. 두 사람은 2010년 스코틀랜드의 도녹 대성당에서 결혼식을 올렸다.

혹자는 라일리가 돈만 보고 나이 많은 갑부와 결혼했다고 혹평한다. 그러나 당시 머스크의 주머니 사정은 좋지 않았다. 스페이스X와 테슬라 직원들에게 줄 월급조차 궁할 정도로 현금이 바닥났다. 머스크는 매일 돈 문제로 고민했고 밤마다 악몽을 꿨다. "최악의 순간은 2008년 크리스마스 직전이었는데 은행에 일주일 버틸 돈도 없었어요. 신경쇠약에 걸리기 일보 직전이었습니다." 결국 머스크는 남은 사재 4,000만 달러(약 555억 원)를 테슬라에 투자하는 베팅을 했다. 그 곁을 지켰던 라일리는 "머스크가 벼랑 끝에 서 있는 것 같았다"고 회상했다. 라일리의 부모는 사위를 지원하기 위해 집까지 담보 잡으려 했다. 그녀가 할 수 있는 건 스트레스로 화장실에서 구토하는 남편의 머리를 붙잡아주는 것뿐이었다.

테슬라의 상장 이후 자금 문제는 어느 정도 숨통이 트였다. 하지만 머스크의 일에 대한 집착은 끝이 없었다. 라일리는 남편을 사랑했지만 늘 외로웠다. 윌슨은 LA의 화려한 도시 생활을 사랑했지만, 머스크만 믿고 미국에 건너온 라일리는 갈수록 고향이 그리웠다.

둘은 결혼 2년 만인 2012년 이혼했다. 그리고 18개월 만인 2013년 극적으로 재혼하게 된다. 그러나 한 번 금이 간 관계를 다시 회복하긴 쉽지 않았다. 2016년 6개월 별거 끝에 둘은 친구로 남기로 합의한다. 둘 사이에 아이는 없었다. 라일리는 첫 번째 이혼 때 위자료 420만 달러(약 58억 원), 두 번째 이혼으로 1,600만 달러(약 222억 원)를 받았다.

머스크는 라일리와의 첫 번째 이혼 이후 심경을 트윗으로 남겼다. "놀라운 4년이었습니다. 당신을 영원히 사랑할 것입니다. 당신은 언젠가 누군가를 매우 행복하게 만들 것입니다." 라일리는 이혼 후 한 인터뷰에서 머스크와 세 번째 결혼을 할 수 있겠냐는 질문을 받았다. "절대 아니라고 말하진 않겠어요. 머스크와 나는 가장 친한 친구입니다. 우리는 여전히 서로를 바라보고 돌보고 있어요."

이혼소송과 막대한 위자료가 부담이었던 걸까. (머스크와 윌슨의 이혼소송 당시 일부 언론은 최악의 경우 재산 분할로 인해 테슬라 경영권이 흔들릴 수 있다는 분석을 내놓기도 했다.) 세 차례의 이혼 후 머스크는 사귀었던 여성들과 더는 결혼하지 않았다. 반면 라일리는 2024년 영국 배우 토마스 브로디-생스터(Thomas Brodie Sangster)와 재혼했다.

트위터로 만난 '자유로운 영혼' 그라임스

그라임스는 캐나다 출신 싱어송라이터다. 1988년생으로 본명은 클레어 엘리스 부셰(Claire Elise Boucher)다. 캐나다 명문 맥길대학교에서 신경과학과·러시아어과를 전공했지만 중퇴했다. 그라임스는 2012년 정규 3집 앨범 《Visions》가 평단과 대중의 주목을 받으며 일렉트로닉팝계의 신성으로 떠올랐다. 4집 앨범 《Art Angels》(2015)는 빌보드 앨범 차트 1위를 기록했다. 그녀는 케이팝의 열혈 팬이며 2013년과 2016년 두 차례 내한 공연을 하기도 했다.

17세 차이의 팝가수와 전기차 사업가. 캐나다에서 대학 생활을 보냈다는 것 외엔 아무 공통분모가 없을 것 같은 두 사람은 어떻게 만나게 됐을까. 답은 트위터였다.

AI에 관심이 많았던 머스크는 '로코의 바실리스크(Roko's Basilisk)'라는 온라인 음모론에 흥미를 느꼈다. 이 이론은 미래 기술적 특이점 이후 등장한 강력한 AI 바실리스크가 자신을 방해했던 인간들을 처벌한다는 내용이다. 머스크는 로코를 미술 양식인 로코코(Rococo)로 비트는 말장난을 트위터에 올리고 싶었다. 구글에 이 아이디어를 검색한 순간 이미 3년 전 이 농담을 선점한 사람이 있다는 것을 발견했다. 바로 그라임스였다.

둘은 이후로도 끊임없이 트윗을 주고받으며 애정을 과시했다. 트위터 프로필 사진을 일본 애니메이션 〈내 여동생이 이렇게 귀여울리가 없어〉의 남녀 주인공으로 맞추기도 했다. 그라임스는 정치적인 트윗도 많이 올렸는데, 공산주의 · 환경 · 평화 운동 등에 깊은 관심을 보였다. 그녀는 그러나 머스크를 겨냥한 "지구를 파괴하는 재벌", "남성우월주의자"라는 네티즌들의 비판에 "그의 모든 경력은 친환경적", "트윗 사용이 미숙했을 뿐"이라고 남자친구를 두둔했다.

그라임스는 NFT(대체 불가능한 토큰)로 큰돈을 벌어 화제에 오르기도 했다. 2021년 3월 그녀의 디지털 예술품 10종이 NFT 거래소인 니프티게이트웨이를 통해 경매에 부쳐졌다. 20분 만에 580만 달러(약 80억 원)어치 이상 판매됐고, 판매량의 대부분은 〈지구(Earth)〉와 〈화성(Mars)〉이라는 두 작품에서 나왔다. 머스크가 떠오르는 이름이다.

2020년 5월 머스크는 그라임스와의 사이에서 득남 소식을 밝혔다. 월슨과 낳은 아이들을 포함해 6번째 아들이다. 아기 이름은 'X Æ A-Xii 머스크'. 어떻게 읽어야 할지조차 난감한 암호 같은 이름이 화제를 모았다. 그라임스는 트위터에 "X는 미지수, Æ는 AI를 뜻하고, A-12는 우리 부부가 모두 좋아하는 항공기 SR-71의 전신"이라고 설명했다. 중간 글자인 Æ는 "AI를 엘프식 언어로 표기한 것"이라고 말했다. 그녀는 "아기 이름에 애정을 담아 '리틀 X'라 부른다"고 밝혔다.

머스크는 2021년 9월 연예 매체와 인터뷰에서 결별 소식을 털어놓는다. 그는 "반쯤 별거 상태"라며 "아들 X는 공동육아를 하고 있다"고 밝혔다. 머스크는 테슬라 본사인 텍사스에 있거나 해외 출장을 다녀야 하는데, 그라임스는 주로 LA에서 활동한다는 게 별거 이유였다. 둘은 법적으로 결혼하지 않았기 때문에 이혼소송은 없었다. 다만 머스크는 "여전히 서로 사랑하고 자주 보는 사이"라며 여지를 남겼다.

둘의 관계는 현재까지도 유동적이다. 별거 중에도 만남을 지속했다. 그라임스는 앞서 머스크의 두 여인들과 달리, 남자친구가 사라지거나 불쑥 나타나는 것을 크게 개의치 않았다. 그녀 역시 연예인이었기에 규칙적이고 평온한 삶과 거리가 있었다. 《일론 머스크》의 저자월터 아이작슨(Walter Isaacson)은 그라임스의 예술적 산만함이 머스크의 혼란스러움과 궁합이 맞았다고 서술했다.

2021년 12월 그라임스는 대리모를 통해 둘째를 얻었다. 머스크의 7번째 자녀이자 첫 번째 딸이다. 아이의 이름은 엑사 다크 시데렐 머스크로 평소엔 Y로 불린다. 이어 2022년 대리모를 통해 머스크와의 셋째 아이를 낳았다. 테크노 메카니쿠스 머스크란 이름의 사내아이로 애칭은 타우다.

머스크의 정자로 아이 가진 질리스

2022년 7월 머스크가 부하 여성 임원과 사내 비밀연애를 한다는 스캔들이 터졌다. 상대는 본인이 설립한 뇌신경과학 스타트업 뉴럴링크의 임원 시본 질리스. 머스크가 15세 연하 직원과의 사이에서 쌍둥이를 얻었다는 보도였다. 그러나 실제 둘은 연인이 아닌 지적 동반자이자 친구였고 죽이 잘 맞는 게임 파트너였다. (질리스가 머스크의 아이를 가졌다는 뉴스가 보도되기 전까지) 그라임스와도 교류하는 사이였다.

캐나다 출신의 질리스는 예일대학교를 나왔다. 앞서 머스크의 불 같은 연인들과 달리 그녀는 차분하고 이성적인 캐릭터였다. 질리스는 2015년 머스크가 공동 설립한 AI 연구 기업 오픈AI에서 컨설턴트로 일했고, 여기서 머스크를 처음 만났다. 이후 테슬라로 자리를 옮겨 자율주행 프로젝트에 참여한다. 질리스는 성과를 내라고 압박하는 머스크와 오토파일럿 팀원들의 가교 역할을 맡았다. 그녀는 뉴럴링크에 합류해 달라는 보스의 요청에 운영 이사직을 맡게 된다. 이때부터 머스크 개인 사교클럽의 일원이 됐다.

질리스는 비혼주의였지만 모성 충동이 강했다. 머스크는 그녀에게 아이를 갖도록 권했다. 평소 머스크는 출산율 하락에 따른 위험성을 경고했고 X에 한국과 일본의 저출산을 우려하는 글을 올리기도 했다. 머스크가 자신의 정자를 기증하겠다고 제안하자 질리스는 수락했다. "제가 가장 존경하는 사람의 유전자를 아이에게 물려주고 싶었어요. 그리고 그를 행복하게 해주고 싶었습니다."

쌍둥이 남매는 Y가 태어나기 2주 전에 텍사스의 같은 병원에서 태어났다. 당시 그라임스는 이 사실을 전혀 몰랐다고 한다. 아이들의 출생 증명서엔 머스크가 아버지로 기재됐지만, 성은 질리스를 따랐다. 처음에 그는 머스크를 아이들의 대부 정도로 여겼다. 그러나 예상외로 머스크는 일주일에 한 번씩 질리스의 집에 머물며 양육에 참여했다. 그는 최근까지도 아들 X를 데리고 공식 석상에 자주 출연하고 있다. 사람들이 아이를 많이 낳아야 한다는 그의 소신이 실제 행동으로 이어진 셈이다.

오바마, 트럼프, 그리고 바이든

| 새가 풀려났다.

2022년 11월 샌프란시스코 트위터 본사 로비. 검은색 반팔 티셔츠를 입은 건장한 남성이 걸어들어왔다. 머스크였다. 소년처럼 환하게 웃는 그의 품엔 커다란 화장실 세면대가 있었다. 머스크는 이같은 짤막한 영상을 트위터에 올리며 덧붙였다. "(이 상황을) 받아들여요."

2006년 출범한 SNS 트위터는 머스크가 인수를 공식 발표한 지 6개월 만에 그의 회사가 됐다. 순탄한 과정은 아니었다. 당초 머스크는 트위터 이사회와 인수 금액으로 440억 달러(약 61조 원)를 합의했다. 다소 충동적인 결정이었다.

이후 페이스북(현 메타) 등 SNS 기업들의 주가가 급락하자 비싸게 샀다는 후회가 들었다. 당초 자금을 대겠다는 기관 및 큰손들도 말을 바꿨다. 머스크는 몇 차례 인수 의사를 번복했고 법정 소송까지 들어갔다. 그는 인수 대금 마련을 위해 그해에만 테슬라 주식 229억 달러(약 32조 원)어치를 팔았다. 주주들의 분노가 들끓던 시기였다.

정치 논란에 휘말린 트위터 인수

머스크는 왜 트위터를 인수한 걸까. 그는 트위터 광고주들에게 인수 배경을 다음과 같이 설명했다. "문명의 미래를 위해 다양한 신념을 논의할 수 있는 디지털 광장이 필요합니다. 현재의 소셜 미디어는 증오를 부르고 사회를 분열시키고 있습니다." 다양한 의견이 자유롭게 소통되는 온라인 공간을 만들고 싶다는 얘기다. 머스크는 늘 사업을 시작할 때 거대한 비전이나 대의명분을 내세웠다. 테슬라나 스페이스X처럼 트위터에서도 나름의 잠재력을 봤을 것이다.

　문제는 그의 트위터에 대한 소신이 정치 문제로 비화됐다는 점이다. 2021년 트위터는 도널드 트럼프(Donald Trump) 전 미국 대통령의 트위터 계정을 영구 정지시켰다. 그의 지지자들이 연방 의사당에 난입한 사건 이후 폭력을 선동할 수 있다는 이유였다. 머스크는 트럼프를 사기꾼으로 여기고 경멸했지만, 전직 대통령의 계정을 영구 정지시키는 것과 같은 조치는 터무니없다고 생각했다. 미국 수정헌법

제1조[*]에 담긴 '표현의 자유'를 신봉한 것이다. 결국 트위터 인수 후 트럼프의 계정을 복원하지만 그는 한동안 복귀하지 않았다.

머스크가 트위터를 인수하자 미국 좌우 진영은 정반대 반응을 보였다. 공화당과 보수 성향 네티즌은 박수를 보냈다. 이들 상당수는 트위터가 정치적으로 좌편향됐다고 봤다. 트럼프는 "이제 극좌 미치광이가 아닌 멀쩡한 사람이 트위터를 소유하게 됐다"며 환영했다. 마샤 블랙번(Marsha Blackburn) 테네시주 공화당 상원의원도 "머스크는 빅테크의 검열을 반대하고 표현의 자유를 지지한다고 했다"고 옹호했다. 반면 진보 진영에선 우려를 드러냈다. 머스크로 인해 트위터에 가짜 뉴스와 혐오 발언이 확산될 수 있다는 게 이들의 공통된 의견이었다. 여성 권리 단체 울트라바이올렛은 "판도라의 상자가 열렸다. 트위터는 폭력적 극우 세력에 대한 금지 조치를 계속하라"고 촉구했다. 앤디 레빈(Andy Levin) 민주당 하원의원은 머스크의 트위터 경영진 해고에 "유혈 사태가 시작됐다"고 비판했다.

오바마, 온건하지만 변화를 감행하는 인물

진보 세력의 우려대로 머스크의 정치 성향은 극우적일까. 과거 그는

---

[*] 의회는 종교를 세우거나, 자유로운 종교 활동을 금지하거나, 발언의 자유를 저해하거나, 출판의 자유, 평화로운 집회의 권리, 그리고 정부에 탄원할 수 있는 권리를 제한하는 어떠한 법률도 만들어서는 안 된다.

특정 정치 성향보다 자유분방한 괴짜 사업가 이미지가 더 컸다. 오히려 테슬라 사업 초기엔 미국 민주당 정치인들과 친분이 있었다. 당시 버락 오바마(Barack Obama) 대통령이 전기차 육성에 강력한 드라이브를 걸었기 때문이다.

2000년대 후반 일부 보수 언론은 전기차를 '오바마 자동차'라고 부르기까지 했다. 깐깐한 자동차 공해 규제를 한 캘리포니아주 대기자원위원회(CARB)를 두고 "좌파 환경 단체가 장악했다"는 기존 자동차업체들의 불만이 터져 나오던 시기였다. 캘리포니아는 진보 성향이 강한 지역으로 민주당의 선거 텃밭이다. 이곳 실리콘밸리에서 사업을 시작한 전기차 스타트업이 민주당과 친분을 유지하지 않을 수 없었다. 한때 테슬라의 주 수입원이 '탄소 규제 크레딧'이었음을 생각하면 말이다.

머스크 개인적으로도 오바마에 호감을 느꼈다. 오바마 행정부는 NASA(미국 항공우주국)의 우주왕복선 프로그램 연장 대신 민간 기업에 로켓 개발을 장려하고자 했다. 그 수혜 기업은 머스크의 스페이스X였다. 당시 이 결정은 우주비행사 닐 암스트롱(Neil Armstrong) 등 NASA 전통주의자들에게 맹비난을 받아야 했다. 2010년 오바마는 스페이스X 발사장을 찾아 머스크를 만났다. 수트 재킷을 어깨에 걸친 젊은 대통령과 우주업계 혁신가는 꽤 잘 어울리는 조합이었다. "오바마가 온건하면서도 기꺼이 변화를 감행하는 인물이라는 생각이 들었습니다." 머스크의 말이다.

'트럼프는 헛소리꾼'에서 '전적으로 지지'

머스크는 오바마와 힐러리 클린턴(Hillary Clinton)의 대선 캠페인에 지지를 보냈다. 민주당에 투표한다고도 밝혔다. 그의 첫 번째 부인 월슨, 여자친구 그라임스도 진보적 성향이었다. 자연스레 트럼프에 대해선 그리 좋은 평가를 내리지 않았다. 하지만 트럼프가 대통령에 당선된 이후엔 머스크도 태도를 바꿀 수밖에 없었다. 전기차와 우주 사업은 정부의 지원 없이 성공을 장담하기 어려웠던 게 당시의 현실이었다.

2016년 12월 대통령 당선인과 테크 기업 CEO의 만남에서 머스크는 비공개로 트럼프와 면담했다. 천하의 머스크도 트럼프와의 만남은 당황스러웠다. "친구가 테슬라를 선물했지만 한 번도 운전해본 적은 없소." "화성에 인간을 보내는 큰 목표를 달성하려면 기업 간의 경쟁이 필요합니다. NASA를 다시 움직이게 할 거요." 트럼프의 앞뒤가 맞지 않는 말에 머스크는 기가 찼지만, 적어도 그가 본인에게 우호적이라고 판단했다.

트럼프의 대통령 취임 이후에도 머스크는 그를 몇 차례 만났다. 사기꾼 같은 그의 언행이 일종의 연기이고 대통령이 되면 보다 합리적인 지도자가 될 것이라는 기대는 사그라들었다. "트럼프는 내 아버지(에롤)와 유사한 인물입니다. 세계 최고의 헛소리꾼 중 하나예요." 박한 평가였다. 과거 머스크는 인터뷰 등을 통해 에롤을 '참담한 사람'으로 묘사하곤 했다.

그러나 바이든 정권을 겪으며 머스크의 트럼프에 대한 평가는 180도 뒤바뀌었다. 2024년 3월 그는 재선에 도전하는 트럼프와 만났다. 공화당의 선거를 지원한 다른 부유한 기부자들과 함께였다. 큰손을 찾는 트럼프에게 머스크는 든든한 우군이 될 수 있을 터였다. 미국 대선 레이스가 달아오르자 머스크는 노골적으로 트럼프 지지 발언을 X에 띄웠다. 그해 7월 트럼프가 선거 유세에서 총격을 당하자 그는 "트럼프를 전적으로 지지한다"고 공개 선언한다. 언론은 그가 트럼프 캠프에 매달 4,500만 달러(약 623억 원)를 기부할 계획이라고 전했다. 이에 머스크는 "나는 아무것도 약속하지 않았다"며 거액의 정치 자금 기부엔 선을 그었다.

바이든은 '축축한 양말 꼭두각시'

머스크는 트럼프 1기 집권 시기에도 심적으론 민주당을 지지했다. 버니 샌더스(Bernie Sanders) 등 부자를 공격하는 일부 좌파 정치인을 조롱했지만 일시적이었다. 그런 머스크의 정치적 스탠스가 크게 바뀐 계기는 코로나19 바이러스 사태였다. 캘리포니아주 정부가 프리몬트 공장 폐쇄령을 내리자 머스크는 크게 반발했다. "나는 출근할 겁니다. 바이러스의 패닉으로 인한 피해가 코로나로 인한 피해보다 훨씬 크다는 게 내 생각입니다." 결국 머스크는 2022년 테슬라 본사를 캘리포니아 팔로알토에서 텍사스 오스틴으로 옮긴다. 텍사스주는 보수 성향이 강한 지역이다. 민주당의 선거 텃밭에서 공화당 텃밭으로 테슬라 본거지를 옮긴 셈이다. 스페이스X 로켓 발사장 등도 텍사스 보카치카에 있다.

하지만 무엇보다 머스크가 민주당에 등을 돌린 이유는 조 바이든 (Joe Biden) 대통령과의 충돌 때문이다. 그 갈등엔 노조가 자리 잡고 있었다. 친노조 성향인 바이든 정부는 노조가 없는 테슬라를 은근히 배척했다. 2021년 백악관의 전기차 시대 축하 행사에서 제너럴모터스(GM), 포드, 크라이슬러 수장과 전미 자동차노동조합(UAW) 회장이 초대됐지만, 머스크는 초대받지 못했다. 이어 그해 11월 바이든은 메리 베라(Mary Barra) GM CEO를 만나 전기차를 선도하고 있다고 칭찬했다. 당시 GM이 판 전기차는 분기 26대에 불과했다. 바이든은 노조가 있는 업체가 생산한 전기차에만 보조금을 주겠다고 언급하기도 했다.

머스크는 결국 폭발했다. "바이든은 사람 형태를 한 축축한 양말 꼭두각시"라고 거친 비난을 했다. 이후 "과거 민주당은 대체로 친절함을 가진 정당이었기 때문에 투표했다. 그러나 현재는 분열과 증오의 정당이 됐다. 더는 지지하지 않을 것"이라고 폭탄 트윗을 날렸다.

바이든의 참모들은 머스크와의 관계를 회복하기 위해 애썼다. 2022년 발효된 인플레이션 감축법(IRA)의 전기차 세제 혜택은 테슬라에 상당히 유리한 것이었다. 그럼에도 두 남자는 끝내 화해하지 못했다. 오바마와 트럼프 정부 당시 백악관을 자주 찾았던 머스크는 바이든 정권에선 2023년 단 한 차례만 방문했다. 그마저도 바이든을 만나진 못했다. 오바마, 트럼프 등 미국 정치 지도자들의 전폭적 지지를 받아온 머스크에겐 참을 수 없는 대접이었다.

각성 바이러스와의 싸움

머스크는 정치인도 사회운동가도 아닌 사업가다. 그가 지지 정치 세력을 바꾼 것은 테슬라와 스페이스X 등의 노조 문제 및 사업 유불리에 따른 것이다. 미국 내 진보 세력을 배척한 그가 중국 공산당에 드러낸 애정을 보면 철저히 계산된 행보로 볼 수도 있다. 그 역시 "나는 공화당도 민주당도 아닌 온건파", "공화당의 왼쪽 절반과 민주당의 오른쪽 절반을 지지한다"고 말한 바 있다.

머스크가 특정 정당을 지지하지 않는다고 하더라도, 최근 X에서 '각성 바이러스'와 싸우는 모습은 보수색이 짙어 보인다. 각성주의는 과도한 정치적 올바름을 주장하는 이들을 비판하는 용어다. 디즈니가 영화 〈인어공주〉의 에리얼 역에 흑인 배우를 맡겨 논란이 불거진 것도 하나의 사례다. 온라인에서 B급 유머를 즐기는 머스크에게 각성 운동은 결이 맞지 않았다. 그는 개인적으로도 아들 자비에가 여성으로 성전환을 하고 급진적 사회주의를 주장하는 것에 큰 충격을 받았다. 각성 바이러스가 아들을 빼앗아갔다고 본 것이다. "각성주의는 반과학적이고 반사회적입니다. 이를 막지 않으면 인류 문명은 결코 다행성 종으로 나가지 못할 겁니다."

머스크는 X라는 뜨거운 감자를 어떻게 이끌고 나갈까. 그의 혁신가 이미지는 각성 바이러스와의 싸움과 각종 정치 발언으로 점차 희미해지고 있다. 많은 이들이 우려와 기대의 시선으로 지켜보고 있다. 머스크가 트위터 인수 이유로 밝힌 다음과 같은 말이 진심이었기를 바란다. "더 많은 돈을 벌려고 트위터를 산 게 아닙니다. 내가 사랑하는 인류를 돕기 위해서입니다."

테슬라 리부트

5장

솔로 공대남만 뽑았다

사무실에 안 나올 거면 테슬라를 떠나라.

2022년 5월 머스크가 임원들에게 보낸 이메일이 유출돼 논란을 불렀다. 이메일은 "원격 근무하려면 최소 주 40시간을 사무실에서 일해야 한다"며 "그게 아니면 퇴사로 간주하겠다"고 적시했다. 당시 애플, 구글 등 미국의 많은 빅테크 기업은 코로나 사태 여파로 상당수 직원의 재택근무를 허용하고 있었다. 출근을 강요하다가 인재들이 줄사퇴하는 역풍을 우려했기 때문이다. 머스크는 보란 듯이 한술 더 떴다. 이후 사내 이메일을 통해 "경제에 대해 극도로 나쁜 예감(super bad feeling)이 든다"며 "테슬라 직원을 10% 줄여야 한다"고 폭탄선언을 했다. 이 발언의 여파로 다음 날 테슬라 주가는 하루 만에 9% 넘게 급락했다.

노동 유연성이 높은 미국에서도 해고는 껄끄러운 이슈다. 이메일 유출이 발단이었지만 SNS에서 해고 논란을 키운 건 머스크였다. 이처럼 정리해고를 서슴지 않고 말하는 CEO. 잡스에 버금가는 혁신가로 평가받는 이 남자는 사내에선 어떤 리더일까. 그는 스페이스X와 테슬라를 포함해 10개 기업을 창업 또는 인수했다. 30년 베테랑 CEO 머스크는 어떤 인재를 선호할까.

머스크는 CEO보다 장군에 가깝다

《일론 머스크, 미래의 설계자》의 작가 애슐리 반스(Ashlee Vance)는 "머스크를 잘 아는 사람들은 그가 CEO보다 장군에 가깝다고 말한다"고 전한다. 머스크는 스페이스X와 테슬라에 필요한 인재라면 누구라도 채용했고 본인이 원하는 엔지니어 군단을 만들었다. 그는 부하들을 격려하고 공감해주며 능력을 끌어내는 덕장이 아니다. 무지막지한 일을 던져주고 "넌 이것밖에 못해!"라고 고함을 치며 상대의 자존심을 자극하는 '악마 보스'다. 설사 일을 해내더라도 끝이 아니다. "더욱 탁월하게 많이 일하라"고 가차 없이 직원들을 밀어붙였다.

머스크는 어려서부터 천재 소리를 들었다. 말했듯이 열 살 때 코딩을 배웠고 12세에 〈블래스터〉라는 컴퓨터 게임을 만들어 팔았다. 대학에서 경제학·물리학 학위를 땄고 명문 스탠퍼드대학교에서 응용물리학 박사까지 하려고 했다. 20대 젊은 시절 창업에 성공해 큰돈을 벌었다. 그러다 보니 집요하리만큼 본인처럼 똑똑한 인재를 원했다.

스페이스X와 테슬라는 명문 대학에서 최고 성적을 낸 학생을 집중적으로 채용했다. 스탠퍼드대학교, 캘리포니아공과대학(Caltech), 서던캘리포니아대학교(USC) 등의 학생이 주된 타깃이었다. 특히 로봇 제작 대회 입상자나 특이한 자동차를 만든 사람을 찾았다. 머스크의 두 회사 모두 초기엔 애플이나 구글 같은 빅테크에 준하는 연봉을 맞춰주기 어려웠다.● 머스크가 그들에게 줄 수 있는 건 "언젠가 화성으로 가겠다, 함께해 달라"는 황당한 비전뿐이었다. 그의 눈빛에 반했던 걸까. 열정적인 20대 젊은이들에게 머스크의 말은 마법처럼 먹혀들었다.

직원 3,000명을 직접 면접해 채용하다

머스크는 스페이스X 초창기에 직원 3,000명을 한 사람, 한 사람 직접 면접해서 채용했다. 회사가 커진 후에도 엔지니어의 면접엔 꼭 참여했다. 이 때문에 늦은 밤과 주말까지 회사에 남아 있기 일쑤였다. "사기꾼들은 넘치고 진짜 물건은 많지 않아요. 대개 15분 정도면 어떤 사람인지 알 수 있고 며칠 같이 일해보면 확실히 알게 됩니다."

● 2021년 테슬라의 임직원 연봉 중간값은 S&P500 상장사 톱10에 들지 못했다. 실리콘밸리 기업의 초봉은 대략 10만 달러, 구글 등 빅테크 엔지니어는 15만 달러 선이다.

테슬라나 스페이스X에 들어가려면 어떤 관문을 통과해야 할까. 우선 대부분의 미국 기업은 한국처럼 대졸자들을 한 번에 뽑는 공개 채용이라는 개념이 없다. 애플이나 페이스북처럼 누구나 선망하는 실리콘밸리의 빅테크 기업은 철저히 명문대생 위주로 알음알음을 통해 구직 제의를 한다. 지원자는 500줄 이상의 코드 작성 시험과 혹독한 질문 세례를 받고 난 뒤 '끝판왕' 머스크의 면접을 통과해야 한다. 면접 시간은 30초~15분까지 천차만별이다.

스페이스X에서 채용 담당자로 5년간 일한 돌리 싱은 면접자에게 이렇게 경고하곤 했다. "면접 초반에 머스크가 업무를 보면서 당신을 무시해도 당황하지 마세요. 적당한 때가 되면 여러분에게 말을 걸 겁니다." 면접이 시작되면 머스크는 강렬한 눈빛으로 상대를 바라본다. 그는 상대의 지식이 아니라 사고 능력을 시험하고 싶어 했다.

가령 이런 질문을 던진다. "당신이 깃발과 나침반을 가지고 지구상 어딘가에 있다고 칩시다. 깃발을 땅에 꽂고 나침반을 보니 남쪽을 가리키고 있어요. 당신은 남쪽으로 1.6킬로미터 걸어갑니다. 방향을 꺾어서 동쪽으로 1.6킬로미터 걷고 다시 북쪽으로 1.6킬로미터를 걸어갑니다. 그랬더니 깃발이 있던 자리에 돌아와 있습니다. 이곳은 어디입니까?"● 면접장에서 CEO에게 이런 질문을 받는다면 몇 명이나 제대로 된 대답을 내놓을 수 있을까.

● 답은 두 개다. 한 곳은 북극, 다른 한 곳은 남극의 북쪽(지구 원주가 1.6킬로미터인 지점에서 북쪽으로 1.6킬로미터 떨어진 곳)이다.

군말 없이 야근할 '너드남' 선호

머스크는 특히 공과대학을 갓 졸업하고 부양할 가족이 없는 남학생을 선호했다. 여자친구도 없이 공부와 연구에만 푹 빠진 남자. 요즘 말로 '너드남'이다. 스페이스X 초창기였던 2003년 합류한 인쇄회로기판 설계자 필 카수프가 대표적 사례다. 그는 레바논에서 자랐고 가족과 떨어져 홀로 미국으로 유학을 왔다. 카수프는 똑똑했지만, 하버드대학교나 매사추세츠공과대학교(MIT)에 갈 학비가 없었고 USC에서 주는 전액 장학금을 받았다. 그를 직접 면접한 머스크는 몇 가지 질문을 던졌고 단번에 비범함을 알아챘다. 그가 겨우 스물한 살이었고 대학도 졸업하기 전이었다는 점은 머스크에겐 전혀 문제가 되지 않았다.

혁신가 머스크와 함께 일한다는 떨림은 잠시뿐, 직원들은 장시간 살인적인 업무를 해내야 했다. 초기 스페이스X 근무 시간은 주당 80~90시간이었다. 회사가 사실상 집이었던 셈이다. 당연히 입사 몇 달 만에 그만두는 직원이 부지기수였다. 업무 외에 다른 볼일이 없고, 언제 퇴근하냐고 묻지 않는 사람을 선호할 수밖에 없었다. 당시 인재 채용 담당자였던 돌리 싱은 면접자들에게 대놓고 말했다. "스페이스X는 특수 부대입니다. 힘든 업무를 감당하지 못할 사람은 올 필요가 없습니다."

로켓 부품의 기계가공 업무로 합류한 밥 레이건은 장발에 귀걸이를 하고 할리 데이비드슨 오토바이를 타는 무뚝뚝한 남자였다. 스페이스X 간부들은 레이건을 영입하고 싶었지만, 그의 힙한 차림새를 머스크가 어떻게 생각할지 걱정이었다. 머스크는 그가 뭘 어떻게 입고 다니는지 관심 밖이었다. 그저 군말 없이 밤낮으로 일하는 레이건이 마음에 쏙 들었다. 출근 한 달 만에 머스크는 레이건을 자신의 맥라렌 F1 스포츠카에 태우고 점심을 먹으러 다녔다. "다들 자네를 칭찬하던데, 이렇게 훌륭한 인재인 줄은 몰랐네."

부하를 달달 볶는 것 외에 할 줄 아는 게 없는 여타의 리더였다면 지금의 테슬라는 없었을 것이다. 전·현직 직원들 대부분 머스크를 존경했다. 그는 CEO였지만 모든 분야에 박식했고 박사급 이상으로 기술에 정통했다. 공장에서 새우잠을 자고 손에 기름을 묻히는 것을 마다하지 않았다. 젊은 엔지니어들과 아이디어가 넘치는 기술 회의를 밤 늦게까지 열었다.

직원들이 뭔가 필요하면 머스크는 수표를 썼다. 그는 현장에서 즉시 결정했고 이후엔 그 어떤 보고서나 위원회도 필요 없었다. 바로 돈이 입금되니 모든 일이 일사천리로 빠르게 진행됐다. 보잉이나 록히드 같은 보수적인 대기업에서 이직해온 직원들에겐 신선한 충격이었다. 경제적인 만족감도 빼놓을 수 없는 부분이다. 테슬라와 스페이스X(장외 시장) 주가의 폭발적인 상승은 자사주와 스톡옵션을 가진 직원들의 충성심을 고취했다. 테슬라 주가는 2010년 나스닥 상장 이후 195배(2023년 말 기준) 올랐다.

돈보다 사명을 좇는 자

머스크에게 최악의 직원은 "그 일은 도저히 해낼 수 없다"고 말하는 사람이었다. "그러면 자네는 프로젝트에서 빠지게. 내가 자네 몫까지 하면서 두 회사의 CEO를 할 테니까." 천재의 밑에서 일한다는 건 보통 멘탈로는 쉽지 않은 일이었다.

일반 사람들이 보기에 머스크의 언행은 냉혹하다. 해고 이슈만 하더라도 굳이 스타 CEO가 나서 본인의 이미지를 훼손할 이유가 없다. 여타의 회사처럼 조용히 공시를 내거나 인사 담당 임원이 발표하면 그만이다. 애플의 CEO 팀 쿡이나 메타의 마크 저커버그(Mark Zuckerberg)가 어떤 뉴스에만 등장하는지 보면 알 수 있다. 머스크는 왜 이러한 악역을 자처하는가. 그가 피도 눈물도 없는 악덕 경영인이기 때문인가.

기업은 이익을 내야 한다. 혁신 기업이라고 예외일 수 없다. 주식회사는 이익의 일부를 배당하거나 주가를 올리는 등의 방식으로 주주를 위해 움직인다. 테슬라는 2010년 상장 후 10년간 적자를 버텨냈다. 테슬람이라 불리는 강성 주주들이 든든히 뒤를 받쳐줬기에 한때 미국 시가총액 5위 기업으로 성장했다. 머스크 역시 이 점을 잘 알고 있다. 그는 여러 차례 믿고 지지해준 주주들에게 감사의 트윗을 올렸다.

머스크는 그러나 주주나 시장을 맹신하진 않았다. 2013년 스페이스X 직원들에게 보낸 메일에 따르면 그는 기업공개(IPO)에 다소 회의적이다. 기업을 세우면 으레 상장을 꿈꾸는 여타의 CEO와 생각이 다르다. 테슬라는 달리 방법이 없어서(자금 부족으로) 상장을 선택했다고 고백했다. "상장 기업의 주가는 극심하게 요동합니다. 그러면 직원들은 훌륭한 제품을 만드는 데 집중하지 못하고 주가 변동에 영향을 받기 마련입니다."

테슬라의 사명(社命)은 '지속 가능한 에너지로의 전 세계적 전환을 가속화(to accelerate the world's transition to sustainable energy)'다. 이것은 CEO인 머스크가 일생을 걸고 추구하는 미션이다. 기후 변화로 지구가 멸망하기 전에 그 리스크를 줄이도록 노력을 다한다는 것이다. "머스크는 돈을 많이 벌기보다 세상을 변화시키려는 이상주의자다. 자신의 꿈이 실현되는 걸 보고 말겠다는 집요함을 갖고 있다." 그는 돈보다 사명을 좇는 자다. 직원이나 투자자의 신망을 얻는 것은 그의 제1 관심사가 아니다. 오히려 수단에 가깝다는 표현이 적합하다.

그와 만난 순간, 마음은 이미 정해졌다

압박 면접을 거쳐야 하고, 입사해도 상시 야근에 CEO가 "더 열심히 탁월하게 일하라"고 직원들을 압박하는 회사. 스페이스X와 테슬라는 그런데도 전 세계 젊은 인재들에게 선망의 기업이다. 글로벌 인적자원(HR) 컨설팅업체 유니버섬에 따르면 2022년 미국 대졸 공학

도들이 가장 들어가고 싶은 기업 1위가 스페이스X, 2위가 테슬라였다. 이 회사들이 실리콘밸리의 빅테크에 비해 월등히 돈을 많이 주는 것도 아니다. 도대체 이 회사엔, 아니 머스크에겐 어떤 매력이 있는 걸까.

2002년 스페이스X를 설립하고 2004년 테슬라모터스에 합류한 이후 머스크는 끊임없이 세간의 조롱을 받아왔다. 민간 로켓 회사, 전기차, 자율주행, 태양광, 인공지능까지 그가 손댄 사업 대부분 터무니없는 꿈으로 가득 차 있었다. 월가의 공매도 세력은 "우주 최고 거품 회사가 곧 망할 것"이라고 예언했다. 기존 자동차 제조사들은 머스크를 애송이 취급하며 경쟁 상대로 인정조차 하지 않았다.

하지만 그의 남다른 비전을 알아본 사람들도 있었다. 대부분 괴짜라 불리던 젊은이들이었다. 스페이스X 초기, 대학 동기의 추천으로 재미 삼아 회사에 들른 23세 공학도 브라이언 벨데는 깜짝 놀랐다. "그냥 텅 빈 공장이었습니다. 탄산음료 자판기 하나 달랑 있었어요. 누군가 제게 다짜고짜 로켓 추진체에 관해 물어봤습니다." 엉겁결에 머스크와 면담까지 했다. "그가 우주여행 문명을 세우겠다더군요."

혼란스러운 며칠이 흘렀다. 새벽 1시 머스크의 비서에게 이메일이 날아왔다. "스페이스X에서 일하시겠습니까?" 벨데는 머스크의 눈빛이 떠올랐다. 그와 함께한다는 것은 생의 많은 것을 포기해야 한다는 걸 직감적으로 알아차렸다. 그러나 마음은 이미 정해졌다. "말도 안돼, 화성에 간다니."

직원 출석부까지 체크한 머스크

"이번 주는 몇 명이나 출근했는지 보고하라."

머스크는 코로나 사태가 한창이던 2022년 5월 재택근무자의 사무실 복귀 명령을 내렸다. 이어 "간부일수록 회사에 더 많이 출근해야 한다"며 "사무실 출근이 구시대적이라고 생각한다면 다른 곳에 가서 일하는 척하라"고도 말해 논란을 불렀다. 당시 언론은 테슬라가 모든 직원을 수용할 만한 업무 공간이 없어 어려움을 겪고 있다고 보도했다. 또한 머스크가 매주 테슬라 직원들의 출근 현황을 보고받고 있다고 전했다.

테슬라는 코로나 사태 이전엔 재택근무에 관대했다. 2020년 이후 직원이 급증했지만 새 공장인 기가 텍사스를 짓는 데 집중했다. 이 때문에 네바다와 캘리포니아의 기존 시설에 모든 직원이 주당 40시간을 일할 만큼 충분한 업무 공간을 확보하지 못했다.

샌프란시스코 베이에 근무하는 직원들은 회사로부터 주중 사흘을 사무실에서 일하라는 명령을 받았다. 하지만 책상, 의자, 주차 공간 등 부족한 자원이 너무 많았다. 충전 코드 같은 간단한 소모품조차 부족했다. 직원들은 회의실이나 전화부스가 없어서 밖으로 나가 전화를 받아야 했다. 테슬라는 결국 베이 지역 직원들이 한 주에 이틀 출근하는 것으로 재조정했다.

CNBC에 따르면 머스크는 직원 출석에 대한 자세한 주간 보고서를 받았다. 계획된 휴가 대비 갑작스러운 결근을 매일 집계했다. 이 자료에 따르면 그해 9월 캘리포니아 프리몬트 공장은 직원 8분의 1이 출근하지 않았다. 테슬라 전체 직원으론 10분의 1이 결근한 것으로 나타났다.

6장

진짜 '배터리 아저씨' JB

진짜 '배터리 아저씨' JB가 돌아온다!

2023년 4월 테슬라 온라인 커뮤니티는 작은 인사 뉴스에 술렁였다. 테슬라는 미 증권거래위원회(SEC) 공시를 통해 새 이사회 멤버 후보를 공개했다. 여기에 JB 스트라우벨 레드우드 머티리얼즈 CEO의 이름이 올랐다. 한 달 뒤 열린 테슬라 주주총회에서 그의 사외이사 임명 건이 통과됐다.

테슬라 장기 투자자에게 스트라우벨은 친숙한 이름이다. 그러나 최근 주주들에겐 다소 낯선 인물이기도 하다. 그는 2004년 머스크와 함께 테슬라에 합류한 공동창업자이자 15년간 회사의 CTO였다. 테슬라의 초기 모델 로드스터를 사실상 직접 설계했고, 전기차 파워트레인 및 배터리 기술 개발을 이끌었다. 2019년 7월 돌연 회사를 떠나 투자자들에게 충격을 주기도 했다. 스트라우벨은 머스크와 밑바닥에서 함께 구른 동지이자 '테슬라의 영혼'이었다. 그의 재직 기간에 테슬라 주가는 1,400%가량 올랐다.

운명적 만남

스트라우벨은 1975년생으로 미국 위스콘신주 출신이다. 그는 어렸을 때부터 화학과 물리학에 관심이 많았다. 집 지하실에서 골프 카트를 조립하거나 배터리 실험을 하곤 했다. 고교 시절엔 과산화수소 분해 실험을 하다 폭발 사고를 냈다. 그는 오른쪽 뺨에 40바늘을 꿰매야 했다.

과학 영재답게 1994년 명문 스탠퍼드 공대에 입학했다. 그의 학벌과 스펙이면 일류 글로벌 기업에 고액 연봉을 받고 입사할 수 있었다. 하지만 그는 꿈을 좇는 인생을 원했다. 전기로 달리는 차가 그것이었다.

스트라우벨은 에너지 시스템 공학을 전공하고 교내 태양광 전기차 연구팀에서 맏형으로 활동했다. 특히 그는 리튬이온 배터리에 주목했다. 노트북 등에 들어가는 소형 배터리를 수천 개 연결해 전기차에 장착하면 주행 거리를 획기적으로 늘릴 수 있다고 생각했다. 고철 수준의 1984년형 포르쉐 944를 1,400달러에 사들여 배터리를 장착하고 전기차로 개조하기도 했다.

2003년 가을 그는 한 점심 식사 자리에서 네 살 연상의 젊은 사업가 머스크를 만난다. 당시 머스크는 실리콘밸리에서 연이은 창업 성공으로 억만장자가 됐고, 스페이스X라는 민간 우주로켓 기업을 설립한 참이었다. 전기차 이야기를 꺼낸 스트라우벨에게 머스크는 큰 관심을 보였고 그 자리에서 1만 달러를 투자하겠다고 약속했다. 이 만남이 20년 인연의 시작이 될 줄은 두 사람 모두 꿈에도 몰랐다.

2004년 스트라우벨은 머스크의 권유로 전기차 스타트업 테슬라에 합류한다. 그는 테슬라 창업자 마틴 에버하드(Martin Eberhard)와 마크 타페닝(Marc Tarpenning)에게 "머스크의 투자를 받을 수 있는 배터리팩을 만들고 있다"고 말했다. 그들은 의기투합했고 스트라우벨은 연봉 9만 5,000달러에 고용 계약서를 썼다. 사실 이들 모두 전기차가 좋아서 사업을 시작했을 뿐, 누구 하나 자동차 전문가라고 볼 수 없었다. 아마추어 동호회원들이 자동차 회사를 차린 셈이다.

배터리맨 비긴즈

스트라우벨이 맡은 업무는 테슬라의 첫 모델인 로드스터의 파워트레인과 배터리팩 개발이었다. 그는 스탠퍼드 친구와 후배들에게 도움을 요청했고 이들은 속속 맏형의 팀에 합류했다. 어느새 그의 집 차고는 테슬라의 또 다른 연구소가 됐고 거실은 사무실처럼 쓰였다.

2008년에 이르러 스탠퍼드 출신 엔지니어는 40명에 달하게 된다. 훗날 스트라우벨은 테슬라의 2인자로 부상하며 사내 'S대 라인'의 수장이 됐다.

전기차의 가장 큰 위험 요소는 화재다. 배터리 기술이 비약적으로 발전한 현재에도 전기차 화재 사고는 잊을 만하면 뉴스에 오르곤 한다. 초창기 테슬라도 이 문제가 가장 큰 골칫거리였다. 자동차 배터리팩을 만들려면 배터리셀을 빽빽하게 채워야 한다. 이 때문에 셀 하나라도 과열되면 큰 폭발로 이어질 수 있다.

스트라우벨은 배터리 제조사 전문가들을 불렀다. 그들은 배터리셀의 화재 가능성을 인정하면서도 자신 있게 답했다. "배터리 화재는 지극히 드문 일입니다. 배터리셀 100만 개 중 1개꼴이에요." 당시 전문가들이 생각한 배터리는 휴대폰이나 노트북에 장착하는 소형 기기용을 뜻하는 것이었다. 100만분의 1 확률은 무시할 만한 수준이라는 얘기였다. 그러나 테슬라는 자동차 한 대당 약 7,000개의 배터리셀을 넣을 계획이었다. 계산기를 두드려본 스트라우벨은 사색이 됐다. "150대 중 1대꼴로 불이 난다면 테슬라는 망할 겁니다." 로드스터 시제품만 잘 개발해 투자금을 끌어모으면 된다는 생각으로 출발했던 테슬라엔 큰 위기였다.

테슬라는 즉시 배터리 화재 태스크포스(TF)를 꾸렸다. 매일 실험을 거쳤고 이상적인 배터리셀의 간격을 찾으려 애썼다. 배터리 위로 공기를 흐르게 하거나 액체 튜브를 활용하기도 했다. 스트라우벨은 실험을 거듭할수록 이 문제가 보통 심각한 게 아니라는 걸 깨달았고,

편집증에 가까울 정도로 집착했다.

그는 배터리셀이 뜨거워지는 건 막을 수 없지만, 연쇄 반응을 일으키는 온도에 도달하는 것을 막을 수 있다면 승산이 있다고 생각했다. 수많은 시행착오 끝에 배터리셀을 몇 밀리미터 간격으로 띄우고 액체를 채운 튜브 사이에 밀어 넣었다. 배터리팩 안은 반죽 같은 미네랄 혼합물을 넣어 독자적인 발열 시스템을 완성했다. 배터리셀이 과열해도 에너지가 인접한 셀로 분산돼 폭발로 이어지지 않는다는 원리였다. 스트라우벨 팀은 연기 발생과 과열을 탐지하는 센서도 개발했다. 뭔가 이상 징후가 보일 경우 동력 장치가 저절로 꺼지게 했다.

전기차 배터리의 선구자

전기차가 대중화 단계에 이른 현시점에서 보면 20년 전 스트라우벨의 열 관리 기술은 큰 진보였다. 그러나 당시 이 사실을 인지한 이들은 극소수였다. 2차전지 기업들은 전기차를 만들겠다는 야무진 꿈의 스타트업 테슬라를 대놓고 무시했다.

한국 배터리 제조사인 LG화학(현 LG에너지솔루션)과도 갈등이 있었다. 당시 테슬라는 로드스터 배터리팩을 만들기 위해 LG화학으로부터 약 7,000개의 배터리셀을 확보했다. 이후 LG화학으로부터 서한이 날아들었다. "귀사의 실험은 화재 위험성이 높다. 우리 회사는 이에 연루되고 싶지 않다. 구매한 배터리셀을 반환해 달라." 힘들게 배터리를 구한 테슬라로선 받아들일 수 없는 요청이었다. 하지만 2차전지업계의 사정은 달랐다. 리튬이온 배터리 화재 사건으로 골머리를 앓았다. 2004~2005년 애플은 이 문제로 LG화학 배터리를 쓰는 맥북을 15만 대 이상 리콜하기도 했다. 이런 상황에서 검증도 안 된 미국 벤처 기업이 자사 배터리로 전기차를 만든다고 하니 덜컥 겁이 난 것이다.

당시 CEO였던 마틴 에버하드는 배터리 공급을 요청하러 만난 한 회사 간부에게 이런 핀잔을 들어야 했다. "당신들이야 별로 가진 게 없어서 잃을 게 없겠지만, 우리는 달라요. 당신네 자동차가 폭발이라도 하면 우리도 소송에 휘말릴 겁니다." 천하의 테슬라도 초창기엔 이런 설움을 겪었다. 테슬라의 지난 20년은 배터리업체와의 투쟁과 연대의 역사라 해도 과언이 아니다.

이때부터 스트라우벨은 중국과 일본을 돌며 2차전지업체들을 만나 배터리 공급을 설득했다. 실리콘밸리에서 전기차 연구만 하던 공돌이에게 영업은 새로운 세상이었다. 처음 찾아간 곳은 일본의 파나소닉. 수 개월간 확답을 주지 않던 그들은 결국 판매할 의향이 없다고 거절했다. 테슬라는 자금과 시간 부족에 허덕이는 상황이었다. 스트라우벨은 시간 낭비했다는 생각에 한숨이 나왔다.

"미스터 스트라우벨? 오사카에서 만나고 싶습니다." 대안으로 꼽았던 일본의 산요에서 연락이 왔다. 스트라우벨은 이번 기회를 놓칠 수 없었다. 기술 설명 프레젠테이션에서 배터리 열폭주에 대한 질문이 쏟아졌다. 그는 이 방면에 자타공인 최고의 전문가였다. 산요 경영진도 고개를 끄덕였다. 2007년 기어이 배터리 공급 계약을 체결했다.

일본 출장을 마치고 집에 돌아온 밤. 장기간 집을 비운 바람에 전기마저 끊겼다. 냉장고를 열어보니 음식 썩은 냄새가 진동했다. 스트라우벨은 어두운 집 바닥에 주저앉았다. 3년간 수많은 밤을 지새우며 전기차 개발에 매달렸고, 해외 출장을 밥 먹듯 다녔다. 머스크는 까다로운 보스였지만, 열정적인 동료와 후배들이 스트라우벨의 곁에 있었다. "테슬라는 내게 꿈이자 가족만큼 소중한 존재였습니다." 그는 돈이 생기면 무조건 테슬라 주식에 투자했다. 하지만 자꾸 헛바퀴를 돈다는 생각을 지울 수가 없었다. 실리콘밸리에서 무수히 망해나간 벤처들이 떠올랐다. "과연 테슬라가 성공할 수 있을까?"

야망남들의 기가 팩토리

2009년 파나소닉이 산요를 인수했다. 이 과정에서 테슬라에 관심을 가졌다. 그들이 2년 전 문전박대했던 스타트업은 모델S 시제품을 공개하며 일약 실리콘밸리 스타로 발돋움했다. 파나소닉은 테슬라에 배터리셀 공급과 함께 3,000만 달러(약 416억 원)를 투자하기로 결정한다.

모델S 프로젝트가 궤도에 오르자 머스크는 더 큰 계획을 세웠다.

2010년 프리몬트에 있는 GM-도요타의 옛 공장을 인수했다. 머스크는 이곳에서 연간 전기차 50만 대를 생산할 계획이라고 선언했다. 테슬라는 50만 대는커녕 5만 대도 생산해본 적이 없었다. 더 큰 문제는 그 정도 규모의 전기차에 탑재할 배터리가 없다는 사실이었다. 높은 배터리 가격도 걸림돌이었다.

머스크는 스트라우벨을 불러 이 문제를 의논했다. 전기차 50만 대에 들어갈 배터리는 전 세계 생산량과 맞먹는 수준이었다. 당시엔 그 누구도 전기차가 현재처럼 대세가 될지 예측하지 못했다. 기껏해야 하이브리드카 시장을 조금 잠식할 수준으로 봤다. 공급을 늘리고 가격을 낮추라는 압박에 파나소닉을 포함한 배터리 제조사들은 꿈쩍도 하지 않았다. 두 남자는 결국 테슬라 전용 배터리 공장을 지어야 한다는 결론에 이르렀다. "JB, 자네가 배터리 공장을 맡아주게."

테슬라 내부에선 차세대 전기차인 모델X와 모델3 개발 자금도 턱없이 부족한데 공장까지 짓는다는 계획에 반대하는 이들이 많았다. 스트라우벨은 굴하지 않았다. 공장 한쪽에 파나소닉이 배터리 생산을 하고, 반대편에선 테슬라가 배터리팩을 조립한다는 계획을 세웠다. 최초의 기가 팩토리 청사진이었다.

2014년 테슬라는 네바다주에 기가 팩토리를 짓기로 결정했다. 대략 160억 달러(약 21조 원)의 자금이 필요했다. 투자자들의 최대 관심은 파나소닉이 합류할지 여부였다. 파나소닉의 반응은 미적지근했다. 그들은 테슬라 같은 작은 회사가 이 큰 프로젝트를 진행할 수 있을지 회의적이었다. 스트라우벨은 회사의 명운이 달린 결단을 내려야 했다. "공장 부지부터 사들이고 불도저와 건축 장비 몽땅 부르게."

그는 파나소닉에 공장 부지를 먼저 보여주고 투자를 설득할 계획이었다. 파나소닉이 손을 잡든 말든 테슬라는 프로젝트를 밀어붙이겠다는 걸 보여주고 싶었다. 18만 제곱미터(약 5만 4,000평) 넓이의 대규모 땅이 정비되기 시작했다. 하루 비용만 200만 달러(약 26억 원). '스탠퍼드 공돌이'는 어느새 배짱 두둑한 사업가로 변신했다. 부지를 본 파나소닉 임원은 큰 충격을 받았다. 매달릴 줄 알았던 테슬라가 독자적으로 배터리 공장을 지을 수도 있겠다는 생각에 위기감이 든 것이다. 몇 주 뒤 스트라우벨은 머스크와 함께 일본행 비행기에 올랐다. 그해 7월 테슬라와 파나소닉의 네바다 기가 팩토리 건립 계약이 체결됐다.

머스크와의 결별

2019년 6월 연례 주주총회 무대 뒤의 머스크는 초조했다. 이날 그는 한 가지 중대한 발표를 해야 했다. 15년의 세월을 테슬라에 헌신한 스트라우벨의 퇴사가 그것이었다. 행사 직전 머스크는 결국 마음을 바꿨다. "JB, 오늘은 그런 발표를 할 분위기가 아닌 것 같아. 조금만 더 기다려주게."

두 남자는 기가 네바다의 건립과 운영 과정에서 사이가 점차 소원해졌다. 특히 2018년경 머스크는 모델3 생산 지연 등의 여파로 극도의 스트레스를 받았다. 그는 어느 때보다 고압적인 태도로 직원들을 대했고, 이는 스트라우벨에게도 예외가 아니었다. 머스크는 완벽에 가까운 배터리 품질을 요구했다. 열정으로 똘똘 뭉쳤던 스트라우벨도 거듭된 머스크의 압박에 번아웃 상태에 이르렀다.

돌이켜보면 그는 애초에 꿈꿨던 모든 것을 이뤄냈다. 전기차는 전 세계 미래를 선도하는 주요 산업이 됐다. 테슬라 전용 배터리 공장도 일궈냈다. 막대한 부(富)도 따라왔다. 포브스에 따르면 스트라우벨이 테슬라를 떠난 후에도 주식을 계속 보유하고 있었다면 2021년 11월 기준 지분 가치는 13억 달러(약 1조 7,000억 원)였다.

이제 테슬라는 더 이상 스타트업이라 할 수 없었다. 하지만 대기업 운영 등의 업무는 스트라우벨이 원하는 일은 아니었다. 15년 전 스탠퍼드 후배들을 집에 불러 밤새 전기차 얘기를 나누던 맏형은 한결같았다. 그는 여전히 벤처에 대한 꿈이 남아 있었다. 떠나야 할 때였다. 머스크는 뒤늦게 후회했지만 이미 떠난 창업 동지의 마음을 되돌릴 수 없었다.

이윽고 머스크가 무대에 오르자 환호성이 터져 나왔다. 그는 기가 팩토리의 성공을 거론하기 위해 스트라우벨을 불렀다. "십수 년 전 한 식사 자리에서 운명적으로 JB를 만났습니다. 그때 좋은 대화를 나눴죠." "솔직히 일이 이 정도로 잘 풀릴 줄은 몰랐어요, 머스크." 스트라우벨이 화답했다. "무조건 실패할 거라 생각했습니다." 다시금 오랜 동지의 퇴사가 떠올랐던 걸까. 머스크의 표정이 점차 어두워졌다.

　　　　　　테슬라 리부트

"하지만 해야 하는 일이었잖아요." 스트라우벨은 머스크를 바라보며 말했다. "성공 가능성은 사실 10%, 아니 1%도 장담하기 어려웠죠. 그런데 이제 어디서나 전기차가 도로를 달리는 모습을 보니… 실로 감개무량합니다."

7장

중국의 제2 머스크, 톰 주

| 저 다부진 눈빛의 동양인은 대체 누구인가? |

2023년 3월 미국 텍사스주의 테슬라 기가 팩토리. 3시간 넘게 진행된 테슬라 '투자자의 날' 프레젠테이션 이후 머스크를 포함한 17명의 사람이 차례로 등장했다. 회사 주요 임원들이 한자리에 모인 것이다. 일부 언론은 머스크의 트위터 인수 이후 불거진 키맨 리스크(Keyman Risk, 권력 집중의 폐해)를 불식시키려 했다고 분석했다. 수많은 차기 CEO 후보군을 소개하는 자리였다는 얘기다. 이들 중 가장 대중의 시선을 끈 이가 있었다. 톰 주[중국명 주샤오퉁(朱曉彤)] 자동차 부문 수석 부사장이다. 그는 유창한 영어로 기가 팩토리 생산 현황과 함께 차량 제조 방식을 설명했다.

주는 최근 테슬라 팬들이 열렬히 지지하는 라이징 스타다. X엔 '차

톰 주 자동차 부문 수석 부사장 　　　　　　　　　　　　　　　　　 출처: 테슬라

기 테슬라 CEO는 톰 주가 될 것이다'는 글이 종종 올라온다. 공동창업자 마틴 에버하드의 2007년 퇴진 후 머스크 1인에 관심이 집중됐던 테슬라 팬덤에 매우 이례적 현상이다. 블룸버그는 주를 놓고 머스크에 이어 2인자로 부상했다고 소개하기도 했다.

　그는 중국에서 태어났고 뉴질랜드에 이민해 이중국적을 가지고 있다. 2004년 뉴질랜드 오클랜드공과대학교(AUT)를 졸업하고, 2010년 미국 듀크대 경영대학원 MBA(경영학 석사)를 이수했다. 테슬라 입사 시기는 2014년이다. 이전엔 중국 EPC(설계·조달·시공) 회사 카이보그룹에서 일했고 아프리카 건설 프로젝트 컨설팅을 했다. 당시 테슬라가 주를 영입한 건 중국 충전망 슈퍼차저(Supercharger) 구축 때문이었다. 2015년 머스크는 중국 진출을 시도했지만 한 차례 무산됐다. 이후 펜실베이니아대학교 동창이자 물리학 1등 수재였던 로빈 렌(Robin Ren)에게 중국 사업 총책임을 맡겼다.

2018년 테슬라는 중국 정부와 기가 팩토리 상하이 건설 최종 계약을 한다. 렌은 현장 감독으로 주를 지명했다. 테슬라의 첫 해외 공장이었던 기가 상하이는 주의 지휘 아래 착공 9개월 만에 초고속 완공됐다.

중국의 '제2 머스크' 톰 주

그의 업무 관리 방식은 머스크를 그대로 빼다 박았다. 자정이 지난 후에도 직원들에게 전화를 걸거나 메시지를 보내 닦달했고, 걸핏하면 버럭 화를 냈다. 빈자리가 보이면 사진을 찍어 회사 채팅방에 올리고 주인은 어디 갔느냐고 묻기도 했다. 하루는 현장에서 폭우가 쏟아져 건물 한쪽이 무너지려 했다. 주는 "공장을 지키자"며 몸에 흙투성이가 된 채 직원 30명과 양동이로 직접 물을 퍼냈다.

주는 공장에서 차로 10분 거리에 있는 월세 2,000위안(약 38만 원)도 안 되는 공공임대 아파트에 거주했다. 오전 6시에 사무실에 출근해 일과를 시작했다. 시간대가 다른 북미 지사와 소통하기 위해서였다. 중국 언론은 그가 대외 활동 외엔 언제나 테슬라 로고가 찍힌 잠바를 입고, 직원들의 이메일과 문자에 신속하게 답한다고 전했다.

기가 상하이 건설의 공을 인정받은 주는 2019년 테슬라 중국법인 대표로 승진한다. 머스크가 그에게 확실히 눈도장을 찍은 건 코로나 사태 때다. 2022년 3월 상하이 시내 전체가 봉쇄되자 테슬라 공장 역시 가동을 중단해야 했다. 기가 상하이는 테슬라 차량 생산의 절반을 담당하는 핵심 기지다. 시장은 우려를 드러냈고 주가는 급락했다.

주는 이때부터 두 달간 공장에서 숙식하며 정상화를 이끌었다. 밤낮없이 하루 24시간 근무를 한 셈이다. 그의 충성심에 머스크도 칭찬을 아끼지 않았다. 머스크는 그해 5월 〈파이낸셜타임스〉와의 인터뷰에서 "중국엔 재능 있고 열심히 일하는 사람이 많다"며 "그들은 새벽 3시에도 기름을 태우며(불을 밝히며) 공장을 떠나지 않는다"고 말했다.

주 역시 머스크의 성향을 재빨리 간파했다. 업무를 잘 보고해야 보스의 분노를 피하고, 탈 없이 테슬라에서 버틸 수 있다는 것을 깨달았다. 다행히(?) 머스크가 태평양 건너 미국에 있어서 직접 참견할 수 없다는 게 큰 이점이었다. 주는 매일 공장 상황을 사진에 담아 머스크에게 이메일로 보냈고, 몇 주에 한 번씩은 캘리포니아에 가서 대면 보고했다.

테슬라 서열 2위로 초고속 승진

회사의 모든 걸 파악하길 원하는 '나노 매니저' 머스크에게 톰 주는 딱 맞는 부하였다. 2022년 7월 테슬라 아시아태평양 책임자로 승진한 데 이어 2023년 1월엔 미국 생산과 북미·유럽 판매사업부를 총괄하는 자리에 오른다. 당시 사이버트럭의 출시가 지지부진하자 머스크가 해결사로 생산 전문가 주를 투입한 것이다. 이후 석 달 만에 자동차 부문 수석 부사장에 임명됐다. 중국법인 대표가 된 지 3년 만에 본사 핵심 임원으로 초고속 승진이었다. 현재 주는 바이브하브 타네자 최고재무책임자(CFO)와 함께 테슬라 고위 임원으로 활약하고 있다.

승진과 함께 막대한 보상도 받았다. 2023년 4월 SEC 공시에 따르면 그는 테슬라 주식 6만 6,098주와 스톡옵션 192만 주를 보유했고 수석 부사장에 오르면서 추가로 33만 주를 받았다. 주식과 스톡옵션 가치만 수백억 원대다. 스톡옵션은 기업이 임직원에게 자기 회사 주식을 '일정한 가격에 매수할 권리'를 부여하는 제도다. 회사가 임직원의 근로 의욕을 진작시킬 용도로 활용된다. 행사 가격보다 주가가 오를수록 이익을 얻는 구조다. 미래 성과급인 셈이다. 테슬라 직원들이 야근을 마다하지 않고 회사에 충성하는 건 머스크나 스트라우벨 등의 창업 세대가 아니어도 성공할 수 있다는 믿음 때문일 것이다.

주의 고속 승진은 테슬라의 중국 사업 위상과도 결부해볼 수 있다. 중국은 세계 최대 전기차 시장이다. 테슬라가 글로벌 기업으로 성장할 수 있었던 것은 중국 정부의 전폭적 지원 덕분이었다. 중국 시장은 테슬라의 글로벌 생산과 판매 절반을 책임지고 있다.[*] 당국과의 소통 및 현지 소비자 정서를 위해서라도 중국인 임원은 테슬라에 필

---

[*] 2024년 1분기 테슬라 실적 보고서에 따르면 상하이 공장의 생산 능력은 95만 대다. 프리몬트 65만 대, 베를린과 텍사스가 각각 37만 5,000대다.

요한 존재였다는 얘기다. 최근 그는 미국 본사를 떠나 다시 중국 사업부를 맡은 것으로 알려졌다. 2024년 들어 테슬라의 중국 판매량이 주춤해지자 '선수'를 투입한 것이다.

머스크의 거침없는 친중 행보 뒷받침

글로벌 기업들이 미·중 갈등으로 중국 내 사업에 눈치를 보는 것과 달리, 머스크는 거침없는 친중 행보를 보였다. 2023년 미국에서 열린 아시아태평양경제협력체(APEC) 정상회의 만찬 연회에 머스크는 초청받지 못했지만 무작정 찾아가 시진핑(習近平) 주석을 만났다. 좌우 정치인을 가리지 않고 조롱하는 그의 독설도 중국만은 예외다. 오히려 틈만 나면 중국 경제의 빠른 번영과 노동자들의 근면함을 칭찬했다. 머스크에게 주는 글로벌 테슬라 직원들이 본받아야 할 모범 사례인 것이다.

 일각에선 테슬라가 미·중 갈등 리스크를 감안해 과도한 중국 의존을 줄여야 한다고 지적한다. 일견 타당한 주장이다. 하지만 현재로선 테슬라에 다른 길이 보이지 않는다. 텍사스와 베를린 신공장은 상하이만큼의 생산성을 내지 못하고 있고 멕시코 공장은 아직 착공 전이다. 중국의 대안으로 부상한 인도는 공장 건립을 논의 중이지만 테슬라와 인도 정부 간 관세 등 이견을 좁히지 못하고 있는 것으로 알려졌다. 중국 외 세계 전기차 시장이 회복해야만 풀 수 있는 문제다.

현재 멕시코 기가 팩토리 건설은 기약 없이 중단됐다. 머스크는 2024년 2분기 실적 발표에서 "트럼프 후보가 멕시코에서 생산되는 차량에 무거운 관세를 부과하겠다고 밝힌 만큼, 미국 대선 결과가 나올 때까지 지켜볼 것"이라고 밝혔다. 공사가 재개된다면 기가 상하이 건설을 초고속으로 완수한 주가 이 프로젝트를 맡을 것으로 보인다. 그는 과거 한 인터뷰에서 "기가 멕시코 건설 기간을 기가 상하이의 9개월보다 단축할 것"이라고 말한 바 있다.

주가 차기 테슬라 CEO가 될 수 있을지는 알 수 없다. 그러나 야심만은 이미 그 자리에 오른 듯하다. 주는 전 세계 가장 까다로운 보스 머스크의 마음을 또 한 번 사로잡을 수 있을까. 임무는 막중하고 시간은 그리 많지 않아 보인다. 그의 행보에 관심이 쏠리는 이유다.

테슬라 리부트

8장

일렁이는 노조의 그림자

아빠는 여기 테슬라 공장에 지원해볼 생각 없어?

2015년 12월 미국 캘리포니아주 프리몬트의 한 도로. 리처드 오르티스는 퍼뜩 정신이 들었다. 운전 중이었다. 옆 좌석의 아들이 낯선 흰색 벽의 거대한 건물을 가리켰다. 사실 외관만 낯설 뿐이다. 그는 그 공장을 잘 알고 있었다. 누미(New United Motor Manufacturing inc., NUMMI). 무려 20년 가까이 그곳에서 일했다. 청춘을 바친 곳이지만 지금은 없는 이름이다.

"아버지가 종일 네 얘기만 하신다. 넌 우리 가족의 자랑이야."

오르티스는 어릴 때부터 자동차 공장에서 일하는 게 꿈이었다. 집 인근에 GM 공장이 있었다. 1970년대 동네 사람들 누구나 이 공장의 정규직을 원했다. 그의 아버지도 마찬가지였다. 아버지는 끝내 꿈을 이루지 못했다. 1980년대 들어 상황이 달라졌다.

당시 미국 차는 도요타 등 일본 차의 진출로 경쟁에서 밀렸다. GM은 프리몬트 공장을 폐쇄하려 했다. 강성 노조가 파업을 일삼은 최악의 공장이었다. 도요타는 미국 현지 공장이 필요했다. 양사는 이해관계가 맞아떨어졌다. 1984년 GM-도요타 합작 공장 누미가 탄생했다. 오르티스는 1989년 고용됐다. 온 가족의 경사였다.

영광과 쇠락, 누미의 추억

도요타는 미국 공장에 자국의 생산 방식을 도입했다. 생산 효율성을 높이고 재고를 최소화하려 했다. 표준화된 작업과 품질을 강조했다. 불량이 발생하면 작업자가 공정을 멈출 수 있게 했다. 적시 생산 시스템(JIT)으로 불린 이 방식은 글로벌 자동차 생산의 표준이 됐다.

오르티스는 업무 강도가 센 차량 도장 작업에 배치됐다. 그는 눈치가 빨랐다. 도요타의 생산 방침을 바로 몸에 익혔다. 사내 정치 감각도 있었다. 어느새 전미자동차노조(UAW) 지부 위원 자리에 올랐다. 집도 마련하고 가정을 이뤘다. 어엿한 중산층이었다. 공장이 궤도에 오르자 고질병이 도졌다. 노조 내부 사내 정치가 극단을 치달았다. 오르티스는 이에 신물이 났다. 개인적으로 이혼까지 겪었다. 2006년 회사를 박차고 떠났다.

2008년 글로벌 금융 위기가 닥쳤다. 파산에 몰린 GM은 애물단지

누미 공장에서 손을 뗐다. 홀로 남은 도요타도 2010년 철수를 선언했다. 평생 고용 약속은 부도 수표가 됐다. 5,000명의 직원이 실직 위기에 처했다. 많은 이들이 노조 지도부를 탓했지만 엎질러진 물이었다.

다행히 그해 공장의 새 주인이 등장했다. '테슬라 모터스'라는 이름도 생소한 신생 자동차 기업이었다. 일각에선 누미 공장을 사실상 거저 인수했다고 수군댔다. 아주 틀린 얘기는 아니었다. 인수 금액은 4,200만 달러(약 583억 원). 캘리포니아주에서 2,000만 달러 세제 혜택을 지원했다.

리더인 일론 머스크는 30대의 '실리콘밸리 벼락부자'였다. 그는 전기차를 만들고 로켓 회사를 운영한다고 했다. 사람들은 팔리지도 않을 차를 왜 만드는지 알 수 없었다. 아무래도 상관없었다. 공장만 다시 가동될 수 있다면.

두렵지만 존경스러운 보스

아들과 드라이브를 한 그날 밤 오르티스는 테슬라에 입사 지원서를 제출했다. 시간제 노동자로 다시 공장에 출근했다. 어두컴컴했던 공장은 밝고 깨끗하게 정리돼 있었다. 일은 금세 익숙해졌다. 하지만 동료들은 어딘가 모르게 불안해했다. 당시 테슬라는 적자 기업이었다. 자금난에 늘 허덕였다. 무엇보다 누미는 테슬라 같은 신생 기업이 감당하기엔 큰 공장이었다. 자동차 연 50만 대를 생산할 수 있었다. 2015년 테슬라의 차량 배송량은 5만 대에 불과했다.

오르티스가 보기에 테슬라의 생산 공정은 주먹구구식이었다. 도요타의 제조업 정신은 5년 만에 흔적도 없이 사라졌다. 부품이 맞지 않거나 이상해도 그냥 쓰라고 지시받았다. 조립라인 막판에 가서야 수리하는 일이 잦았다. 근로자들은 수작업으로 문제를 해결해야 했다. 작업 안전 사고율이 치솟아 논란이 되기도 했다. 당시 생산한 모델X는 결함투성이였다.

머스크는 되레 큰소리를 쳤다. 월가에 2015년 말 주당 1,000대를 생산할 것이라고 했다. 터무니없는 목표였다. 그는 아예 공장에 매트리스를 가져다 놓고 노숙을 시작했다. 관리자들에게 욕과 고함을 섞어가며 생산을 채근했다. 하루는 저녁에 근로자들을 모아놓고 수고가 정말 많다며 눈물을 글썽이며 격려했다. 새벽 3시에 무결점 생산 축하 행사를 열기도 했다.

직원들은 동료애로 똘똘 뭉쳤다. 머스크는 우리가 해낼 수 있다는 걸 세상에 증명해 보이자고 독려했다. 상당수는 이 성마른 보스를 두려워하면서도 존경했다. 머스크가 공장에 나타나면 중간 관리자들은 신경을 곤두세웠지만, 하급 직원들은 사기충천했다.

머스크 "누구 때문에 공장 망했나"

오르티스는 이 모든 상황이 문제가 있다고 생각했다. 그 역시 머스크가 싫지는 않았다. 아들은 머스크를 '테크 히어로'라고 부를 정도로 팬이었다. 하지만 그가 보기에 공장엔 새로운 힘이 필요했다. UAW 의 옛 동지들을 비밀리에 만났다. 그들은 테슬라에 노조를 세울 계획 이었다. 오르티스도 찬성했다. "저 공장에서 모든 노동자를 끌어내야 죠. 회사가 우리를 인정해야 할 겁니다." 그는 기세등등했던 누미 시 절의 자신을 떠올렸다. 테슬라 UAW 지부장이 어른거렸다.

2016년 여름 오르티스는 사람들을 모으기 시작했다. 초기 노조 결 성에 이름을 올린 이는 단 두 명이었다. 오르티스와 호세 모란. 과거 모란도 누미 공장에서 UAW 소속이었다. 둘은 틈날 때마다 직원들에 게 전단을 나눠주며 노조 설립을 홍보했다. 이듬해 2월 모란은 온라 인에 "테슬라의 근무 환경이 열악하고 직원들은 초과 근무에 시달리 고 있지만 회사에 찍힐까 두려워 말을 꺼내지 못한다"고 폭로했다. 이어 "노조가 생기면 더 나아질 것"이라고 주장했다.

— 테슬라 직원이 노조에 투표하는 걸 막을 순 없다. 당장도 가능하다.
　하지만 노조 회비를 내고 스톡옵션을 포기할 이유가 있을까?

2018년 5월 일론 머스크 트윗

머스크는 격분했다. 그는 트위터에 "모란은 UAW의 돈을 받고 직원 들을 선동했다"며 "UAW는 2010년 누미를 죽였고 근로자를 나 몰 라라 했다. 그 공장을 살린 게 테슬라"라고 반박했다. 당시 머스크는 최악의 상황에 몰려 있었다. 모델3 생산이 전혀 속도가 나질 않았다.

테슬라는 '생산 병목현상' 때문이라고 해명했다. 1,000대나 들여온 로봇이 말썽이었다. 근로자들은 수작업으로 차를 만들었다.

무산된 노조 결성

테슬라의 노조 결성 움직임에 캘리포니아 주의회가 관심을 보였다. 의원들은 테슬라에 작업장의 안전을 보장하라고 촉구했다. 테슬라는 직원을 보내 해명했다. 그는 본인이 장비 기술직으로 연봉을 13만 달러나 받는다며 회사를 두둔했다. 모란과 오르티스는 사내 직원 명부에 몰래 접속해 그 '회사 프락치'의 실명과 사진을 공개했다. "회사는 자기 사람들만 챙기고 정작 고된 일을 하는 직원은 본체만체하고 있다"는 주장이었다.

경솔한 행동이었다. 테슬라 인사팀은 노조 결성 세력을 뿌리 뽑으려 벼르던 참이었다. 인사위원회가 열렸고 두 직원에게 징계가 내려졌다. 회사 방침을 어기고 정보를 누설했다는 이유였다. 오르티스는 결국 해고됐다. 노조 티셔츠를 입고 공장을 출근하던 사람들도 점차 사라졌다.

3년 뒤인 2020년 테슬라 주가가 치솟았다. 2017년 20달러 선을 맴돌던 주가는 200달러를 돌파했다. 10배 폭등이었다. 자고 일어나면 오르는 주가에 직원들은 입이 벌어졌다. 테슬라 직원은 급여와 함께 주식을 받는다. 급등한 주가와 반비례로 회사를 비판하는 목소리는 자취를 감췄다. 사람들은 테슬라와 머스크 신화를 칭송했다.

다시 3년이 흘렀다. 2023년 10월 UAW는 미 자동차 3사와의 임금 협상에서 완승했다. 사상 최초 3사 동시 파업으로 4년간 임금 25%를 올렸다. 숀 페인(Shawn Fein) UAW 위원장은 "머스크 같은 탐욕스러운 억만장자들이 노동자들의 희생으로 로켓을 만들고 셀카 놀이를 하고 있다"며 "테슬라, 도요타, 혼다 직원들은 미래의 노조원이다"고 선전포고했다. 노조 없는 수천 명의 노동자가 손을 내밀고 있다고도 했다. 페인 입장에선 지속 가능한 에너지니, 화성행 로켓이니 하는 터무니없는 꿈으로 직원들을 현혹하는 이 억만장자를 손보지 않으면 UAW의 미래도 없다.

갤럽 조사에 따르면 2023년 미국 국민의 UAW 지지율은 75%에 달한다. 과거 미 자동차 노조는 최악의 비호감 대상이었다. 글로벌 금융 위기로 자동차 기업들이 구제 금융을 받고서도 무리한 파업에 나섰기 때문이다. 하지만 상황이 달라졌다. 고물가와 열악한 근무 조건에 지친 노동자들이 많아졌다. 테슬라 직원들의 지지를 이끈 주가는 2021년 고점 대비 반토막 수준이다.

바이든 정부 국가경제위원회(NEC) 부국장을 지낸 세스 해리스 노스이스턴대학교 교수는 "테슬라에서 노조를 결성하려는 모든 시도는 배틀로얄이 될 것"이라며 "머스크는 페인을 과소평가해선 안 된다"고 분석했다. 머스크와 페인, 누가 누구를 과소평가했는지 시간이 알려줄 일이다. 배틀로얄은 이미 시작됐다.

강 송 기가 팩토리 상하이 대표 인터뷰

테슬라의 제2 본진, 기가 상하이

테슬라코리아는 2022년 7월 중형 SUV 모델Y 후륜구동(RWD)을 출시했다. 국내 처음 상륙한 중국산 테슬라였다. 차량 가격은 5,699만원. 전기차 보조금 등을 적용하면 실구매가 4,000만 원대 후반까지 떨어졌다. 기존 미국산 모델Y 롱레인지보다 3,000만 원가량 저렴한 가격이다.

 가격을 확 낮춘 모델Y RWD는 중국산 꼬리표에도 돌풍을 일으켰다. 카이즈유데이터연구소에 따르면 2023년 국내에서 테슬라 차량은 1만 6,461대가 팔렸다. 전년 동기 대비 13% 증가한 수치다. 이 중 모델Y RWD가 1만 3,000대를 넘는다. 부진했던 테슬라코리아의 판매 실적을 끌어올린 효자인 셈이다. 모델Y RWD의 돌풍은 국내에서 저가 취급받던 중국산 차와 리튬인산철(LFP) 배터리를 재조명한 계기가 됐다.

강 송 기가 팩토리 상하이 수석 대표   출처: 테슬라

중국산 테슬라의 국내 출시 이슈와 관련, 〈한국경제신문〉의 '테슬라가 간다'는 강 송[Gang Song, 중국명 쑹강(宋钢)] 테슬라 기가 팩토리 상하이 수석 대표를 단독 인터뷰했다. 국내 언론이 테슬라 고위 임원을 인터뷰한 것은 이번이 처음이다. 송 대표는 기가 상하이의 생산과 운영 및 개발을 총괄한다. 그는 2018년 테슬라 입사 후 한 번도 언론에 노출된 적이 없다. 톰 주 자동차 부문 수석 부사장의 최측근이기도 하다.

송 대표는 인터뷰에서 "기가 상하이에서 생산한 모델Y는 미국과 독일 생산 제품과 근본적 차이가 없다"며 "한국 외에 일본, 호주, 뉴질랜드, 싱가포르, 유럽 등에 수출되고 있다"고 말했다. 이어 "중국산 테슬라는 엄격한 품질 관리로 성능과 안전성을 보장한다"며 "높은 가성비(가격 대비 성능)로 한국 소비자들을 만족시킬 것"이라고 밝혔다. 인터뷰는 2023년 7월 이메일로 진행됐다.

Q 기가 상하이는 현재 모델3와 모델Y 생산을 담당하고 있습니다. 중국산 테슬라의 특징은 무엇일까요. 미국 프리몬트와 텍사스 공장에서 생산되는 차량과 차이가 있을까요?

중국, 미국, 독일 공장마다 지향점이 다르긴 하지만 근본적 차이는 없습니다. 모두 완벽한 제조로 최고의 제품을 제공하는 것이 목표입니다. 기가 상하이는 2022년 8월 100만 번째 차량을 출고하는 등 높은 생산성과 안정된 품질을 보장합니다. 여기서 생산된 테슬라 차량은 중국뿐 아니라 해외에도 수출됩니다. 특히 규제가 엄격한 유럽 자동차 시장의 소비자들로부터 품질에 있어 높은 평가를 받고 있습니다.

Q 중국산 테슬라는 중국 외에 어느 나라에 수출되고 있습니까?

기가 상하이는 테슬라의 중요한 수출 허브입니다. 중국산 모델3와 모델Y가 판매되는 국가는 한국 외에도 일본, 태국, 호주, 뉴질랜드, 싱가포르, 유럽 등이 있습니다. 태국에선 사전 주문 48시간 만에 판매 대란이 벌어졌습니다. 호주에선 모델Y가 2023년 2분기 가장 많이 팔린 자동차에 올랐습니다. (모델Y는 2023년 전 세계 판매 1위 차량에 올랐다.)

Q 중국산 모델3와 모델Y 전 모델이 닝더스다이(CATL)의 LFP 배터리를 탑재하나요? 미국산처럼 파나소닉이나 LG에너지솔루션의 리튬이온 배터리를 쓰는 모델도 있습니까?

기가 상하이는 현재 CATL과 LG에너지솔루션의 배터리셀을 사용하고 있습니다. 기가 상하이에서 선택 및 제조되는 배터리 제품은 엄격한 품질 요구 사항을 충족해야 합니다. 파트너사와 연구 개발, 공급망 및 제조 프로세스 등 협력을 통해 뛰어난 배터리 성능을 달성하는 것이 목표입니다.

Q 중국산 모델Y가 처음으로 한국에 출시됩니다. 그 배경과 이유에 관해 설명해주세요.

한국은 자동차 생산과 소비에 있어 중요한 시장입니다. 우수한 자동차 기업과 풍부한 자동차 문화를 지니고 있습니다. 테슬라는 2017년 한국 진출 이후 7개의 매장을 열고 충성도 높은 고객층을 확보했습니다.

전기차가 미래 산업의 대세로 자리 잡은 지금, 테슬라는 더 많은 사람에게 자사의 제품과 서비스 경험을 제공하는 것을 목표로 하고 있습니다. 중국산 모델Y는 기술, 성능, 디자인과 탁월한 경제성으로 글로벌 시장에서 호평받고 있습니다. 한국과 중국 시장은 고품질, 고성능 스마트 제품에 비슷한 수요가 있습니다. 한국 전기차 시장에서 소비자 선택의 폭을 넓힐 수 있기를 기대합니다.

Q 한국 시장에서 경쟁 모델로 보는 차량이 있을까요? 현대차의 전기차 아이오닉5는 어떻게 보십니까?

테슬라의 목표는 '지속 가능한 에너지로의 전 세계적 전환을 가속화'하는 것입니다. 더 많은 기업과 조직이 전기차 산업에 진출해 함께 기술 발전을 도모하고, 미래 친환경 경제에 기여하길 바랍니다. 우리는 진정 뛰어난 제품이 업계 전반의 변화를 주도하고, 지속 가능한 운송 수단 및 광범위한 청정에너지 보급을 촉진할 것이라 믿습니다.

Q **테슬라는 중국 시장에서 큰 성공을 거뒀습니다. 테슬라 글로벌 인도량의 50%를 차지할 정도입니다. 이러한 성공의 원동력은 무엇인가요?**

테슬라의 중국 성공 비결은 전기차의 품질을 향상하면서 생산라인을 최적화한 효율적인 제조에 있습니다. 중국의 강력한 제조업 기반도 유리한 환경입니다. 기가 상하이의 부품 현지화율은 95%가 넘습니다. 장강 삼각주 지역에 배터리, 자동차 칩, 자율주행 시스템, 인테리어, 정밀 가공 등 신에너지 자동차 부품 기업을 한데 모아 완벽한 생태 사슬을 구축했습니다.

중국 정부는 신에너지 개발 정책에 힘을 쏟았고 10년 이상 이 산업을 홍보했습니다. 또 중국은 전기차 개발을 적극 추진하고 있습니다. 지난 1년간 매달 최대 5만 개의 공공 충전소를 추가했습니다. 밀집된 충전 네트워크는 전기차 사용 환경을 더욱 편하게 만듭니다. 테슬라는 친환경 운송에 대한 중국 시장의 요구를 충족시켰고 폭넓은 인지도를 얻었습니다. 마지막으로 중국과 전 세계의 뛰어난 직원들을 빼놓을 수 없습니다. 중국에서 테슬라의 급성장은 직원들의 끊임없는 노력과 밀접한 관련이 있습니다.

Q 끝으로 독자들에게 전하고 싶은 내용이 있다면.

테슬라는 전기차 제조뿐 아니라 태양광 패널, ESS를 개발해 청정
에너지 생산부터 에너지 저장 및 운송을 아우르는 제품 및 서비스
를 제공하고 있습니다. 전 세계가 화석 연료에 대한 의존에서 벗어
나 전기차로의 전환을 달성하고 배기가스 제로를 향해 나아간다면
인류의 미래는 더 밝아질 것이라 확신합니다.

현재 테슬라 이용자는 중국에만 100만 명이 넘습니다. 이들은 테
슬라가 추구하는 친환경 라이프스타일을 받아들이고 더 나은 미래
에 대한 노력에 공감하고 있습니다. 기가 상하이에서 생산된 테슬
라 차량이 한국 고객과 가족들에게도 가장 선호하는 차량이 되길
희망합니다.

TESLA REBOOT
── 2부 ──

AI, 그 험난한 여정

머스크의 자질 중 가장 놀라운 것은 미래를 내다보는 선견지명이다.
그는 늘 끝을 생각하며 시작한다.

———————————

찰스 모리스(《테슬라 모터스》 저자)

TESLA REBOOT

1장

자율주행, 희대의 사기극인가

오토파일럿*이란 용어를 '운전자의 참여가 필요하지 않다'는 의미로 해석하는 사람들이 너무 많다.

2022년 5월 〈뉴욕타임스〉가 공개한 테슬라 다큐멘터리 '일론 머스크의 충돌 코스(Elon Musk's Crash Course)'는 세간의 큰 파장을 일으켰다. 74분 분량의 영상엔 테슬라 자율주행 시스템의 위험성을 비판하는 내용이 담겼다. 〈뉴욕타임스〉는 2016년 오토파일럿 주행 첫 사망 사건을 재조명하며 테슬라 전 직원과 관련 인물들을 인터뷰했다. 머스크는 인터뷰를 거절했고 자율주행을 얘기했던 과거 동영상으로

● 오토파일럿은 테슬라 차량에 기본 장착된 첨단 운전자 지원 시스템(ADAS)이다. 고속화도로에서 앞차와의 간격 및 차선 유지 등을 지원한다. FSD는 자율주행 지원 유료 옵션이다. 북미에선 시내 도로의 자율주행을 지원한다. 현재 V12 버전까지 나왔다.

만 등장했다.

자율주행은 테슬라에 있어 가장 뜨거운 논란거리다. 테슬라 지지 세력은 '완전자율주행을 가장 먼저 달성할 회사는 결국 테슬라'라는 주장을 편다. 테슬라가 쌓고 있는 10억 마일이 넘는 자율주행 빅데이터가 근거다.* AI 기술을 기반으로 한 자율주행은 결국 보유 데이터의 양에 승부가 난다는 논리다. 테슬라 강세론자들은 이 회사가 완전자율주행을 달성하면 전 세계 시가총액 1위에 오를 것이라 주장한다.

장밋빛 전망엔 늘 반론이 따른다. 〈뉴욕타임스〉, 〈월스트리트저널〉과 같은 기성 언론들은 설익은 자율주행의 위험성을 누차 지적했다. 테슬라의 자율주행 옵션인 FSD가 실제 완전자율주행인 것처럼 소비자가 오해하게 할 소지가 있다는 얘기다. 머스크의 계속된 말 바꾸기도 비판의 대상이다. 그는 지난 10년간 "몇 년 내 자율주행이 완성될 것"이라고 여러 차례 공언했지만, 그 약속은 계속 뒤로 미뤄졌다.

테슬라 자율주행 10년 개발사

테슬라는 언제부터 자율주행 기술을 개발한 걸까. 이 전기차 스타트업이 대중의 눈도장을 찍은 건 2013년부터였다. 분기 첫 흑자를 달

---

* 2024년 6월 기준 FSD의 누적 주행 거리는 16억 마일을 돌파했다.

성하고 주가가 수개월 만에 6배 폭등했다. 부쩍 자신감이 생긴 머스크는 그해 9월 야심 찬 자율주행차 계획을 발표한다. "운전의 90% 이상을 컴퓨터가 맡는 자율주행차를 만들 것입니다." 이때부터 테슬라는 도요타, GM, 포드 등 기존 자동차 메이커와 다른 길을 달리기 시작한다. 실리콘밸리 IT 기업의 영역을 넘본 것이다.

당시 자율주행 기술을 선도한 회사는 구글이었다. 구글은 2009년부터 실험적인 자율주행차 프로젝트를 진행했다. (해당 팀은 2016년 12월 웨이모라는 회사로 분사한다.) 수년간 최고 전문가들을 모았고, 대당 7,000달러가 넘는 값비싼 라이다(Lidar, 전파 대신 빛을 사용하는 레이더) 센서를 사용하는 등 대규모 투자를 했다. 파산의 위협에서 갓 벗어난 테슬라가 'IT 공룡' 구글을 따라잡는 건 쉽지 않은 일이었다.

머스크의 첫 선택은 구글식 완전자율주행 대신 운전 보조 장치였다. 테슬라는 법적인 책임과 기술적 난제를 피하면서, 일반 대중에게 판매할 수 있는 자율주행차라는 인상을 심어줄 제품을 개발하려 했다. 머스크는 당시 블룸버그와의 인터뷰에서 "자율주행이란 단어보다 오토파일럿이란 단어를 더 좋아한다"고 말했다.

테슬라는 2014년 말 2,500달러짜리 테크 패키지 옵션의 일부로 오토파일럿을 출시했다. 반(半)자동주행 및 주차 기능이 포함됐다. 이후 무선 소프트웨어 업데이트(OTA)를 통해 앞차와 간격이 가까워지면 속도를 줄이거나 정차하는 TACC(Traffic Aware Cruise Control), 차선 유지를 돕는 오토스티어(Autosteer), 자동주차(Autopark) 같은 기능들을 순차적으로 도입했다. 이 기능들은 대부분 고속도로에서만

통했고 운전자의 개입이 필요했다.

AI 반도체까지 직접 만들다

테슬라는 처음엔 글로벌 주행 보조 1위 업체 모빌아이와 손잡고 자율주행 칩을 만들었다. 차량 전·후방에 카메라가 1개씩 달렸다. 하지만 2016년 들어 기존 하드웨어가 자신들이 생각하는 완전한 자율주행에 적합하지 않다는 걸 깨달았다. AMD와 애플 출신의 천재 반도체 칩 설계자인 짐 켈러(Jim Keller)를 이 시기에 영입한다. 그해 5월 플로리다에서 발생한 오토파일럿 사망 사고를 계기로 테슬라와 모빌아이는 완전히 갈라선다. 안전 등의 윤리 문제처럼 보였지만 실제론 양사의 기술 주도권 다툼이 더 컸다.

테슬라의 자율주행 두 번째 파트너는 그래픽처리장치(GPU) 프로세서업체 엔비디아였다. 지금의 엔비디아는 AI 시대 최대 수혜주이자 글로벌 반도체 기업 선두 주자다. 그러나 당시엔 인텔과 삼성전자에 명함도 못 내밀던 변방의 반도체 회사였다. 테슬라는 2016년 엔비디아의 드라이브 PX2 프로세서를 장착한 새 플랫폼 하드웨어 2.0(HW 2.0)을 개발한다. 8대의 카메라, 레이더, 초음파 발생기 등을 결합했다. 최초의 순수 전기차·자율주행 전용 플랫폼의 탄생이었다.

테슬라는 이마저도 성에 차지 않았다. 2019년 자체 개발한 자율주행용 AI 반도체를 장착한 HW 3.0을 공개한다. 기존 칩 대비 연산 속도가 7배 빨랐다. 그와 함께 오토파일럿보다 진화한 자율주행 기능인 FSD를 선보였다. 이후 FSD 컴퓨터는 모델S·X에 적용한 HW 4.0까지 나왔다. 최근 머스크는 차세대 컴퓨터 이름을 'AI 5'로 바꾸고 2025년 말 차량에 탑재할 것이라고 밝혔다. 현재 FSD 옵션의 가격은 미국 8,000달러(월 구독료 99달러) 한국은 904만 원이다. 국내에선 도심 자율주행의 미지원으로 가격이 다소 저렴하다.

테슬라의 자율주행 시스템은 카메라에 의존하는 게 특징이다. 테슬라는 이를 '완전 비전 중심 방식(Heavily Vision-based Approach)'의 독자 기술이라고 강조한다. 구글, GM 등 경쟁사들이 비싼 라이다 장비를 쓴 것과 다른 행보였다. 머스크는 "라이다는 비싸고 사용하기 어렵다"며 "바보들이나 쓰는 장치"라고 비판한 바 있다. 최근엔 기존 차량에 장착했던 저렴한 초음파 센서(ultrasonic sensors)마저 제거했다.

인간도 눈으로만 운전하는데 레이더나 센서가 필요 없다는 게 머스크의 생각이다. 그는 자율주행 AI가 고가의 장비를 충분히 뛰어넘을 수 있다고 본다. 이러한 시도는 테슬라가 창업 초기부터 제조업이 아닌 소프트웨어 기반의 인재들이 모인 회사였기에 가능했다.

자율주행 최초의 사망 사고

초기 테슬라 운전자는 신기술에 호기심이 많은 얼리어답터가 주류였다. 오토파일럿이 출시되자 유튜브엔 속속 시연 동영상이 올라왔다. 그중엔 위험천만한 행동도 있었다. 운전대에서 손을 놓는 건 예사였다. 운전자가 눈가리개를 하고, 맥주를 마시고, 심지어 차 뒷좌석에서 성관계를 하는 영상까지 등장했다. 테슬라는 이들의 행동을 공개적으로 비난했고, 2015년 말엔 안전을 위해 오토파일럿 일부 기능을 제거한다고 발표한다.

2016년 5월 기어이 사달이 났다. 테슬라 전문 블로거 조슈아 브라운이 탄 모델S가 미국 플로리다 고속도로를 가로지르던 트레일러와 충돌했다. 이 모델S는 오토파일럿 모드로 주행 중이었다. 브라운은 사고로 목숨을 잃었다. 자율주행 최초의 사망 사고였다. 앞서 소개한 〈뉴욕타임스〉의 다큐 프로그램도 이 사고를 집중적으로 다뤘다.

당시 국내에선 단신 정도로 처리된 뉴스였지만 미국에선 엄청난 파장을 일으켰다. 테슬라와 머스크는 "기술에만 몰두한 채 안전은 뒷전"이라는 윤리적인 비판에 직면하게 된다. 머스크의 미숙한 대처도 입방아에 올랐다. '테슬라가 사망 사건을 은폐하려 했나'라는 보도에 머스크는 "자동차 사고 사망자가 연간 100만 명인데 오토파일럿이 보편화되면 50만 명으로 줄어들 것"이라고 되레 큰소리를 쳤다. 국내 기업 CEO였다면 상상도 못 할 대응이었다.

브라운 사건은 협력사와 다툼으로까지 번졌다. 전 세계 1위 주행 보조 장치 개발사인 모빌아이는 자사 기술력에 대한 통제권을 더 갖고 싶다는 이유로 그해 8월 테슬라와 결별을 선언했다. 테슬라의 오토파일럿 초기 기술은 모빌아이와 손잡고 개발한 것이었다.

당시 이 사고를 조사했던 미국 도로교통안전국(NHTSA)은 예상외로 테슬라의 손을 들어준다. NHTSA는 2017년 1월 "오토파일럿의 결함을 확인하지 못했다"며 "이 사건은 운전자의 잘못"이라고 결론을 내렸다. 또한 "오토파일럿 도입 이후 테슬라 차량의 충돌 사건 발생 건수가 40% 줄었다"며 사실상 머스크의 주장을 뒷받침하기까지 했다. 이 보고서로 인해 언론의 비판은 순식간에 잦아들었다.

NHTSA는 그러나 테슬라의 자율주행 기술에 면죄부를 준 것은 아니었다. 이후에도 최근까지 테슬라에 수십여 회의 리콜 명령과 오토파일럿 결함 등을 조사했다. 자율주행은 사람의 안전과 직결된 기술인 만큼 양측의 긴장 관계는 계속될 가능성이 크다.

테슬라의 자율주행은 어느 정도 수준인가

그렇다면 테슬라의 자율주행 기술은 실제 어느 정도 수준인가. 많은 이들이 궁금해한다. 일반 운전자를 비롯해 투자자, 기관, 경쟁사, 심지어 정부 규제 당국마저 이 문제에 촉각을 세운다. 결론부터 말하자면 정확한 것은 아무도 모른다. 자율주행 성능을 평가할 세부 기준이 없기 때문이다. 미국 자동차 엔지니어협회(SAE)는 자율주행을 레벨 0~5까지 6단계로 나누고 있다. 사실상 업계에서 통용되는 유일한 기준이다. 레벨 5가 100% 완전자율주행 단계다.

테슬라의 FSD는 레벨 2 수준이다. 대부분 완성차 브랜드가 내세운 자율주행 기능이 여기에 해당한다. 운전대나 페달에서 손발을 떼더라도 차가 일정 조건에서 알아서 갈 수 있다. 운전자는 이상이 감지되면 즉각 개입해야 한다. 따라서 사고 책임이 운전자에게 있다. 레벨 3부터 자동차가 기본적으로 주행을 맡게 된다. 운전자가 도로에서 눈을 뗄 수 있다는 얘기다. 그에 따른 사고 책임도 제조사에 전가될 수 있다.•

테슬라는 FSD의 세세한 개발 결과를 공개하지 않는다. 오토노미 데이(Autonomy Day), AI 데이(AI Day) 등의 기술 행사를 통해 큰 그림만 보여줬을 뿐이다. 유튜브를 찾아보면 테슬라 FSD를 실험하는 베타 테스터들의 영상을 수백 건 볼 수 있다. 대부분 놀랍다는 호평이 많다. 예를 들어 어떤 도로의 비보호 좌회전이 과거엔 되지 않았는데 소프트웨어 업데이트 이후엔 가능하다는 식이다. 그러나 이런 특정 조건의 단편적 정보만으론 객관적 판단이 어렵다.

최원석의 《테슬라 쇼크》에 따르면, 테슬라 차량을 직접 뜯어보는 영상으로 유명한 유튜버 샌디 먼로(Sandy Munro) 먼로앤드어소시에이츠 대표는 "테슬라의 전자 플랫폼과 소프트웨어가 경쟁사보다 8년 앞서 있다"고 주장했다. 반면 20년 넘게 일본 자동차 산업을 분석한 나카니시 다카키(中西孝樹) 나카니시자동차산업리서치 대표는 "자율주행은 아직 시장의 평가 기준조차 정립되지 않은 상태"라며 "테

• 레벨 3 차량을 출시한 완성차 브랜드는 벤츠와 혼다다. 아직은 시험 단계다. 가장 적극적인 벤츠는 미국 네바다주로부터 레벨 3 인증을 받았다. 혼다는 2021년 일본에서 100대 한정판으로 임대만 할 수 있었다.

슬라의 FSD는 마케팅 용어에 가깝고 업계를 선도할 고성능인지는 알 수 없다"고 말했다.

최근 미국 고속도로 안전보험협회(IIHS)가 발표한 14개 자동차 브랜드의 반자율주행 시스템 안전성 평가에 따르면 렉서스가 '양호', GM과 닛산이 '보통' 등급이었다. 테슬라를 포함한 11개 메이커의 시스템은 '불량' 평가를 받았다. 이에 일부 언론은 테슬라의 오토파일럿과 FSD가 성능이 떨어진다는 보도를 내기도 했다. 그러나 이 평가는 자율주행의 성능이 아닌 시스템이 운전자로 하여금 얼마나 운전에 집중하게 하는지를 테스트한 것이다.

결론적으로 테슬라의 자율주행 수준은 타사와 크게 다를 게 없다는 말인가. 그렇지 않다. 2023년 테슬라는 지난 10년간 진행한 자율주행 개발사의 새로운 변곡점을 보여줬다. 바로 다음 장에서 소개할 '순수 AI 주행'이다.

2장

머스크는 왜 저커버그 집으로 향했나

AI 주행은 지도도 필요 없어요. GPS 위치만 알려주면 길을 좀 헤
매도 목적지엔 결국 도착해요. 사람이 운전하는 것처럼.

"라이브 방송 시작할게요. 테슬라 본사에서 출발합니다. AI가 어떻게
운전하는지 봅시다. 어쩌면 저커버그를 만나서 싸울지도 몰라요."[•]
2023년 8월 테슬라 팬들은 X에 라이브 스트리밍 영상이 올라오
자 환호했다. 머스크가 예고대로 자율주행 지원 소프트웨어인 FSD
12 버전[••] 시연을 시작했기 때문이다. 모델S 운전석에 앉은 머스크
는 스마트폰으로 직접 자율주행 장면을 찍으며 45분간 방송을 진행

[•] 2023년 여름 머스크와 저커버그 메타 CEO의 격투 논란이 큰 화제였다. 날짜를 잡자는
저커버그의 요청에 머스크가 응답하지 않으면서 대결은 흐지부지 무산됐다.
[••] FSD는 2024년 8월 현재 12.5 버전까지 나왔다.

했다. 만담 게스트로 테슬라 자율주행을 이끄는 아쇼크 엘루스와미 (Ashok Elluswamy) 오토파일럿 소프트웨어 이사가 출연했다.

테슬라 FSD는 사람이 운전을 책임지는 자율주행 레벨 2 수준의 주행 보조 옵션이다. 2019년 첫 출시 후 꾸준히 업데이트됐다. 북미 지역에서 시내 자율주행이 가능하며 운전자 약 40만 명이 테스트 중이다. 머스크는 당시 개발 중이던 FSD V12의 성능이 매우 놀랍다며 라이브 영상을 선보였다. 편집 하나 없는 투박한 이 영상의 시청자는 2024년 8월 현재 1,500만 명이 넘는다.

인간처럼 AI와 카메라만으로 운전

"FSD 운전이 정말 부드럽습니다. 영상으로 전해질지 모르겠네요."

머스크와 엘루스와미는 내비게이션에 무작위로 위치를 선정하고 팔로알토 시내를 돌아다녔다. 영상 속 모델S는 도로 위 좁은 공사 구간을 지나고 스스로 차선을 변경했다. 과속방지턱에선 알아서 속도를 줄였다. 신호등 빨간불에 멈추고 좌회전 신호에 맞춰 핸들을 틀어 좌회전했다. 회전교차로에선 차량 두 대를 먼저 보내고 뒤따랐다. 비보호 좌회전도 해냈다. 머스크는 연신 운전을 잘한다고 감탄했다. FSD가 우버 기사라면 별점 5개를 주겠다고도 했다.

"AI와 카메라만으로 운전하는 겁니다. 두뇌와 눈으로 운전하는 사람과 똑같지요."

5분 정도 달렸을까. 머스크는 본론을 꺼내기 시작했다. "(FSD V12
는) 과속방지턱에서 속도를 줄이라는 프로그래밍 코드가 없어요. 그
냥 비디오만 보고 학습한 겁니다." 모델S가 도로 위 자전거를 슬쩍
피해가자 조용히 보스 눈치(?)만 보던 엘루스와미도 한마디 거들었
다. "저 자전거 탄 사람도 마찬가지예요." FSD 프로그램에 자전거 탄
사람을 피하라는 명령 코드가 없다는 얘기다. 이게 무슨 뜻인가.

머스크에 따르면 기존 FSD V11엔 30만 줄 이상의 C++프로그래
밍 언어 코드가 있다. SW가 실제 도로에서 어떻게 주행해야 하는지
인간이 가이드라인을 줬다는 얘기다. 하지만 돌발 변수가 발생하는
현실 세계의 도로에서 이 방법은 한계에 부딪힐 수밖에 없다. 예를
들어 횡단보도에 사람이 누워 휴대폰을 보고 있다고 치자(실제 있었던
사건이다). 이 경우 자율주행차는 어떻게 대응해야 할까. 사람이 움직
일 때까지 계속 기다려야 하는가. 아니면 경적을 울려야 하는가. 사
람을 살짝 피해가야 하는가. 완전자율주행이 어려운 건 수많은 희귀
케이스의 대응 방법을 모두 코딩할 수 없다는 데 있다.

'운전 가이드' 코딩 30만 줄 다 뺐다

테슬라는 FSD V12에서 접근 방법을 바꿨다. '정지 신호에서 멈춰
라', '여기서 몇 초 기다려라', '회전교차로에선 이렇게 운전해라' 등
의 명령 코드를 단 한 줄도 넣지 않았다. 대신 AI에 수많은 테슬라 차

량의 주행 영상을 보여주고 학습시켰다. 머스크는 이를 '순수 AI 주행'이라고 표현했다. 이른바 '엔드투엔드(end to end) 자율주행' 방식이다.

자율주행 자동차가 스스로 주행하려면 인지 · 판단 · 제어 세 가지 기능이 필요하다. 인지 기능은 카메라 · 레이더 등 차량 내 센서를 통해 신호등과 표지판 등 주변 환경 정보를 알아차리는 것이다. 판단 기능은 인지된 정보를 활용해 가장 안전하고 빠른 길을 도출해낸다. 제어 기능은 차량 궤적을 따라갈 수 있도록 운전대 · 액셀러레이터 · 브레이크 등을 알맞게 조작한다.

기존 자율주행은 이 알고리즘의 개발에 사람이 개입한다. 반면 엔드투엔드 방식은 이 모든 과정을 통째로 인공지능이 학습하고 처리한다. 새로운 운행 환경이나 추가 기능이 필요할 때는 인지 · 판단 · 제어 알고리즘을 매번 재설계하지 않고, 새 데이터를 추가로 학습해 자율주행 시스템을 구현한다. 테슬라의 FSD는 이 데이터가 주행 영상인 셈이다.

2016년 이세돌 9단과 대결에서 승리했던 바둑 AI 알파고를 떠올리면 쉽게 이해할 수 있다. 초창기 알파고는 16만 개의 기보를 학습해 사람이 두는 수를 흉내 내도록 훈련받았다. 이후엔 스스로 무한대의 시합을 통해 능력이 향상됐다. 바둑을 어떻게 둬야 하는지 방법 자체를 알려주지 않았다는 얘기다. 알파고가 어떤 수를 둘지는 개발자도 전혀 알 수 없다. 알파고가 기보를 보며 성장했듯, 현재의 FSD는 주행 영상을 보며 학습하는 단계인 셈이다.

"자율주행 완성을 위해 막대한 분량의 영상 데이터가 필요합니다. 이 데이터를 훈련할 값비싼 뉴럴 네트워크(인공신경망) 하드웨어도 있어야 하고요."

테슬라 운전자들의 FSD 누적 주행 거리는 최근 16억 마일(약 26억 킬로미터)을 돌파했다. 이 데이터가 AI 훈련용으로 활용된다. 뉴럴넷 하드웨어는 엔비디아 GPU 1만 개를 결합한 클러스터와 테슬라가 자체 개발한 슈퍼컴퓨터 도조(Dojo)다. 테슬라는 도조가 2024년 10월께 100엑사플롭스(Eflops, 1초에 1만경 번)의 연산 능력을 달성해 세계 최강의 슈퍼컴퓨터가 될 것이라고 밝힌 바 있다. 이 회사는 도조에만 10억 달러(약 1조 3,800억 원)를 투자할 계획이다.

AI 훈련과 별개로 머스크는 자율주행 SW를 돌리는 데 테슬라 차량의 FSD 컴퓨터 하드웨어 3.0(HW 3.0)이면 충분하다고도 했다. "무슨 거대한 데이터센터와 자동차가 연결된 게 아니에요. 인터넷 통신이 끊겨도 주행할 수 있어야 합니다. 순수 AI 주행은 지도도 필요 없어요. GPS 위치만 알려주면 길을 좀 헤매도 목적지엔 결국 도착해요. 사람이 운전하는 것처럼."

코드를 없애면 AI를 제어할 수 없는 게 아닐까. 엘루스와미는 코딩 대신 주행 데이터로 프로그래밍한다고 설명했다. 자율주행이 제대로 작동하지 않는 상황을 발견하면 올바른 예시를 보여주고 학습시킨다는 것이다. 이 때문에 교통 규칙을 잘 지킨 양질의 데이터를 선별하는 게 최대 관건이다. "평범한 운전은 전혀 도움이 안 돼요. 대부분 사람은 조금씩 법규를 어기죠. 정지 신호에서 완전히 멈춘 운전자는 전체의 0.5%에 불과합니다."

주행 거리 60억 마일 달성하면 출시

모델S가 적색 신호등 앞에서 멈췄다. 건너편 차선이 좌회전 신호로 바뀌자 차가 출발하려고 했다. 순간 머스크가 급하게 브레이크를 밟았다. "처음으로 개입했네요. 이런 문제로 아직 출시를 못 하고 있습니다. 이런 실수를 없애려면 뉴럴넷에 좌회전 신호등 비디오를 아주 많이 공급해줘야 합니다." 머스크는 FSD V12가 뉴질랜드, 노르웨이, 일본 등 미국을 포함한 전 세계에서 시험 중이라고 밝혔다.

차량은 처음 내비게이션을 찍었던 곳 인근의 갓길에 스스로 주차했다. AI가 주행 경로와 목적지까지 사전 훈련 영상을 통해 학습했기 때문에 적당한 곳에 세운다는 것이다. 머스크는 로보택시 얘기도 곁들였다. "손님이 보낸 사진을 통해 로보택시가 고객을 찾고 기다릴 수 있을 겁니다. '스타벅스에 내려줘'라고 말만 하면 매장 입구에서 최대한 가까운 곳에 내려주겠죠."

머스크는 최근 부쩍 자율주행에 자신감을 보였다. 그는 2023년 6월 프랑스 파리에서 열린 '비바 테크' 행사에서 테슬라의 시가총액이 과대평가 된 것 아니냐는 질문에 "자율주행의 잠재력은 가치가 너무 커서 실현 확률이 1%에 불과하더라도 엄청난 가치"라며 "테슬라는 완전자율주행에 거의 근접했고, 향후 로보택시로 전환할 만큼 기술이 향상될 것"이라고 말했다.

엘루스와미도 2024년 3월 본인의 X에 "FSD V12는 엔드투엔드 신경망이 적용된 첫 FSD로 수년에 걸쳐 개발한 V11의 성능을 단 몇 개월 만에 뛰어넘었다"며 "향후 업데이트될 V12는 전례 없는 발전을 보여줄 것"이라고 자신했다.

시장의 관심은 FSD V12가 언제쯤 베타를 떼고 정식 출시할 것인가다. 과거 머스크는 테슬라의 자율주행이 전 세계 규제 당국의 승인을 받으려면 60억 마일(약 100억 킬로미터)의 주행 거리가 필요하다고 전망했다. 북미 시장으로만 제한하면 필요 주행 거리가 줄어들겠지만, V12 정식 출시엔 아직 시간이 필요해 보인다. 2024년 4월 이후 배포된 버전은 베타를 뗀 대신 감독형(Supervised)이란 이름을 새로 달았다. 아직 운전자의 주의와 개입이 필요하다는 얘기다.

어느새 두 남자가 돌아갈 시간이다. 긴장이 풀린 걸까. 엘루스와미가 보스에게 농담을 던졌다. "그런데 결투는 안 하세요?" 웃음이 터졌다. "그 친구(저커버그) 어디 살지? 구글로 찾아볼까?" 낄낄대던 두 남자는 구글이 알려준 장소를 내비게이션에 입력했다. "뭐 노크는 할 수 있겠지. 여기 사는지 모르겠지만 가보자고."

운동할 시간이 없어 아령을 들고 다닌다는 이 격투가의 전기차는 말없이 운전대를 돌리고 출발했다. 눈부신 캘리포니아의 햇살이 저물어갔다.

오토파일럿으로 강변북로를 달리다

이 정도 운전 실력이면 '왕초보 기사' 수준은 넘어섰는데요.

서울 강변북로 일산 방향으로 하얀색 대형 SUV가 달리고 있다. 2023년 4월 국내 출시한 모델X다. 신형에 가깝게 대폭 개선된 버전으로 2021년 북미 시장에 모델S와 함께 먼저 판매됐다. 기자인 나는 국내 언론 최초로 신형 모델X 시승을 이틀간 일정으로 진행했다. 시승은 서울 강남구 신사동의 테슬라 스토어에서 시작했다. 강변북로를 따라 일산을 거쳐 파주까지 총 130킬로미터를 달렸다.

모델X의 외관은 구형과 다른 점을 찾기 어렵다. 그러나 차량 실내엔 많은 변화가 생겼다. 우선 운전대 좌우에 붙어 있던 기어노브와 와이퍼 및 방향지시등 레버가 모두 사라졌다. 스티어링휠에 달린 버튼과 스크롤로 조작한다. 와이퍼와 방향지시등을 버튼으로 조작하는 건 금세 익숙해졌다. 하지만 전·후진 변경은 차량 가운데 디스플레이를 스마트폰처럼 밀어내듯 터치로 조작한다. 이틀 내내 이 방식이 다소 불편했다.

기어를 'D'로 놓고 액셀러레이터를 밟았다. 전기차답게 부드럽게 출발한다. 전기차를 몇 차례 시승하면서 느낀 점은 주행 질감이 내연기관차와 비교해 크게 이질적이지 않다는 것이다. 처음 전기차를 탔을 때 불편했던 가속페달의 회생제동(가속페달을 발에서 떼면 제동) 기능도 익숙해지니 오히려 편하게 느껴졌다. 속도를 낮추기 위해 브레이크를 밟는 일이 줄어서다. 자연스레 브레이크 패드 등의 소모품 마모도 내연기관차보다 덜하다. 테슬라 어드바이저에 따르면 기존의 테슬라 차량은 회생제동 단계를 조절할 수 있었지만 2023년형부턴 그 기능이 빠졌다.

운전석의 승차감은 고급차답게 모델3·Y보다 안정적이다. 하지만 고급차 브랜드인 제네시스나 메르세데스벤츠에 비할 바는 못 된다. 승차감은 오랫동안 자동차를 만들어왔던 내연기관차 브랜드들이 확실히 앞섰다. 특히 시승 내내 2열 좌석에 앉은 촬영 어시스트는 "차량 제동 시 모노레일을 탄 듯한 어색한 느낌을 받았다"고 했다. 고속주행 시 실내 유입되는 풍절음도 작지 않다. 1억 4,000만 원에 달하는 가격을 생각하면 아쉬운 부분이다. 뒤에서 설명하겠지만, 테슬라는 안락함과는 다소 거리가 있는 브랜드다. 모델X엔 에어 서스펜션이 장착돼 서스펜션 높이를 조정할 수 있다. 운전자의 취향에 따라 부드럽거나 단단한 승차감 선택이 가능하다.

오토파일럿에 운전을 맡겨보다

모델X는 한남대교를 건너 강변북로에 진입한다. 테슬라를 시승하면 가장 궁금한 것이 자율주행 기능이다. 테슬라에 따르면 신형 모델X 엔 자체 개발한 자율주행 칩 하드웨어 4.0(HW 4.0)이 장착됐다. 시승한 차량은 904만 원짜리 FSD 옵션이 적용됐다. V11 버전이다.

FSD는 고속화도로에서 주행 보조 기능인 내비게이트 온 오토파일럿과 자동 차선 변경, 자동 주차, 차량 호출 등의 기능을 쓸 수 있다. 교통신호등 감지와 도심 자율주행은 아직 북미에서만 서비스된다. 이 때문에 국내에선 FSD가 '반쪽 옵션'이란 지적을 받고 있다.

운전대 오른쪽 스크롤을 누르면 '띵' 소리와 함께 오토파일럿이 활성화된다. 스크롤을 위아래로 조작하면 최고 속도를 설정할 수 있고 디스플레이로 앞 차량과의 간격도 조절 가능하다. 시속 80킬로미터로 맞추고 가속페달에서 살며시 발을 뗐다. 운전대엔 손만 슬쩍 걸쳤다.

사람 대신 운전을 시작한 모델X는 능숙하게 도로를 달렸다. 막히는 길에선 속도를 줄이고 빈 도로에선 제한 속도만큼 올렸다. 이 과정이 매우 부드럽다. 좌우 깜빡이를 켜면 자동 차선 변경이 가능하다. 오토파일럿은 전혀 당황하지 않고 차선 변경을 해낸다. 몇 번 해보니 절로 감탄사가 나왔다. "허, 참~ 왕초보 운전사보다 낫네요!"

나는 2022년 모델3와 모델Y를 시승하면서 같은 도로에서 테슬라 자율주행 기능을 체험한 바 있다. 9개월 만에 다시 접한 오토파일럿은 당시보다 훨씬 물 흐르듯 자연스러워졌다. 현대차의 전기차 아이오닉5에 탑재된 반자율주행 기술인 '내비게이션 기반 스마트크루즈 컨트롤(NSCC)'은 아직 이 수준에 미치지 못한다.

강변북로 40킬로미터 구간, 단 한 번 개입

시승 이튿날 오전 9시경. 일산에서 한남대교까지 자유로~강변북로 약 40킬로미터 구간을 작정하고 오토파일럿에 운전을 맡겼다. 출근 시간이 지났지만 차량 흐름은 여전히 더디다. 가랑비까지 부슬부슬 내렸다.

모델X는 정체된 출근길에도 알아서 척척 운전한다. 약 1시간 20분의 주행 동안 나는 단 한 번 개입했다. 차량 흐름이 잠시 원활해지자 차량이 알아서 속도를 높였고 살짝 겁이 나서 브레이크를 밟은 게 전부다. 테슬라 온라인 커뮤니티에서 '사람이 운전할 일이 없다'는 뉘앙스의 유머로 올라오는 '고양이 운전' 이미지가 떠올랐다. 운전에서 어느 정도 자유로워지자 창밖의 풍경이 눈에 들어온다. 아름다운 한강과 63빌딩이 모델X의 커다란 앞 유리에 막힘 없이 보였다. 머스크의 공언대로 자율주행이 이뤄진다면 일상의 많은 부분이 달라지겠다는 생각이 스쳤다.

오토파일럿은 물론 100% 완벽하지 않다. 차량이 빽빽한 구간에선 끼어들기를 못 하고 초보 운전처럼 쩔쩔맨다. 능숙한 운전자라면 충분히 끼어들 수 있는 상황이다. 이런 상황은 교통사고 위험성이 높은 만큼 보수적으로 세팅한 것으로 보인다. 운전대에서 손을 오랫동안 떼면 경고음이 울린다. 이를 계속 무시하면 자동으로 오토파일럿 기능이 꺼진다.

세상에서 가장 빠른 SUV

전기차의 특징 중 하나는 빠른 초반 가속 능력이다. 도로가 한적해지자 가속페달을 깊숙이 밟는다. 공차중량 2,360킬로그램. 제로백(Zero+百, 정지 상태에서 시속 100킬로미터에 이르는 시간) 3.9초. 2톤이 넘는 육중한 쇳덩이가 마치 중력을 벗어난 우주선처럼 내달린다. 속도계 숫자가 무섭게 치솟았다. 주변의 풍경이 순식간에 뒤로 밀려 나갔다.

"어, 어~!" 저절로 웃음이 터져 나온다. 내연기관차에서 급가속하면 느껴지는 기어 변경 딜레이나 터보랙(터보엔진 차량 가속 시 딜레이)도 없다. 전기차니까. 모델X의 고성능 트림인 플래드의 제로백은 2.6초다. 공식적으로 세상에서 가장 빠른 SUV다. 이 무거운 대형 SUV가 어떻게 내연기관 슈퍼카를 능가하는 속도를 낼 수 있는지 신기할 따름이다. 국내 출시된 주요 슈퍼카의 제로백은 포르쉐 911 터보S 2.7초, 맥라렌 600LT 스파이더 2.9초, 페라리 296 GTB 2.9초, 람보르기니 우라칸 3.2초다.

머스크는 테슬라 설립 초기부터 스포츠카처럼 멋지고 빠른 전기차를 원했다. 공동창업자였던 에버하드와 스트라우벨도 마찬가지 생각이었다. 이들은 테슬라가 골프 카트 같은 따분한 시티카가 되어선 절대 안 된다고 생각했다. 테슬라는 2014년 모델S에 '미친(insane)' 가속 모드, 2015년엔 '터무니없는(ludicrous)' 가속 모드를 장착했다. 루디크러스 모드는 제로백이 단 2.8초에 불과했다. 이를 체험한 사람들은 하나같이 놀라운 웃음이 터졌고 이는 유튜브 영상으로 소개되며 화제를 모았다.

도로엔 어느새 어둠이 짙게 깔렸다. 집으로 돌아갈 시간이다. 인적이 드문 외곽의 도로에서 한 차량이 쌩하니 깜빡이를 켜고 다가온다. 하얀색 포르쉐 718 박스터. 주변에 차가 없는데도 모델X 주변을 계속 돌기 시작한다. 레이싱을 해보자는 것일까. 밤의 자유로에선 이따금 벌어지는 일이다. 특히 배기음을 불법 개조한 차들이 쩌렁쩌렁 도로를 울리며 경주하곤 한다.

포르쉐 박스터는 빠르고 좋은 차다. 하지만 세상엔 넘을 수 없는 벽이란 게 있는 법이다. 내연기관차는 애초에 공도에서 전기차의 상대가 되기 어렵다. 게다가 이 차는 그냥 전기차가 아니다. 머스크와 테슬라 창업자들은 '달리기 위한 차'를 만들길 원했다. 그 정신은 7인승의 거대한 이 기함 SUV에도 고스란히 녹아 있다.

마음만 먹으면 단 3초 만에 참교육 시전이 가능할 것이다. 물론 공도에서 그러면 안 될 일이다. 아니라는 뜻으로 속도를 살짝 줄였다. 박스터는 배기음과 함께 저 멀리 달려 나갔다. 그제야 긴장이 풀렸다. 가족들이 기다린다. 아빠에겐 느긋한 안전 운전이 제격이다.

중국산 테슬라의 자율주행 성능 논란

2023년 테슬라 차주 커뮤니티에선 중국산 모델Y RWD의 오토파일럿이 기존 미국산 차량 대비 불편해졌다는 논란이 있었다. 운전자에 대한 경고와 승인 요청이 훨씬 많아졌다는 것이다. 똑같은 FSD 옵션을 장착한 두 차량을 모두 타본 나의 결론은 '그렇다'이다.

모델X에 비해 모델Y RWD의 오토파일럿은 뭔가 어색했다. 수시로 운전대를 잡으라고 경고한다. 기존엔 알아서 척척 차선을 바꿨는데, 모델Y RWD는 운전사에게 변경 승인을 요청했다. 차선 변경에 실패하면 재차 승인 요구한다. 기존 미국산 차량은 실패해도 알아서 다시 시도했다. 인간 초보운전급의 똑똑했던 '테 기사'가 약간 바보가 된 느낌이다. 깜빡이만 넣으면 됐던 차선 변경도 운전대를 계속 잡고 있는지 체크한다. 한마디로 오토파일럿의 조건이 엄격하게 바뀌었다. 이 문제는 테슬라 차주 카페를 뜨겁게 달궜다. 중국산 테슬라의 오토파일럿이 미국산 대비 '너프(nerf)'● 됐다는 것이다. 테슬라코리아 관계자는 "미국산 테슬라는 한미 FTA 규정으로 미국 법규를 적용받지만, 중국산은 국내 법규를 적용받기 때문에 자율주행 기능에 차이가 있다"며 "중국산은 오토파일럿이 보수적으로 세팅됐다"고 밝혔다.

● 너프는 성능이 낮아지는 패치란 뜻의 게임 용어. 반대말은 성능을 강화하는 버프(buff)다. 국내는 물론 영어권에서도 쓰는 표현이다.

인간형 로봇 옵티머스의 출현

> 2만 달러(약 2,700만 원) 미만의 가격으로 3~5년 내 로봇 수백만 대
> 를 생산할 겁니다.

'시대의 르네상스 맨'●은 여전했다. 머스크는 'AI 데이 2022' 행사에
서 인간형 로봇 옵티머스의 실물을 공개했다. 어설프게 걷는 로봇이
었지만 머스크는 거침없었다. "우리가 알고 있는 인류 문명이 근본
적으로 바뀔 겁니다." 그의 비전이 공개되자 기성 언론 및 전문가들
의 비판이 쏟아졌다. 2022년 9월의 마지막 금요일 밤 테슬라 프리몬
트 사옥에선 도대체 무슨 일이 있었던 걸까.

● 캐시 우드(Cathie Wood) 아크 인베스트먼트 CEO가 2022년 언론 인터뷰에서 머스크
를 빗대어 쓴 표현.

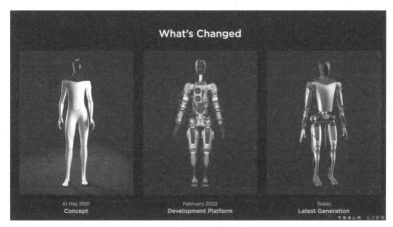

테슬라봇 옵티머스의 진화 모습. 2021년 AI 데이에 공개된 콘셉트 이미지(왼쪽부터), 2022년 AI 데이 2에 등장한 로봇 플랫폼 범블씨와 1세대 옵티머스

출처: 테슬라

테슬라는 이날 두 가지 형태의 로봇을 공개했다. 처음 등장한 로봇은 옵티머스의 플랫폼 범블씨(Bumble-Cee)다. 이 로봇은 내부 회로와 전선 등 조립 부품이 다 보이는 상태였지만 걷고 팔을 움직일 수 있다. 약간의 춤(?)도 가능하다. 테슬라는 영상을 통해 로봇이 상자를 옮기고 물뿌리개를 집어 화분에 물을 뿌리는 모습을 보여줬다.

이어 두 번째로 선보인 로봇은 범블씨를 기반으로 6~8개월 만에 제작한 옵티머스 1세대 제품이다. 키 173센티미터, 몸무게 73킬로그램으로 2021년 첫 AI 데이에 공개된 디자인과 비슷한 매끈한 모습이다. 머스크는 "이 로봇은 아직 걷지 못하지만 몇 주 안에 걸을 것으로 본다"고 말했다.

자율주행 기술 적용한 옵티머스

옵티머스는 테슬라의 차량 기술이 상당수 적용됐다. 우선 자율주행 기술인 FSD의 반도체 칩과 소프트웨어가 쓰였다. 다른 로봇처럼 단순하게 시키는 동작만 하는 게 아니라 카메라를 통해 주변을 인지하고 행동을 계획한다. 복잡한 상황에서 최적의 판단을 하는 AI 기술이다. 운전자들의 방대한 주행 데이터를 FSD 신경망이 학습하듯, 카메라로 얻은 시각 데이터를 로봇에 학습시킨다는 얘기다. 몸통엔 2.3킬로와트시(kWh) 용량의 소형 배터리팩이 장착됐다. 모델3 기본형 배터리(60킬로와트시)의 4% 수준이다. 1회 충전으로 온종일 활동할 수 있게 개발 중이라고 테슬라는 설명했다.

머스크는 옵티머스를 2만 달러 정도의 가격으로 내놓을 계획이다. 삼성증권에 따르면 통상의 인간형 로봇 가격은 약 10만 달러다. 기존 제품 가격의 5분의 1 수준으로 낮춘다는 것이다. 테슬라는 이를 위해 주요 부품을 직접 생산하는 등 규모의 경제를 갖춰 원가를 낮추려 한다고 밝혔다.

특히 로봇공학의 핵심 기술인 액추에이터(전기 에너지를 물리적 운동으로 바꿔주는 장치)를 6개로 줄여 자연스러운 동작을 일부 포기했다. 박연주 미래에셋증권 연구원은 "액추에이터는 로봇 원가에서 가장 큰 부분을 차지한다"며 "테슬라는 전기차 생산에도 부품을 공용화해 원가를 낮췄다"고 전했다.

최대한 싸고 빠르게 만들라

테슬라는 언제부터 인간형 로봇 개발에 나섰을까. 옵티머스는 2021년 8월 첫 번째 AI 데이에서 청사진이 공개됐다. 당시엔 무대 위에서 사람이 옵티머스 분장을 한 채 춤을 췄다. 행사장은 웃음바다가 됐고, 이 계획을 진지하게 생각한 사람은 많지 않았다.

머스크는 이후 엔지니어들에게 인간형 로봇을 만들라는 지시를 내렸다. 그리고 매주 옵티머스 디자인 회의에 참석했다. 수석 디자이너인 프란츠 폰 홀츠하우젠(Franz von Holzhausen)은 로봇의 손부터 시작했다. 테슬라는 보스턴다이내믹스 등의 투박한 로봇이 아닌 실제 인간처럼 일할 수 있는 로봇을 만들려고 했다. 그러기 위해선 무엇보다 손가락이 자유자재로 움직여야 했다. "머스크는 여성의 손가락 같은 분위기를 원했습니다." 홀츠하우젠의 말이다. 실제 옵티머스의 손가락은 가늘고 섬세한 모습이다.

언제 양산할 수 있을지 모르는 미래 사업임에도 머스크는 수익성을 강조했다. 로봇이 공장에서 상자를 운반하는 데 성공하자, 그는 제조 비용에 대한 상세한 차트를 만들라고 지시했다. 로봇의 손목을 움직이는 액추에이터에 1,100달러가 든다는 보고에 머스크는 비용이 너무 높다고 질책했다. "테슬라 차량의 액추에이터를 써봅시다. 우리가 싸게 만드는 법을 알고 있잖아요. 회사가 자금이 바닥날 스타트업이라 생각하고 더 빨리 진행하세요." 머스크는 제조업의 본질을 정확히 꿰뚫고 있었다. 멋 부리는 쇼윈도 로봇은 그의 관심사가 아니었다.

큰 걸음을 시작했다는 데 의미

상당수 로봇 전문가들은 옵티머스에 다소 실망스럽다는 반응을 보였다. 특히 현대차그룹 보스턴다이내믹스의 뛰고 구르는 로봇 아틀라스와 비교할 때 하드웨어적으로 뒤처졌다는 평이었다. 로봇의 움직임만으론 20년 전 혼다가 선보인 아시모에도 미치지 못했다.

헨리 벤 아머 애리조나주립대학교 로봇공학 교수는 "2만 달러 목표 가격은 솔깃하지만, 테슬라의 야망과 현재 옵티머스의 능력엔 격차가 있다"고 지적했다. 애런 존슨 카네기멜런대학교 기계공학 교수는 "테슬라가 빠르게 로봇 시제품을 완성한 게 인상적이다. 하지만 수백만 대를 생산해 어떤 용도에 쓰겠다는 건지 불분명하다"고 의문을 표했다. 데니스 홍(Dennis Hong) UCLA 로봇 메커니즘 연구소장 겸 교수는 테슬라가 큰 걸음을 시작했다는 데 의미를 부여했다. 그는 "로봇에 필요한 이동 및 조작 기본 기술이 아직 부족하다. 사람들이 꿈꾸는 인간형 집사를 당장 갖기는 어렵다"고 평했다.

머스크 역시 옵티머스를 개선하기 위해 할 일이 많다고 인정했다. 그는 "기존 인간형 로봇은 뇌가 없어서 스스로 문제를 해결할 수 없다"고 말했다. 로봇의 하드웨어보단 두뇌 격인 AI 기술에 집중한다는 얘기다. 아틀라스나 아시모 모두 사람이 원격 조종을 통해 움직이는 로봇이다.

더 매끈해진 옵티머스 2세대

이후 테슬라는 점차 진화하는 옵티머스의 동영상을 X에 공개했다. 2023년 5월 주주총회에선 총 5대의 1세대 옵티머스 영상을 보여줬다. 로봇은 공장 안팎을 자연스럽게 걷고 손으로 물건을 집어서 상자 안에 넣었다. 영상 속 모습이지만 8개월 만에 시제품이 걷는 데 성공한 것이다. 동작도 훨씬 자연스러워졌다. 외관상 천장과 로봇에 연결돼 있던 케이블도 사라졌다. 테슬라 직원이 옵티머스 AI를 훈련하는 모습도 선보였다. 그해 9월엔 옵티머스가 요가를 하고 5개 손가락을 이용해 테이블 위의 블록을 색상별로 구분하는 모습을 보여줬다.

이어 12월 테슬라는 옵티머스 2세대 영상을 전격 공개한다. 이 로봇은 1세대와 외형이 확연히 달라졌다. 사이버트럭과 비슷한 느낌의 은빛 외관은 흰색으로 바뀌었고 얼굴에 푸른 조명이 들어온다. 무게는 기존 모델보다 10킬로그램이 줄었다. 옵티머스는 손가락으로 계란을 집어 올리는 등 섬세한 동작을 보여줬다. 테슬라는 10개 손가락 모두 촉각을 감지할 수 있다고 밝혔다. 이듬해엔 옵티머스가 빨래를 개는 영상을 선보이기도 했다.

비록 동영상이긴 하나 1년여 만에 빠르게 발전한 옵티머스의 모습에 시장에서도 관심을 갖기 시작했다. 다만 옵티머스는 여전히 연구실 안의 시제품 단계다. 구체적 개발 계획이나 판매 일정이 공개된 바가 없다. 월가의 친테슬라 애널리스트인 아담 조나스(Adam Jonas) 모건스탠리 연구원은 테슬라가 세 번째 AI 데이를 열고 옵티머스의

테슬라가 2024년 10월 'We, Robot' 행사에서 공개한 2세대 옵티머스의 모습. 옵티머스는 현재 테슬라 공장의 단순 작업에 투입됐다.

출처: 테슬라

개발 상황을 공개해야 한다고 요청했다. 그는 테슬라 목표 주가 산정에 자율주행 및 AI를 포함했지만 로봇은 제외했다.

머스크는 어떤 세상을 꿈꾸는가

전문가들의 말을 종합하면 현재 테슬라의 로봇 기술력이 압도적이라 보긴 어렵다. 하지만 이러한 말들은 머스크가 20년 전 로켓 회사를 세우고 전기차 사업에 뛰어들 때도 다르지 않았다. "모두가 스페이스X 같은 민간 기업이 궤도에 올릴 로켓을 만들려고 시도하는 것 자체가 미친 짓이라더군요. 사람들은 그런 일이 절대, 절대로 일어나지 않을 것으로 생각했습니다. 기존 항공우주업계 사람들은 대부분 우리에게 말도 걸지 않으려 했어요." 스페이스X 사장 그윈 숏웰(Gwynne Shotwell)의 말이다.

21세기 최고의 비저너리 CEO는 이미 인류가 로봇과 함께하는 세상을 그리고 있는지 모른다. 머스크는 AI 데이에서 다음과 같이 말했다. "경제는 시간과 생산력의 함수입니다. 로봇이 무한한 생산력을 담당하게 된다면 풍요의 시대가 오게 됩니다. 빈곤이 사라지고 우리가 알고 있는 문명이 근본적으로 바뀔 것입니다."

그는 과거 테드(TED)와 인터뷰에선 '로봇이 연인이나 섹스 파트너가 될 수 있는가'는 질문에 "아마 피할 수 없는 일이며 캣걸(catgirl) 로봇도 만들 수 있다"고 밝혔다. 인공지능 로봇의 위험성도 언급했다. "영화 〈터미네이터〉의 결말이 나오지 않도록 옵티머스 사용을 경계하는 일이 중요합니다. 로봇 사업은 내가 아닌 주식회사 테슬라가 하는 게 적합합니다."

머스크는 테슬라의 장기적 가치 대부분이 로봇에서 나올 것으로 확신했다. "미래엔 옵티머스와 같은 로봇이 100억~200억 대 팔릴 겁니다. 사람 1인당 로봇 2대를 보유하는 시대가 오는 겁니다."

머스크의 원대한 계획엔 시간이 필요할 것으로 보인다. 그 역시 3~5년이란 스케줄을 제시했다. 미래에셋증권은 AI 기술의 빠른 발전 속도와 테슬라의 막강한 자금력, 인적 자원을 감안하면 중장기 옵티머스의 성능과 경제적 개선 가능성이 높아 보인다고 예상했다. 테슬라의 로봇 잠재력은 크지만 당장 가치 평가에 반영하기엔 이르다는 얘기다.

AI 데이가 끝난 뒤 홍 교수는 다음과 같은 소회를 남겼다. "일론의 야심 찬 옵티머스 프로젝트 일정에 의구심이 있지만, 솔직히 내가 틀렸다는 게 입증되길 바랍니다. 도전하는 사람들이 세상을 바꾸는 법입니다. 땅에 발을 고정하고 별을 향해 계속 손을 뻗으세요."•

• "Keep your feet on the ground and keep reaching for the stars." 미국의 전설적 라디오 DJ 케이시 케이젬(Casey Kasem)의 명언을 인용.

옵티머스, 한국에 오다

"테슬라가 서울모빌리티쇼에 옵티머스를 전시한다고?"

2023년 3월 인간형 로봇 옵티머스 모형이 서울모빌리티쇼에 공개된다는 소식에 테슬라 커뮤니티는 들썩였다. 테슬라가 옵티머스를 해외에 공개한 것은 2022년 11월 중국국제수입박람회(CIIE) 이후 처음이었다. 이 로봇은 머스크가 AI 데이 2 행사에서 공개한 제품이다. X엔 "옵티머스가 전시된다니 설렌다", "아이들과 인증샷 찍으러 가야겠다", "테슬람 일산에서 정모하자" 등의 반응이 올라왔다. "움직이지 않는 모형일 뿐인데 막상 보면 실망할 것 같다"는 의견도 있었다.

서울모빌리티쇼 개막 전인 미디어 데이에 킨텍스 행사장을 찾은 나는 국내 최초로 옵티머스 기사와 사진을 올렸다. 공개된 옵티머스는 키 173센티미터, 몸무게 73킬로그램으로 은빛의 매끈한 모습이었다. 허리엔 기가 텍사스를 상징하는 로고의 버클이 부착됐다. 로봇의 어깨와 무릎 등에 테슬라가 자체 개발한 액추에이터가 장착됐다. 등 부위엔 배터리팩을 장착할 수 있는 공간이 보였다. 여기엔 2.3킬로와트시 용량의 소형 배터리팩이 장착된다. 테슬라는 1회 충전으로 온종일 활동할 수 있게 개발 중이라고 설명했다. 하지만 이 정도 배터리 용량으로 73킬로그램 로봇이 종일 움직일 수 있을지는 의구심이 들었다. 이 로봇은 모형으로 움직이진 않았고 관객이 만져볼 수도 없었다. 테슬라 부스를 보기 위해 길게 줄 선 사람들은 옵티머스 앞에서 셀카를 찍었다. 이날 테슬라는 국내 출시한 모델S와 모델X의 최상위 트림인 플래드도 처음으로 공개했다. 주력 차량인 모델S · 3 · X · Y 라인이 한자리에 모인 셈이다. 테슬라는 차량 및 로봇 전시 외에 별도의 행사를 준비하진 않았다. 전국에서 모인 테슬라 팬들을 생각하면 아쉬운 대목이다.

자율주행+비전 AI+로봇=기업 가치 1경

> 테슬라는 현재 FSD와 옵티머스에 올인하고 있으며 2024년 6~7
> 월께 로보택시에 상응하는 주행 역량을 확보할 것으로 기대하고
> 있다.

2024년 3월 김준성 메리츠증권 연구원이 테슬라와 비공식 미팅 후 X에 올려 화제가 된 글이다. 김 연구원은 여의도 대표 테슬라 강세론자다. 그는 사견을 전제로 테슬라의 로보택시 라이센스 확보는 2025년, FSD 라이센스 계약은 2026년에 시작할 것으로 전망했다.

테슬라 투자자에게 자율주행과 로봇은 전기차 판매량 이상으로 중요한 관심사다. 테슬라 미래 비전의 양대 산맥이기 때문이다. 그렇다면 테슬라 자율주행과 로봇 기술의 가치는 얼마나 될까. 실제 테슬라 주가엔 이 가치가 얼마나 반영돼 있을까. 많은 투자자가 궁금해하

는 점이다.

월가의 테슬라 목표 주가는 천차만별이다. 목표가가 낮은 애널리스트는 테슬라를 자동차 기업 이상으로 평가하지 않는다. 반대로 목표 주가가 높다면 자율주행이나 에너지 등의 사업을 가치 평가에 포함했을 가능성이 크다.

아담 조나스 모건스탠리 연구원은 최근 이 회사의 목표 주가를 310달러로 내걸었다. 그가 본 테슬라의 자동차 사업의 가치는 목표가의 20%에 불과하다. 나머지는 자율주행 등 AI 사업이 차지한다. 그런 그도 옵티머스는 평가에서 제외했다. 실제 자율주행 옵션으로 판매하고 있는 FSD와 달리, 로봇은 아직 출시 로드맵조차 나오지 않았기 때문이다. 철저히 숫자를 따지는 월가의 계산법이다.

국내 증권업계에서 테슬라의 자율주행과 로봇 사업의 가치를 평가한 장문의 리포트가 시장의 관심을 모았다. 2023년 11월 삼성증권 임은영, 강희진 연구원이 작성한 '테슬라 클라쓰: 비전GPT, 로봇시대로 가는 열쇠'라는 제목의 58쪽 분량 보고서다. 해외 주식 목표 주가를 잘 내지 않는 국내 증권업계에서 미국 기업의 일부 사업 부문을 따로 가치 평가한 것은 매우 이례적이다. 수년간 서학개미 보유 주식 평가액 1위를 달렸던 테슬라의 영향력을 짐작할 수 있다.

FSD 원가 2,700달러, 이익률 80% 육박

삼성증권은 테슬라의 자율주행 지원 소프트웨어인 FSD와 이를 구현하는 '비전 AI'의 가치가 3,368억 달러(약 468조 원)에 이를 것으로 추정했다. 테슬라 시가총액의 절반 수준이다. 비전 AI 모델은 실제 세계를 컴퓨터가 이해할 수 있도록 가상 세계로 변환하는 프로세스다. 이어 테슬라가 FSD V12를 정식 출시하면 시가총액 1조 달러(약 1,380조 원) 재도전이 가능하다고 전망했다. 테슬라가 애플 같은 소프트웨어 기업으로 변신할 변곡점이라는 얘기다.

테슬라에 따르면 FSD V12가 기존 버전과 다른 점은 앞서 2장에서 소개한 순수 AI 주행이다. 인간 개발자의 운전 명령 코드 30만 줄을 모두 삭제하고 주행 영상만으로 AI를 학습시켰다. 머스크는 V12에서 베타를 뗄 것이라고 밝힌 바 있지만, 이 말은 절반만 실현됐다. 2024년 들어 V12는 베타 대신 감독형(Supervised)이란 이름으로 배포 중이다.

보고서는 V12가 정식 상용화되면 수익성이 오를 것으로 전망했다. 카메라와 칩 등 FSD 하드웨어 원가와 개발비가 2,675달러에 불과하기 때문이다. 매출총이익률이 78%에 달한다.[*] FSD는 소프트웨어고 하드웨어는 이미 차량에 장착된 상태다. FSD가 팔리는 그대로

---

[*] 테슬라가 2024년 FSD 가격을 인하하면서 최근 매출총이익률은 이 수치보다 감소할 전망이다.

매출과 이익으로 잡힌다. 소비자 채택률이 10% 증가하면 영업 이익률이 2% 포인트 오르는 구조다. 다만 FSD의 비싼 가격 탓에 소비자는 대부분 구매보다 구독 서비스를 활용할 것으로 예상했다.

테슬라 회계상 부채로 잡힌 32억 달러(약 4.4조 원) 규모의 이연 매출도 호재다. 이연 매출은 수익이 났지만 바로 실적에 반영하지 않고 미룬 금액이다. 테슬라가 FSD 베타를 아직 공식 출시하지 않았기 때문에 관련 매출을 이연한 것으로 알려졌다. 보고서는 V12가 출시되면 이 중 14억 달러(약 1.9조 원)가 일시에 매출로 인식될 것으로 봤다.

2030년 자율주행 SW 매출 120조 원 예상

삼성증권은 테슬라가 북미 시장에서 다른 완성차업체 1~2곳을 대상으로 FSD 라이센싱 매출도 기대할 수 있다고 전망했다. 포드, GM 등이 거론된다. 최근 머스크도 레거시 자동차업체와 FSD 라이센싱 논의가 있다고 밝힌 바 있다.

보고서는 또 테슬라의 FSD보다 이를 구현하는 비전 AI 모델이 가치가 더 높다고 분석했다. 테슬라는 이를 값비싼 센서가 아닌 AI와 카메라를 통해 인식시키려 한다. 자율주행을 넘어 로봇까지 적용할 수 있기에 라이센싱과 구독 모델로 발전할 수 있다.

삼성증권은 테슬라 2030년 예상 판매량 640만 대(블룸버그 전망치)

를 토대로 FSD에서 2030년 매출 464억 달러(약 64조 원), 비전 AI 모델에서 450억 달러(약 62조 원)를 예상했다. 소프트웨어 매출만 120조 원에 달한다는 것이다. 이를 현금흐름할인법(Discounted Cash Flow, DCF)●으로 계산하면 FSD와 비전 AI 모델은 총 3,368억 달러의 가치가 있는 것으로 추정했다.

투자은행 골드만삭스도 비슷한 견해를 밝혔다. 2023년 11월 투자 메모에서 "테슬라가 AI 기술의 선두 주자가 될 수 있는 강력한 기반을 갖췄다"며 "2030년까지 FSD로 연 100억~750억 달러의 매출을 올릴 것"이라고 분석했다.

임 연구원은 테슬라의 FSD 출시가 하드웨어 기업에서 소프트웨어(SW) 기업으로 넘어가는 변곡점이라고 봤다. 테슬라의 에너지 사업부와 슈퍼차저 등 서비스 사업부의 매출 비중은 확산 추세다. FSD와 비전 AI 모델이 가세할 경우 이 수치가 더 커질 것으로 전망했다. 그는 2019년 애플이 콘텐츠 사업을 내세우면서 SW 기업으로 비즈니스 모델이 바뀌었다는 점을 강조했다. 이후 애플의 기업 가치는 코로나 사태로 인한 팬데믹 2년간 3.4배 증가하며 시총 1위를 달성했다. 테슬라 역시 FSD 상용화로 비슷한 길을 갈 수 있다고 예측한 것이다.

● 기업의 미래 예상 현금 흐름을 금리 및 회사의 위험 수준 등을 고려한 기대 수익률로 할인해 현재 가치의 합으로 기업 가치를 평가하는 방법. 증권 애널리스트가 목표 주가를 계산할 때 널리 쓰는 방식이다.

전기차보다 시장 10배 큰 로봇

2024년 초 테슬라는 연간 전기차 판매 전망치를 내놓지 않았다. 고금리 환경 속 전기차 수요 둔화 여파로 고가의 전기차가 판매 부진을 겪고 있기 때문이다. 테슬라 차량의 외형 디자인과 내장 인테리어가 오랫동안 변하지 않으면서 소비자들이 싫증을 느끼고 있다는 분석도 제기된다. 반면 테슬라를 특별하게 만드는 자율주행 기술은 여전히 진척 속도가 더딘 게 현실이다. 이 때문에 삼성증권은 자율주행 시대가 오더라도 테슬라가 독과점적 지위를 유지하는 게 어려울 수 있다고 전망했다.

반면 로봇은 기능이 주된 구매 목적이다. 하루 18~20시간 사용이 가능하다. 도로에서 하루 2~3시간 이용하는 자동차보다 훨씬 효용 가치가 크다. 로봇 시장에서 가장 큰 산업용 로봇의 경우 2021년 전 세계 348만 대가 보급됐다. 그해 신규 보급된 로봇은 52만 대에 달한다. 산업용 로봇에 AI가 결합하면 스마트 로봇으로 발전할 수 있다. 옵티머스 같은 가정용 로봇의 시대가 온다는 말이다.

한국과 중국을 포함한 전 세계 많은 국가들이 저출산 고령화 문제에 봉착했다. 일할 사람의 부족은 산업 현장만의 문제가 아니다. 반면 인건비는 갈수록 오르는 추세다. 미래엔 집안일 및 아이와 어르신 돌봄에 로봇이 투입될 수밖에 없다는 얘기다. 머스크의 말처럼 '1인 1로봇' 시대가 온다면 향후 로봇의 수요는 10억 대까지도 내다볼 수 있다. 삼성증권은 2030년 이후 로봇의 연간 판매 대수가 신차 수요 대비 10배~20배 이상 커질 수 있다고 전망했다.

시총 10조 달러는 옵티머스가 이끌 것

중국 CITIC 증권의 분석에 따르면 옵티머스의 재료비는 1만 8,500 달러 수준이다. 중국엔 이미 옵티머스 원가의 60~70%를 담당할 부품 밸류체인이 결정됐다. 옵티머스의 생산 후 2~3년이 지나면 CPU를 제외한 부품 100%를 중국 기업이 공급할 전망이다. 테슬라 협력업체인 중국 탁보그룹(Ningbo Tuopu)은 2024년 말부터 액추에이터 공급이 가능하다고 밝혔다.

테슬라 옵티머스는 출시 가격 2만 달러를 목표로 하고 있다. 비용 등을 감안해 현실적으로 2만 5,000달러에 나온다면 전기차 평균 판매 가격 3만 5,000달러 대비 70% 수준이다. 로봇 한 대당 매출총이익률이 전기차보다 20% 포인트 높을 것으로 추정된다. 현재 보스턴다이내믹스의 아틀라스가 9만 달러, 팔 로보틱스의 탈로스는 100만 달러 수준이다. 최근 강력한 경쟁자로 떠오른 오픈AI의 로봇 피규어 1은 아직 가격에 대한 언급이 없다. 제조업을 해본 적 없는 AI 회사가 양산에 성공할 수 있을지도 의문이다.

테슬라가 로봇 시장에서 압도적 우위를 점할 가능성이 있다는 얘기다. 머스크 역시 테슬라의 장기적 가치가 로봇에서 나올 것이라고 언급했다. 보고서는 에너지나 로보택시 사업의 매출 규모가 전기차보다 커지긴 어렵다고 봤다. 하지만 로봇 사업은 10배 이상 성장할 수 있을 것으로 점쳤다. 만약 테슬라가 시가총액 10조 달러(약 1.3경 원)에 도전한다면 그것은 옵티머스 덕분이라는 분석이다.

현재로선 다소 꿈같은 얘기로 들린다. 삼성증권의 보고서는 손에 잡히지 않는 테슬라의 비전을 가치 평가해 수치화했다는 데 의의가 있다. 이것이 현실화하려면 많은 시간이 필요할 것이다. 하지만 먼 미래라고 계산해보지 않을 이유는 없다. 유럽의 투자 대가 앙드레 코스톨라니(André Kostolany)는 아인슈타인(Einstein)의 명언을 인용해 투자자의 덕목으로 생각의 중요성을 강조했다. "상상력은 지식보다 중요하다."

오픈AI 샘 올트먼과의 충돌

AI가 인간의 지능을 넘어선다면 로봇을 인간으로 받아들일 것인가?

영화 〈엑스 마키나〉(2015) 중

한 로봇과 7세 소년이 체스를 두고 있다. 로봇이 상대 선수의 말을 잡고 자기 말을 그 자리로 옮기려 했다. 그 순간 아이는 자신의 '룩'을 옮겨 자리를 지키려 했다. 반칙이었다. 그러자 로봇은 갑자기 소년의 손가락을 찍어 눌렀다. 놀란 어른들이 4명이나 달려들어 간신히 빼냈지만 아이는 손가락에 골절상을 입었다. 2022년 7월 국제 체스 포럼 모스크바 오픈 경기장에서 벌어진 섬찟한 일이다.

경기 주최 측은 "로봇이 한 번도 사고를 일으킨 적이 없다"며 "소년이 안전 수칙을 위반했다"고 책임을 돌렸다. 하지만 사람들의 생각은 달랐다. 이 기사엔 "AI 소름 돋는다", "말 바꿔치기라도 했다간 손목 날아갔을 듯" 등의 댓글이 달렸다. AI와 로봇에 대한 인간의 경계심이 드러난 사건이었다.

2023년 말 오픈AI 이사회가 샘 올트먼(Sam Altman) CEO를 끌어내린 사내 쿠데타는 대중에 큰 화두를 던졌다. AI의 안전과 윤리 문제가 그것이다. 그러나 10년 전부터 이러한 AI의 위험성을 누차 경고해온 인물이 있었다. 바로 일론 머스크다. 그는 2020년 〈뉴욕타임스〉와의 인터뷰에서 "AI가 사람보다 더 똑똑해지는 상황까지 5년이 채 안 남았다"고 말했다. 2018년 SXSW 콘퍼런스에선 "AI는 핵무기보다 훨씬 위험하다"라고까지 했다. 자율주행 등 테슬라의 AI 관련 사업을 생각해보면 언뜻 이해되지 않는 발언이다. 누구보다 과학과 효율을 중시하는 '천생 엔지니어' 머스크는 왜 이토록 AI를 경계하

마이크로소프트 빌드 콘퍼런스에서 연설하는 샘 올트먼   출처: AFP

는 것일까.

AI는 핵무기보다 위험 vs 머스크는 AI 차별주의자

인공지능(Artificial Intelligence)이란 용어는 1955년 미국의 컴퓨터 과학자 존 매카시(John McCarthy)가 처음으로 사용했다. AI는 인간이 하는 지적 활동을 기계가 흉내 낼 수 있도록 구현한 시스템이다. AI가 기존 프로그램과 구별되는 가장 큰 특징은 자신의 프로그램을 스스로 고쳐 쓸 수 있다는 것이다. AI는 어린아이처럼 학습을 통해 더 똑똑해진다.

논란은 바로 여기서 출발한다. 인간이 AI 스스로 코딩을 바꾸는 것을 실시간으로 파악할 수 없기 때문이다. AI의 발전 속도가 기하급수적으로 빨라서다. 구글 이사이자 미래학자인 레이 커즈와일(Ray Kurzweil)은 최근 "AI가 인간을 뛰어넘는 '기술적 특이점'이 2030년경 나타날 것"이라고 예측을 앞당겼다.

구글의 딥마인드가 개발한 알파고는 대중에게 가장 잘 알려진 AI다. 알파고는 2016년 세계 톱 랭커 기사인 이세돌과 역사적인 바둑 경기에서 4승 1패로 완승했다. 알파고는 초기엔 16만 개의 기보를 보며 훈련을 했다. 어느 수준에 도달한 후엔 AI 스스로 시합하며 능력을 키웠다. 이듬해 구글은 '알파고 제로' 버전을 내놓는다. 알파고 제로는 바둑 고수들이 둔 과거의 기보를 전혀 배우지 않았다. 백지상태로 기본 규칙만을 인지한 채 AI끼리 수없이 많은 대국을 두며 학습했다. 불과 사흘이 지나자 인간의 수준을 넘었고, '이세돌 알파고' 버전과의 대국에서도 100전 100승을 거둔다. 40일 후엔 AI 중에서도 적수가 없었다. 알파고 제로는 AI가 인간 지식의 한계에 속박되지 않으면 더 강력해질 수 있다는 것을 보여줬다.

물론 AI 긍정론자들도 있다. 전 세계 AI 산업을 주도하는 구글이 대표적이다. 구글의 공동창업자이자 지주회사 알파벳 CEO인 래리 페이지(Larry Page)는 머스크를 겨냥해 "AI를 차별하는 종족 차별주의자"라며 "디지털 유토피아 건설을 지연시키고 있다"고 비판했다. 커즈와일도 "인류 위협은 비현실적"이라며 "AI는 인간의 지능을 높여줄 것"이라고 말했다.

마크 저커버그도 2017년 페이스북 라이브 인터뷰에서 "AI 종말론은 무책임하다"며 "향후 10년간 우리 삶의 질을 크게 향상할 것"이라고 옹호했다. 이에 머스크는 "저커버그는 이 주제를 깊게 이해하지 못하고 있다"고 받아쳤다. 이때부터 시작된 머스크와 저커버그의 갈등은 지난해 격투 대결 논란까지 이어졌다.

오픈AI의 출범

머스크는 2018년 인터뷰에서 "AI의 위험성을 경고했지만 아무도 귀담아듣지 않는다. 이제는 운명론자가 됐다"고 털어놓았다. 그렇다고 손 놓고만 있지는 않았다. 그는 구글에 대항해 인류에게 우호적인 AI 개발을 위한 비영리 연구소 오픈AI를 공동 설립한다. 2015년 머스크를 포함한 6명의 명망가가 의기투합해 총 10억 달러(약 1.38조 원)를 투자했다. 이중 머스크는 4,500만 달러(약 625억 원)를 댔다. "우리는 어느 한 개인이나 기업이 통제하지 않는 리눅스 버전의 AI를 만들고 싶었습니다."

멤버들의 면면은 화려했다. 올트먼이 공동의장을 맡았고 '딥러닝의 아버지' 제프리 힌턴(Geoffrey Hinton) 토론토대학교 교수의 수제자였던 일리야 수츠케버(Ilya Sutskever)가 최고과학자(CSO)로 영입됐다. 당시 수츠케버는 구글의 연구 엔지니어였다. 이 사건으로 페이지는 크게 격노했고 이후 머크스와 다시는 말을 섞지 않았다. 친구로 생각했던 머스크가 AI 경쟁 업체를 차린 것도 모자라 인재까지 빼돌렸다고 생각했기 때문이다. 테슬라의 전 AI 부문 이사였던 안드레이 카르파티(Andrej Karpathy)도 창립 멤버였다. 수년 뒤 이들이 AI에 대한 의견 차로 갈라설 줄 당시엔 꿈에도 몰랐다.

오픈AI는 '인간을 넘어서는 범용 인공지능(AGI)* 이 모든 인류에게 혜택을 주는 것'을 미션으로 내세웠다. 이 연구소는 글쓰기, 미술, 게임 등 다양한 분야의 AI 제품을 선보였다. 그중 가장 화제를 모은 건 자연어로 텍스트를 작성하는 대규모언어모델(LLM) GPT다. AI가

---

* 인간이 하는 모든 지적인 작업을 동일한 수준에서 수행할 수 있는 AI. 젠슨 황(Jensen Huang) 엔비디아 CEO 등 전문가들은 5년 이내 AGI가 탄생할 것으로 보고 있다. 자율주행 FSD, 바둑 알파고 등은 좁은 인공지능(ANI)에 속한다.

사람이 쓴 것처럼 SNS에 글을 올리고 에세이를 쓴다.

2020년 선보인 GPT-3 버전은 컴퓨터 프로그램 코딩까지 가능했다. 미국 IT 매체 〈와이어드(Wired)〉는 당시 리뷰 기사에서 "GPT-3는 실리콘밸리 전체를 소름 돋게 했다"고 평했다. 이를 기반으로 내놓은 챗GPT는 대중에게 폭발적인 반응을 이끌며 시장의 AI 열풍을 주도했다. 2023년 오픈AI는 GPT-4 버전까지 내놓았다.

머스크, 오픈AI 이사회 자진 사퇴

2018년 머스크는 오픈AI 이사회를 자진 사퇴했다. CNBC 보도에 따르면 머스크는 테슬라의 자율주행 AI 개발과 오픈AI 활동의 이해 충돌 가능성을 우려했기 때문이다. 2017년 오픈AI 멤버 카르파티를 테슬라 오토파일럿팀에 영입하면서 갈등이 불거졌다. 머스크를 따르던 질리스 역시 오픈AI를 떠나 테슬라로 자리를 옮겼다.

무엇보다 오픈AI의 영리화에 대한 이견이 갈등의 원인이었다. 오픈AI 내부에선 사업을 키우기 위해 자금 유치를 받아야 한다는 주장이 나오기 시작했다. 영리법인으로 전환하자는 얘기였다. 인류를 위한 AI 연구를 목적으로 삼았던 머스크는 이를 받아들일 수 없었다.

그가 떠난 뒤 오픈AI는 MS로부터 130억 달러(약 18조 원)의 대규모 투자 유치를 받았다. 든든한 돈줄이 생긴 셈이다. 다만 이때부터 오픈AI는 MS 종속 논란이 끊이지 않고 있다. 올트먼이 이사회와의 해임 사태에서 승리해 CEO로 복귀한 것도 MS의 지원 없이는 불가능했다는 분석이다.

AI 기업 xAI의 설립

"xAI의 목표는 우주의 본질을 이해하는 것이다."

2023년 7월 머스크는 새로운 AI 기업 xAI의 출범을 알렸다. 과거 자신이 설립에 참여한 오픈AI가 날로 세력을 확장하자 더는 두고 볼 수 없었던 것이다. 그는 구글이나 MS와 달리 AI 안전에 초점을 맞춘 제3의 주자가 필요하다고 판단했다. 머스크에 따르면 xAI는 '정치적 각성에 오염되지 않은' 진실을 추구하는 범용 인공지능을 구축하려 한다. 1차 목표는 오픈AI의 챗GPT에 대항하는 챗봇을 만드는 것이다. xAI는 X의 프리미엄플러스 구독자를 대상으로 챗봇 그록(Grok)을 출시했다.

아이작슨의 전기《일론 머스크》에 따르면, 2023년 머스크는 올트먼을 불러 자신이 기부금을 댄 비영리 단체 오픈AI가 어떻게 수백만 달러를 벌고 있는지 따졌다. 이에 올트먼은 머스크에게 새 회사의 주식 지급을 제안했다. 머스크는 단칼에 거절했다. "오픈AI는 구글에 대항하기 위해 만든 오픈소스 회사였는데, 이제 MS가 통제하는 폐쇄소스 유형의 영리 회사가 됐습니다." 머스크는 결국 2024년 2월 오픈AI에 소송을 걸었다. 오픈AI가 초기 설립 계약을 위반하고 사실상 MS의 자회사로 전락했다는 주장이다.

오픈AI 측은 즉각 반박했다. 오픈AI를 영리 회사로 전환하자는 제안을 처음 한 것은 오히려 머스크였다는 것이다. 오픈AI가 공개한 이메일에 따르면 2018년 머스크는 오픈AI가 자금난을 타개하기 위해선 테슬라와 합병해야 한다고 제안했다. 요구가 받아들여지지 않자 회사를 떠났다는 것이다. 이후 회사가 잘나가니 이제 와서 딴소리 한다는 주장이다. 머스크가 테슬라와 오픈AI 합병을 얘기한 것은 사실이다. 당시 오픈AI가 구글에 뒤처지고 있다는 판단에서 나온 제안이었다. 물론 오픈AI를 인수해 테슬라의 AI 역량을 강화겠다는 생각도 있었을 것이다. 한때 창업 동지이자 투자자였던 머스크에게 공격받은 올트먼은 어떤 심정일까. "머스크는 얼간이에요. 저는 절대 그 같은 인간이 되지 않을 겁니다. 하지만 그가 AI 문제에 관심이 크고 인류의 미래에 많은 고민을 하는 건 인정합니다." 두 남자의 AI 전쟁은 아직 끝나지 않았다.

7장

초지능 인류 프로젝트, 뉴럴링크

인간의 능력을 압도하는 데이터 수집력과 분석력을 가진 AI가 등장합니다.

휠체어를 탄 한 남자가 노트북 앞에 앉아 있다. 그는 손으로 마우스나 키보드 조작을 하거나 특수한 보안경을 쓰지 않았다. 그저 온 신경을 화면에만 집중했다. 놀랍게도 화면 속 마우스 커서가 움직였다. 물리적 입력 없이 컴퓨터에 명령을 내린 것이다. 카메라가 눈의 움직임을 읽은 것도 아니었다. 그는 말 그대로 생각만으로 체스를 두기 시작했다. 이 영상은 X에서 열흘 만에 조회 수 9,500만 건을 넘겼다.

청년의 이름은 놀랜드 아보. 그는 8년 전 불의의 다이빙 사고로 척수 부상을 입었고 전신이 마비됐다. 아직 20대인 그에게 절망적인 시련이었다. 아보는 2024년 초 인생을 바꿀 결단을 내렸다. 자신의 뇌를 컴퓨터와 연결하기 위해 머릿속에 임플란트 칩을 심기로 한 것이다. 머스크의 BCI(Brain Computer Interface)* 스타트업 뉴럴링크의 첫 번째 임상 시술을 받은 환자였다. 머스크는 이 영상에 "장기적으로 사람들이 다시 걷고 팔을 정상적으로 사용할 수 있게 할 것이다"라고 특유의 야심 찬 댓글을 달았다.

SF소설에서 영감 얻은 뉴럴링크

앞 장에서 소개한 대로 머스크는 10년 전부터 AI의 위험성을 경고했다. 그는 구글의 AI 대항마를 만들기 위해 본인이 설립에 참여한 오픈AI마저 영리화를 추구하자 다른 길을 선택한다. 슈퍼 AI를 막을 수 없다면, 인간의 지적 능력을 AI에 필적하도록 만드는 것이다. 소수의 AI가 아닌, 수십 억 명의 사람들을 AI에 연결할 수 있다면 공생도 가능하지 않을까.

"AI가 이대로 가면 인류는 상상도 못 할 시대에 직면할 것입니다. 인간의 능력을 압도하는 데이터 수집력과 분석력을 가진 AI가 등장합니다. 인간이 해온 일 대부분을 AI가 대체할 것입니다. AI와 싸울

● 뇌파를 이용해 컴퓨터를 사용할 수 있는 인터페이스. 두뇌 의사 결정을 언어나 신체 동작 대신 시스템의 센서를 활용해 뇌파로 컴퓨터에 전달한다. 신체 장애를 가진 사람들에게 유용한 기술이 될 수 있다.

수 있는 지력과 능력을 갖추지 않으면 안 됩니다."

머스크는 이러한 거창한 비전과 함께 2016년 7월 뉴럴링크를 설립한다. 뉴럴링크란 이름은 이언 뱅크스(Iain Banks)의 SF소설●에서 영감을 얻었다. "아이폰의 문자 타이핑 시간이 너무 오래 걸려요. 기계처럼 곧바로 생각을 입력할 수 있다고 상상해봐요. 머리와 기계가 고속으로 직접 연결된 것처럼 말입니다."

이 회사가 내세운 사명은 다음과 같다. '일반화된 뇌 인터페이스를 만들어 오늘날 충족되지 않은 의료 수요를 가진 사람들의 자율성을 회복하고, 내일의 인간 잠재력을 열어준다.' 다시 말해 뉴럴링크는 초기엔 사지마비나 파킨슨병 환자의 의학적 치료에 집중하고, 장기적으로 인간과 AI를 융합하는 꿈을 실현하려 한다. 마치 스마트폰이 인간의 확장을 이뤘듯 BCI가 인류의 새로운 확장을 이끈다는 것이다.

뉴럴링크의 주된 프로젝트는 뇌와 컴퓨터를 연결하는 임플란트 칩의 개발이다. 전극으로 뇌를 자극해 파킨슨병 등을 치료하는 기술이 새로운 것은 아니다. 유타대학교에서 개발한 초기 BCI 장치인 유타 어레이는 2004년 인간에게 처음으로 시연됐다. 미국 브라운대학교에서도 팔다리가 마비된 사람들의 두뇌에 전극 장치를 부착하는 실험을 해왔다.

● 이언 뱅크스의 SF소설 《컬처》엔 사람의 생각을 컴퓨터에 연결하는 BCI 기술인 '뉴럴레이스'가 등장한다. 머스크의 뉴럴링크 아이디어는 여기서 시작했다.

뉴럴링크의 임플란트는 전극이 1,024개로 기존의 다른 장치보다 100배 정도 많다. 1,000개의 전극은 100만 개 이상의 뉴런[**]을 자극할 수 있다. 기존 뇌 임플란트가 뉴런 그룹의 신호를 표적으로 삼는다면 뉴럴링크는 개별 뉴런을 대상으로 한다. 그만큼 뇌의 신호를 더 섬세하게 잡아낼 수 있다.

생각만으로 게임하는 원숭이

링크라는 이름의 이 임플란트는 지름 23밀리미터, 두께 8밀리미터로 동전 크기만 하다. 1,024개의 초소형 전극이 포함된 64개의 실이 달려 있다. 뉴럴링크가 개발한 전용 수술 로봇으로 두개골 내부에 링크를 삽입한다. 외관상 전혀 보이지 않는 게 장점이다. 이 시술의 비용은 눈의 라식 수술 수준으로 낮추는 게 목표다. 뉴럴링크에 따르면 링크는 메가비트 속도로 뇌 신호 데이터의 무선 송수신이 가능하다. 뇌졸중, 심장마비 등 건강 이상 상태를 경고할 수 있다. 음악을 재생하고 전화를 거는 스마트폰 기능도 갖췄다. 배터리는 종일 지속되고 무선으로 충전된다. 2024년 머스크는 이 장치를 '텔레파시'라고 다시 이름 붙였다.

[**] 뉴런은 신경계를 구성하는 세포다. 자극을 받으면 전기를 발생시켜 다른 세포에 정보를 전달한다. 인간의 뇌엔 약 860억 개의 뉴런이 있다. 뉴럴링크의 실험은 아직 초기 단계라 할 수 있다.

2020년 머스크는 라이브 영상을 통해 이 연구 결과를 발표했다. 함께 공개한 것이 뇌에 링크를 심은 새끼 돼지들이다. 우선 동물 실험부터 시작한 것이다. 돼지가 냄새를 맡으려 할 때 코의 신경 활동을 감지한 링크가 뇌파를 실시간으로 화면에 송출했다. 반대로 두뇌에 신호를 보내는 것도 가능하다.

뉴럴링크는 8개월 뒤인 2021년 4월 탁구 게임을 하는 원숭이 영상을 공개한다. 페이저란 이름의 아홉 살 수컷 원숭이는 뇌에 링크를 심었다. 영상 속 페이저는 입으로 빨대를 물고 손으론 조이스틱을 잡고 있다. 조이스틱을 움직여 커서를 볼에 맞추는 데 성공하면 달콤한 스무디를 먹을 수 있다. 게임 요령을 습득한 페이저는 조이스틱으로 커서를 움직였다. 이후 화면은 조이스틱과 컴퓨터가 분리된 상황이다. 놀랍게도 원숭이는 생각만으로 커서를 조작했다. 두뇌 속 링크는 원숭이가 손을 움직이려는 뇌파를 읽고 컴퓨터에 그대로 명령을 내린 것이다.

이날 머스크는 트위터에 다음과 같이 밝혔다. "뉴럴링크의 첫 제품은 마비 증상을 가진 사람이 생각만으로 엄지를 사용하는 사람보다 빠르게 스마트폰을 조작하게 할 겁니다."

디지털 전환을 넘어 디지털 융합으로

과거 테슬라 팬들은 테슬라가 미래에 선보일 제품 중 하나로 스마트폰을 꼽았던 적이 있다. 당시 페이스북이 자체 스마트폰 개발을 추진한다는 뉴스에 테슬라라고 못 할 것이 없다는 반응이었다. 하지만 머스크는 예나 지금이나 기존에 있던 제품을 테슬라로 브랜딩만 해서 내놓는 사업에 관심이 없다. 그가 월가에서 꼭 필요하다고 주장하는 저가 소형 전기차 개발보다 완전자율주행이 가능한 로보택시를 더 염두에 두고 있는 것처럼 말이다.

우리가 자는 시간을 제외하고 하루 대부분을 함께하는 스마트폰은 인간의 영역을 무한의 온라인 세계로 확장했다. 사람들의 시간과 관심이 온라인으로 향하자 오프라인의 많은 영역이 온라인으로 넘어가고 있다. 인터넷 쇼핑과 뱅킹이 대세가 되면서 오프라인 은행 점포와 마트들이 속속 문을 닫고 있다. 재택근무가 활성화되면서 도심의 사무실을 없앤 회사가 생겼다. 심지어 산업 현장의 각종 실험도 디지털 환경의 모의실험으로 대체하고 있다. 디지털 전환의 물결이 전방위적으로 확산되고 있는 것이다. 이는 애플의 스티브 잡스가 일궈낸 모바일 혁명의 유산이다.

머스크의 시선은 이보다 더 먼 곳을 향해 있다. 인간의 생각이 스마트폰의 손가락보다 더 빨라야 한다. 그는 인간의 뇌와 AI의 합체를 꿈꾼다. 미래의 어느 날 AI가 인간을 넘어서는 '기술적 특이점(Technological singularity)'●이 오기 전에 초지능 인류를 탄생시켜야

● 기술적 특이점은 인공지능이 인간 지능을 넘어서는 기점을 의미한다. 구글 엔지니어링 디렉터이자 미래학자 레이 커즈와일이 펴낸 《특이점이 온다》를 통해 널리 알려졌다. 커즈와일은 머스크와 달리 AI의 미래에 대해 낙관적이다.

한다는 게 그의 생각이다. 디지털 전환을 넘어서 디지털 융합이라 할 수 있다. 가령 다른 사람에게 메시지를 보내는 데 스마트폰이 필요 없는 세상을 상상해보라. 머스크의 말대로 뇌에 칩을 심은 사람들끼리 텔레파시를 주고받을지도 모른다. 너무 먼 미래의 얘기일까. 불과 30년 전 사람들에겐 스마트폰은커녕 휴대폰도 없었다.

머스크의 AI 사업은 연결돼 있다

머스크는 여기에 한술 더 떴다. 2020년 그는 뉴럴링크를 소개하는 영상에서 다음과 같이 말했다. "인간의 기억을 백업해 보존하고 복원할 수 있을 겁니다. 최종적으로 기억을 새로운 인체 또는 로봇의 신체에 다운로드할 가능성이 있습니다." BCI 기술이 고도로 발달하면 인간의 의식을 저장하고 또 복제할 수 있다는 말이다. 이는 인간이 육체를 벗어나 영생을 누릴 수 있다는 얘기다. 화성에 인류 정착지를 세운다는 목표만큼 충격적인 비전이다.

머스크가 추진하는 AI 사업들은 느슨하게 연결되어 있다. 테슬라의 AI 자율주행 소프트웨어인 FSD는 로봇 옵티머스의 움직임을 구현하는 데 적용된다. SNS 기업 X의 방대한 텍스트 및 이미지 데이터는 xAI의 챗봇 그록을 학습시킬 수 있다. 그록은 테슬라 차량의 AI 비서로 탑재될 가능성이 있다. 로봇 옵티머스는 먼 미래에 인간의 의식을 백업할 뉴럴링크의 디바이스가 될지도 모른다.

일부는 그럴듯하고, 또 일부는 현재로선 황당한 얘기다. 하지만 이것이 21세기 최고의 비저너리 CEO 머스크가 꿈꾸는 세상이다. 그가 죽기 전까지 달성하지 못할 비전도 있을 것이다. 그럼에도 머스크는 진심이다. 그의 열정은 다른 사람들 눈에도 그대로 보이고 주변 사람들에게까지 전염된다. 투자자들이 돈키호테식의 무모한 사업에 거액의 돈을 내놓는 것도 그 열정을 믿는 것이다.

《테슬라 모터스》의 저자 찰스 모리스는 머스크를 다음과 같이 평했다. "머스크의 자질 중 가장 놀라운 것은 미래를 내다볼 줄 아는 선견지명이다. 기업 세계에서 흔히 볼 수 없는 자질이다. 그는 믿기 어려울 만큼 야심 찬 목표를 생각해내고, (설사 수십 년이 걸리더라도) 초지일관 집중하는 능력이 있다. 그는 늘 끝을 생각하며 시작한다."

머스크 직접 보려고 10시간 줄 섰다

＼ 테슬람 X랩 2 ／

파리 비바 테크 '머스크 대담' 르포

프랑스 파리 15구의 실내 공연장 '돔 드 파리'. 4,600석 규모의 이 돔형 건물 입구엔 아침부터 사람들이 줄을 섰다. 유명 가수의 공연이라도 열리는 걸까. 주변 인파는 어느새 발 디딜 틈 없을 정도로 빽빽해졌다. 티켓 가격은 최고 620유로(약 90만 원). 이들은 모두 한 남자를 보기 위해 몰려들었다. 이젠 전 세계 혁신과 야망의 대명사, 일론 머스크 테슬라 CEO다.

2023년 6월 머스크는 조르자 멜로니(Giorgia Meloni) 이탈리아 총리와 에마뉘엘 마크롱(Emmanuel Macron) 프랑스 대통령을 잇달아 만났다. 이후 향한 곳은 유럽 최대 스타트업 박람회 '비바 테크놀로지 2023'. 현지에서 그의 인기는 흡사 록스타를 방불케 했다. 비바 테크는 한국의 코엑스와 비슷한 '파리 엑스포 포르트 드 베르사유'에서 개최했지만, '머스크와의 대화' 세션은 많은 관중이 참석할 수 있는 돔 드 파리에서 열렸다.

테크 뉴스 스타트업 픽쿨(Pickool)의 이태호 대표가 파리 현장을 찾았다. 이 대표는 2년 연속 비바 테크를 취재했다. 이 대표에게 당시 현장 분위기와 머스크를 직접 본 소감을 들었다.

Q **비바 테크는 유럽 최대 스타트업 박람회라고 하는데, 국내에선 다소 생소합니다. 현장에서 접한 이 행사의 위상은 어느 정도였나요.**

비바 테크는 2023년 8회째로 런던 '테크 위크', 리스본 '웹 서밋'과 어깨를 나란히 하는 유럽의 3대 테크 행사입니다. 주최 측 발표에 따르면 사흘간 15만 명이 방문했습니다. 전시 참여 기업만 2,800곳에 달합니다. 국내에선 유럽 IT 행사라고 하면 바르셀로나의 모바일월드콩그레스(MWC)를 떠올리는 분들이 많습니다. MWC는 이동통신 산업이 중심입니다. 최근 부상한 AI 산업은 앞서 열거한 테크 박람회가 주도하고 있습니다. 특히 제조업 중심의 프랑스는 첨단 IT 산업을 키우는데 열을 올리고 있습니다.

Q **머스크 이야기로 들어가보겠습니다. 비바 테크의 주인공이었다는 데요.**

비바 테크의 콘퍼런스 세션은 스테이지 1부터 3까지 나눠서 진행됩니다. 세션 좌석 수는 200석부터 500석까지 다양합니다. 머스크 세션만 유일하게 4,600석의 돔 드 파리에서 열렸습니다. 주최 측에서도 관람객이 몰릴 것으로 예상했던 겁니다.

머스크 세션은 16일 오후 4시에 열릴 예정이었습니다. 현장에선 새벽부터 수백 미터에 달하는 긴 줄이 늘어섰습니다. 예약제가 아니고 줄 선 순서대로 입장시켰습니다. 사람들이 너무 많이 몰려서 유명 가수 콘서트장이 아닌가 싶은 정도였어요. 저는 미디어 취재 신분으로 간신히 비집고 들어갈 수 있었습니다. 행사장에 못 들어간 수많은 관객이 머스크가 떠나는 모습을 보기 위해 그의 차량 앞에서 대기하고 있더군요. 연예인 팬들이 따로 없었습니다.

Q **머스크를 본 관객들의 반응은 어떠했습니까.**

행사장 안의 분위기도 뜨거웠습니다. 머스크가 예정된 시간보다 10분 정도 늦었습니다. VIP 참석자, 미디어 관계자, 일반 관중 할 것 없이 머스크가 등장하자 모두 일어나 손뼉을 치며 환호했습니다. 스마트폰을 들고 사진과 동영상을 찍기도 했습니다. 여기저기서 "일론, 사랑해요!"라고 외쳤습니다. 테크업체의 CEO보다 BTS를 맞이하는 듯한 분위기였어요.

머스크와의 대화는 딱히 새로운 내용은 없었습니다. 지속 가능한 에너지, 자율주행, AI, 표현의 자유 등 그의 평소 생각을 다시 풀어내는 자리였습니다. 그런데도 머스크가 실없이 웃을 땐 모든 관객이 함께 웃었고, 그가 비전 가득한 메시지를 던질 땐 열광하는 모습이었습니다.

Q **실제로 본 머스크는 어떤 느낌이던가요.**

실제로 본 머스크는 예상보다 키(188센티미터)가 훨씬 커 보였습니다. 그는 과장된 몸짓이나 기행으로 알려진 것과 다르게, 매우 차분하고 다소 수줍어했습니다. 행사 도중 "우리 어머니가 이 행사를 저기서 보고 계시다"고 말할 정도로 인간적인 모습도 보였습니다. 비바 테크를 주최한 퍼블리시스그룹 등 관계자들은 트위터가 유럽연합(EU)이 제시한 데이터법을 따를지 여부가 큰 관심사였습니다. 이 법안은 기업이 제3자에 데이터 공유를 해야 한다는 내용을 담아 글로벌 테크 기업들의 반발을 불렀습니다. 이 주제가 나오자 머스크가 언사에 조심하는 듯한 느낌을 받았습니다. 이를 제외하면 그는 매우 유쾌했고 농담도 자주 던졌습니다.

Q **테슬라를 어떤 기업으로 보시나요.**

테슬라는 전기차라는 시장을 열었습니다. 향후 이 시장을 어떻게 이끌어갈지가 관건입니다. 현재는 고객 수요에 집중하면서 비용절감에 주력하고 있습니다. 아직은 전 세계 차량 보급률 1%에 불과한 비전 가득한 사업자입니다. 결국 전기차에 가장 중요한 보급형 배터리가 얼마나 확산할지에 따라 혁신적인 기업이 될지, 시장 개척자로만 역사에 남을지 갈릴 것으로 봅니다.

Q **끝으로 독자들에게 전하고 싶은 말이 있을까요.**

비바 테크의 머스크 세션은 그동안 본인이 전한 비전을 정리하는 특강 같은 느낌이었습니다. 머스크는 스티브 잡스와 빌 게이츠(Bill Gates)에 견줄 만한 비저너리 CEO입니다. 그가 밝힌 지속 가능한 지구, 다행성 종족, 초지능 인류 등의 거대한 꿈이 테슬라, 스페이스X, 뉴럴링크 등 본인의 사업과 각각 연결되는 모습에 깊은 인상을 받곤 합니다.

테슬라에서 일하는 인재들과 삼성전자나 네이버 등 국내 대기업에서 일하는 직원들의 역량 차이는 크지 않다고 생각합니다. 결국 중요한 것은 리더의 비전인 셈입니다. 목표가 '시장 점유율 확대'인 조직과 '지구를 구한다'는 조직은 생각의 폭이 다를 수밖에 없습니다. 머스크를 지켜보며 한국에서도 기업을 장기적으로 이끌어갈 수 있는 비전 있는 기업가가 나오길 기대합니다.

은둔의 조직 테슬라코리아

"머스크 외에 그 누구도 테슬라를 대표할 수 없다"

2023년 4월 27일 밤. 나는 트위터를 검색하던 중 흥미로운 뉴스를 발견했다. 테슬라코리아의 수장 김경호 대표가 물러나고 이본 찬(Yvonne Chan) 테슬라 태국 · 대만 지역 사업부 이사가 그 역할을 맡는다는 내용이었다. 내부 소식통을 인용 보도한 미국 IT 온라인 매체는 찬 이사의 링크드인 경력 사항에 한국 사업부가 추가됐다는 근거를 대기도 했다. 찬 이사는 2018~2020년에도 테슬라코리아 지사장을 역임한 적이 있다. 테슬라가 김경호 대표를 경질하고 전임 이사장을 그 자리에 다시 앉혔다는 것이다.

기사 가치로 따진다면 외국계 기업 지사장*이 교체된 단신성 뉴

---

* 2023년 사업보고서에 따르면 테슬라코리아 대표는 데이비드 존 파인스타인과 케네스 어니스트무어다. 그러나 실제 이들이 테슬라코리아 경영에 관여하는지는 확인되지 않는다.

스에 불과했다. 문제는 시기였다. 전날인 26일 방미 중이었던 윤석열 대통령이 백악관에서 머스크와 만나 한국 기가 팩토리 투자건 등을 논의했기 때문이다. 보도가 사실이라면 윤 대통령과 테슬라 CEO가 만난 지 하루 만에 한국 지사장이 교체된 셈이었다. 하지만 당시 국내 언론 어디에서도 이 상황을 인지하지 못했다.

하지만 해외 군소 매체의 보도만으로 기사를 쓸 순 없었다. 김 대표의 거취를 묻는 내 질문에 테슬라코리아 측은 답변하지 않았다. 기자의 촉이 왔다. 경험상 PR 관계자는 '말하기 불편한 사실'엔 거짓 부인 대신 침묵을 택한다는 걸 알고 있었다. 오보를 무릅쓰고 테슬라 코리아 대표 교체 소식을 국내 언론 중 단독 보도했다. 많은 언론사가 받아 쓰면서 큰 화제를 불렀다.

홍보 조직이 큰 일부 대기업을 제외하면 기자들의 취재 요청을 달가워하는 기업은 그리 많지 않다. 중소기업이나 외국계 기업이 특히 그렇다. 애플코리아가 대표적이고 테슬라코리아 역시 취재하기 까다로운 조직이다. 차량 출시나 판매량 등 간단한 사실 확인을 요청해도 모른다는 답변이 돌아오는 경우가 많았다. 보도 이후에도 테슬라코리아에 새 대표와 관련해 질문했지만 묵묵부답이었다. 심지어 김 전 대표의 퇴사조차 확인해주지 않았다. (김 전 대표는 이후 PR컨설팅그룹 프레인글로벌의 최고투자책임자로 자리를 옮겼다.)

테슬라는 왜 이렇게 사내 비밀주의를 유지하는 걸까. 이는 테슬라의 제1 사규로 설명할 수 있다. "머스크 외에 그 누구도 테슬라를 대표할 수 없다." 테슬라에 입사한 신입사원은 누구든 이 사규를 가장 먼저 고지받는다. 이를 어길 시엔 퇴사도 각오해야 한다. 테슬라 직원들이 지시받은 것 이외의 대외 활동을 극도로 꺼릴 수밖에 없는 이유다.

2023년 가을 중국산 모델Y RWD가 국내 시장에 처음으로 상륙했을 당시 사전 예약 수량 정보가 언론에 유출된 사건이 있었다. 개별 차량 판매량은 테슬라가 절대 외부에 알리지 않는 극비 사안이다. 이 때문에 테슬라코리아는 본사로부터 내부 감사를 받는 소동이 벌어지기도 했다.

테슬라 북미 본사엔 공식적으로 언론을 상대하는 PR팀이 없다. 머스크가 쓸모없다며 해체를 지시했기 때문이다. 머스크의 X가 테슬라에 공인된 거의 유일한 대중 소통 창구인 셈이다. 최근 홀츠하우젠, 엘루스와미 등 일부 고위 임원들이 X에서 활동하며 테슬라를 알리고 있지만 제한적이다. 그들은 머스크가 조명받는 2인자를 용납하지 않는다는 사실을 잘 알고 있다.

기자가 만난 테슬라코리아 직원들은 국내 여느 직장인들과 비슷하다. 회사에 불만이 없는 건 아니지만, 본인의 일에 열정적이고 자부심이 있다. 머스크 회장을 입에 올리길 꺼리지만 존경한다. 경쟁 수입차업체에서 이직한 이들이 많다. 재미있는 건 직원 모두가 테슬라 투자에 관심 있는 건 아니라는 점이다. 회사가 직원들에게 테슬라 주식 투자를 권유하진 않는다고 한다. 테슬라 주식의 변동성을 고려하면 납득이 가는 대목이다.

TESLA REBOOT

—— 3부 ——

테슬라의 경쟁자들

절대 머스크의 반대편에 베팅하지 마라.

───────────────────

피터 틸(팔란티어 회장 · 페이팔 창업자)

1장

도요타주의를 넘어서다

> 이제 도요타는 전기차 우선 사고방식을 채택해야 합니다.

2023년 4월 도요타의 신임 CEO로 부임한 사토 고지(佐藤恒治)는 기자 간담회에서 어려운 이야기를 꺼냈다. 이날 도요타는 2026년까지 10종의 전기차 신모델을 출시하고 연간 150만 대를 팔 것이라는 대담한 계획을 발표했다. 또한 2035년까지 탄소 배출량을 절반으로 줄이고 2050년 탄소 중립을 실현하겠다는 회사의 장기 계획을 재확인했다.

자동차 회사 CEO가 성장하는 전기차 사업을 확장한다고 발표하는 게 왜 난감한 얘기일까. 다름 아닌 그가 글로벌 1위 자동차 기업인 도요타의 수장이기 때문이다. 도요타그룹은 2023년 1,123만 대를 팔며 4년 연속 세계 1위를 차지했다. 지난 수년간 회사는 겉으로 보기엔 아무 문제 없이 잘나가고 있었다. 미래 사업이라는 전기차만 제외하면 말이다.

사토에게 CEO 자리를 넘겨주고 회장직에 오른 도요타 아키오(豊田章男)는 오너 경영인이다. 1867년 도요타그룹을 창업한 도요타 사카치(豊田佐吉)의 증손자다. 11대 사장으로 14년간 도요타를 이끈 아키오는 '엔진차는 반드시 살아남을 것'이란 생각이 확고했다. 그 자신이 경주용 자동차 레이서이기도 했다. 언론이 말하는 전기차 시대는 먼 미래라고 여겼다. 친환경차는 하이브리드, 수소연료전지, 수소연소엔진 등 다양한 접근 방식을 통해 이뤄내야 한다고 강조했다. 그 다양한 방식에 돈 안 되는 전기차는 가장 후순위였다.

도요타가 뒷짐을 지고 있던 사이 자동차 시장엔 새로운 맹주가 등장했다. 미국 전기차 테슬라와 중국의 BYD였다. 이들은 자국 정부의 전동화 지원 정책을 타고 승승장구했다. GM, 포드, 현대차 등 눈치 빠른 경쟁자들은 발 빠르게 테슬라의 성공 방식을 모방하기 시작했다. 글로벌 자동차 최대 시장의 격변에 도요타는 '한물간 자동차'란 이미지가 씌워지기 시작했다. 25년 전 하이브리드카 프리우스로 친환경차 시장을 선도한 도요타로선 당혹스러운 일이었다.

2023년 이전까지 도요타 주가는 수년간 횡보했다. 성난 주주들과 증권가 전문가들은 도요타의 전기차 전환이 너무 늦었다고 지적했다. 완고한 아키오 회장도 전기차란 새 물결을 더는 버티기 어려웠다. "정답을 모르는 시대(의미심장한 표현이다)에 변혁을 이끌기 위해선 체력과 열정을 지닌 젊은 리더십이 필요하다. 새 팀의 미션은 도요타를 모빌리티 컴퍼니로 완전히 탈바꿈하는 것이다." 53세의 사토를 새 CEO로 낙점한 이유였다.

전기차, 미래의 바람

20년 전 도요타는 달랐다. 전기차에 나름 우호적이었다. 프리우스가 북미 시장에서 큰 성공을 거두며 혁신적인 친환경차 브랜드로 자리 매김했기 때문이다. 특히 미국 할리우드 스타들이 환경을 사랑한다는 이미지를 위해 타고 다니는 모습을 많이 노출했다.[*] 2003년 출시한 2세대 차량은 전 세계 119만 대를 팔며 실적에도 한몫했다. 자연스럽게 미래 차 기술에 전사적인 관심이 많았다. 세계 최초 세단형 수소연료전지차를 생산한 것도 도요타였다.

북미 시장에서 승승장구하던 도요타는 2009년 대규모 리콜 사태를 겪으며 휘청인다. 페달 게이트로 불린 급발진 문제에 전 세계 차량 1,100만 대를 리콜해야 했다. 완벽한 품질을 자랑하던 도요타의 명성은 크게 훼손됐다. 당시 미국 거대 자동차 회사들은 글로벌 금융 위기의 여파로 줄줄이 파산 신청을 해야 했다. 최악의 리콜 사태를 맞은 도요타 역시 4,600억 엔에 달하는 적자를 내며 벼랑 끝에 몰렸

● 할리우드 스타들의 꿈과 청춘을 그린 영화 〈라라랜드〉(2016)의 배우 지망생 미아는 도요타 프리우스를 탄다. 유명 스타들처럼 되고 싶어서다. 파티장 주차 부스에 온통 프리우스 키가 걸려 있는 장면이 등장하기도 한다.

다. 이때 투입된 구원투수가 아키오였다.

회사가 경영 위기에 빠지면 구조 조정에 들어가기 마련이다. 당시 도요타는 캘리포니아에 GM과의 합작 공장인 누미를 가지고 있었다. 금융 위기 이후 GM이 손을 떼자 도요타는 누미를 홀로 유지하기 벅찼다. 강성 노조도 부담이었다. 이때 눈에 들어온 게 신생 전기차 기업 테슬라였다. 2010년 도요타는 애물단지 공장을 테슬라에 4,200만 달러(약 583억 원)에 넘기기로 합의한다.

아키오는 테슬라를 찾아 1세대 로드스터를 직접 운전하는 공개 행사를 가졌다. 전기차로 실리콘밸리를 한 바퀴 돌아본 뒤 그는 언론에 다음과 같이 말한다. "바람이 느껴졌습니다. 미래의 바람이." 그가 실제 전기차를 미래 차로 인정했는지, 아니면 공장을 매각하기 위한 립 서비스를 했는지는 알 수 없다. 확실한 건 당시 도요타는 다급했고, 머스크는 공장을 인수할 거의 유일한 큰손이었다. 누미 공장에 있던 제조 장비와 예비 부품도 사실상 헐값에 넘겨줬다. 테슬라로선 자동차 대량 생산 기업에 오를 절호의 기회를 잡은 셈이었다.

도요타는 테슬라 지분 10%를 매입하는 협약도 맺었다. 대신 테슬라는 도요타의 차기 전기차 모델 라브4 EV에 배터리팩을 제공하기로 했다. 2009년 다임러(현 메르세데스벤츠그룹)와 맺은 것과 비슷한 협약이었다. 이후 도요타는 2014년 라브4 EV 생산을 중단하고 2017년엔 테슬라 지분을 전량 처분한다. 이제 와 돌이켜보면 땅을 치고 후회할 전략적 실수였다.

반면 신생 업체 테슬라는 파트너 도요타로부터 차량 생산과 관련

한 많은 노하우를 배웠다. 이젠 글로벌 제조업의 표준이 된 린(lean) 생산 방식*은 도요타 생산 시스템이었다. 하지만 테슬라는 여기에서 멈추지 않았다.

도요타의 3차 산업혁명, 테슬라의 4차 산업혁명

《테슬라 웨이》의 저자 미카엘 발랑텡(Michael Valentin)은 제조업의 역사를 네 개의 단계로 구분했다. 18세기 제임스 와트의 증기기관은 1차 산업혁명을 촉발한다. 이어 100년 뒤 전기의 발명과 함께 2차 산업혁명이 시작된다. 소형 자동화 전기 장치는 컨베이어벨트와 조립라인을 등장시켰다. 대량 생산의 길이 열린 것이다. 미국의 포드 자동차 공장으로 대표되는 포드주의(Fordism)**의 탄생이었다.

20세기 들어 제조업엔 새로운 혁명이 일었다. 우선 세계화의 확대로 사람과 상품의 이동이 자유로워졌다. 선진국 도시에 밀집해 있던 생산 기지는 중국 등 신흥 아시아 국가로 이전하는 탈지역화 흐름이 뚜렷해졌다. 컴퓨터의 등장은 정보화 시대를 열었다. 무어의 법칙***

- 'lean'은 군살이 없다는 뜻이다. 각 생산 단계에서 불필요한 자원 지출을 최대한 제거하는 작업 방식. 인력, 생산 설비를 필요한 만큼만 유지하는 게 핵심이다.
- •• 작업의 표준화와 컨베이어벨트를 통한 자동화를 결합한 생산 방식. 포드자동차의 창업자인 헨리 포드(Henry Ford)가 자동차 제조 공정에 도입해 비약적인 생산성 향상을 이뤄냈다.
- ••• 반도체 집적회로의 성능이 24개월마다 2배로 증가한다는 법칙이다. 인텔의 공동 설립자인 고든 무어(Gordon Moore)가 1965년 처음으로 제기했다.

을 기반으로 한 기하급수적인 기술 진보가 이뤄졌다. 글로벌 공장을 관리할 산업용 IT 시스템의 도입은 부품 공급망을 전 세계로 잘게 쪼갰다. 기업들이 수익성을 극대화하는 방법이었다.

2차전지 산업을 예로 들어보자. LG에너지솔루션, 삼성SDI 등은 배터리 셀을 제조하는 회사다. 핵심 소재인 양극재는 에코프로비엠, 엘앤에프, 포스코퓨처엠 등이 생산한다. 하지만 양극재의 중간재인 전구체는 중국 기업들이 장악하고 있다. 원재료인 니켈 제련 역시 마찬가지다. K배터리 기업이 중국에 촘촘히 박힌 2차전지 공급망을 벗어나기 어려운 이유다.

이 같은 3차 산업혁명 시대엔 글로벌 생산 시스템의 효율적 관리가 최대 과제였다. 이때 부상한 것이 생산에서 납품까지 전 과정의 낭비를 최소화하는 도요타주의다. 이 시스템은 두 개의 메인 축으로 운영된다. 원하는 시점에 필요한 만큼만 생산해 재고를 최소화하는 '적시 생산(JIT)', 공정에 문제가 생겼을 때 작업자가 직접 생산을 멈출 수 있는 '지도카'●다. 자동화에 인간의 판단 능력을 결합해 대규모 불량이 발생할 위험을 줄이는 것이다. 도요타는 이를 통해 세계 최고의 완성차 메이커 자리에 오를 수 있었다.

기술의 기하급수적 발전은 21세기 산업계에 새로운 변화를 요구하고 있다. 제조업에도 디지털 전환의 바람이 불면서 IT 분야에 적용

● 자동화(自動化)라는 한자의 일본식 표현이다. 모든 직원에게 생산 프로세스를 중단할 권리를 주고 재발 방지를 위한 조치를 취한다. 장기적으로 높은 품질 수준을 유지한다.

됐던 '파괴적 혁신'이 절실해졌다. 초연결, AI, 스마트 공장 등의 키워드로 떠오른 것이 4차 산업혁명이다. 발랑탱은 도요타주의를 넘어 4차 산업 시대를 이끌 기업으로 테슬라를 꼽았다.

테슬라는 실리콘밸리에서 출발한 스타트업이었다. 창업자들과 초창기 모인 직원들은 전통적인 자동차 공학도가 아닌 SW 인재에 가까웠다. 이들은 기존 제조업의 관습에 얽매이지 않았다. 특히 머스크는 제1 원칙 사고방식^{●●}을 강조했다. 주어진 상황에서 변화를 시도하는 게 아닌, 문제의 가장 밑바닥까지 파고들어 근본적 질문을 던졌다. 그는 전기차, 배터리, 로켓 등 전 사업 영역에서 제1 원칙을 적용해 비용 절감의 혁신에 성공했다. 이에 미국 제조업계에선 머스크를 제2의 스티브 잡스가 아닌 '자동차 왕' 헨리 포드로 보는 이가 적지 않다.

테슬라의 기가 팩토리는 디지털 기업에 적용된 혁신이 대거 적용됐다. "나는 제조 전문가는 아니지만 지난 석 달간 공장에서 지냈습니다. 자동차 공장을 생각하면 언제나 물리학의 제1 원칙으로 돌아가 '부피×밀도×공정 속도'라는 방정식을 최적화하려 합니다." 자동차의 부품을 기존처럼 일일이 조립하지 않고 '통째로 찍어낼 순 없을까'라는 생각은 세계 최초로 차량 제작에 기가 캐스팅(Giga casting) 공법을 도입했다. 현재 텍사스 공장에서 생산하는 모델Y의

●● 그리스의 철학자 아리스토텔레스(Aristoteles)는 "제1 원칙은 어떤 것을 알게 해주는 첫 번째 기초"라고 정의했다. 철저히 본질에 접근해 문제점을 파악하고 개선안을 도출하는 사고방식이다.

하부 차체는 단 2개의 부품으로 구성됐다. 조립에 투입되는 비용과 시간을 절감할 수 있다.

공장 내부엔 개발팀과 생산팀을 한자리에 배치했다. 신속한 의사 결정과 함께 부서 칸막이와 같은 관료주의를 제거하기 위함이었다. 차량 생산라인 바로 옆에 개발 엔지니어들의 책상이 있었다. 머스크의 책상도 예외가 없었다.

혁신은 이렇게 어렵다

다시 도요타 이야기로 돌아가자. 이 회사는 북미와 유럽 시장에서 하이브리드 차량의 판매 호조로 2023년 역대 최대 실적을 올렸다. 고금리와 경기 침체가 겹치며 값비싼 전기차 수요가 꺾인 영향이었다. 횡보하던 주가도 2024년 들어 사상 최고치를 경신했다.

'평생 자동차 레이서' 아키오 회장의 발언엔 다시 힘이 들어갔다. 그는 도요타가 새로운 내연기관 엔진을 개발할 것이라고 공언했다. "엔진 하나는 환경에 좋고, 또 다른 하나는 경주에서 승리할 겁니다." 하이브리드와 고성능 차량의 엔진임을 암시하는 말이었다. "일본 자동차 산업 종사자 수는 550만 명에 달하고 대다수가 엔진 개발 및 생산에 힘쓰고 있습니다. 이들의 열정과 노력을 결코 헛되게 하면 안 됩니다."

반면 전기차 전환을 외친 사토의 입지는 좁아졌다. 블룸버그는 그가 전임자의 내연기관에 대한 의지와 전동화 혁신 사이에 균형을 맞춰야 하는 어려운 임무를 맡았다고 지적했다. 그가 전권을 부여받은 것도 아니다. 도요타의 CTO와 CFO 등 핵심 임원은 모두 아키오가 임명한 사람들이다. "아키오의 옛 경호원들은 새 CEO 곁에 그대로 남아 있다. 그들은 아직 사토에게 모든 걸 맡길 수 있을지 확신하지 못하고 있다." 일본 자동차업계 전문가의 지적이다.

사토는 어쩌면 도요타에선 달성하기 불가능한 목표를 향해 뛰고 있는지 모른다. 20년 전 아키오의 운전 스승이자 도요타 개발 드라이버였던 나루세 히로시는 다음과 같이 말했다고 한다. "아키오 군, 레이서가 되라는 게 아니야. 자동차와 대화를 하라는 말이지. 계산만으로 차를 만들면 가전제품이나 다를 바가 없다네." 도요타그룹의 유산과도 같은 철학이었다.

아이러니하게도 도요타가 테슬라와 손잡았던 2010년 아키오의 스승은 드라이빙 테스트 중 사고로 유명을 달리했다. 미래의 바람이 불었고 시대가 바뀌었다. 한때의 파트너이자 새 경쟁자는 '바퀴 달린 가전'을 만들었다.

2장

중국의 전차굴기, BYD

목숨 걸고 타야겠네. 청소기 파는 회사가 무슨 차를 만든다고.

중국 IT 제조업체 샤오미의 전기차 'SU7' 공개 뉴스에 달린 국내 포털 댓글이다. 2024년 1월 샤오미 창업자이자 CEO인 레이쥔(雷軍)은 베이징에서 자사의 첫 전기차를 선보였다. 2021년 전기차 진출 계획 발표 이후 3년여 만이다. 이날 레이는 "샤오미의 목표는 포르쉐나 테슬라만큼 좋은 드림카를 만드는 것"이라고 말했다.

샤오미에 따르면 5인승 세단 SU7은 제로백이 2.78초다. 테슬라의 고성능 트림인 모델S 플래드(2.1초)와 견줄 만하고 포르쉐 타이칸 터보(3.3초)보다 빠르다. 중국 CATL 또는 비야디(BYD)의 배터리를 탑재해 1회 충전에 800킬로미터를 달린다. 3월 출시한 스탠다드 모델의 가격은 21만 5,900위안(약 4,100만 원)이다. 테슬라 모델3 기본형

보다 저렴한 가격이다. 샤오미는 SU7 출시 하루 만에 8만 8,000대의 예약 주문이 몰렸다고 밝혔다. 예상보다 3~5배 많은 수치였다.

앞서 소개한 댓글처럼 샤오미의 전기차에 국내 소비자들의 반응은 차가웠다. 하지만 외신들은 '소형 가전이나 팔던' 중국의 신생 자동차 기업을 대서특필했다. 글로벌 최대 전기차 시장으로 부상한 중국에서 BYD, 리오토, 니오, 샤오펑 등을 이을 또 하나의 주자가 탄생했다는 것이다.

테슬라 판매 넘어선 BYD

최근 중국 전기차 중 단연 돋보이는 건 BYD다. BYD는 2023년 12월 전기차(BEV) 19만 대, 플러그인하이브리드(PHEV) 차량을 포함하면 총 34만 대를 팔았다고 밝혔다. 그해 4분기 전기차 판매량은 52만 6,000대로 테슬라의 48만 5,000대를 넘었다. 분기 기준 글로벌 전기차 판매 1위가 처음으로 뒤바뀐 것이다. 2023년 BYD는 전기차 160만 대, 하이브리드를 포함하면 총 300만 대 판매를 돌파했다. 테슬라는 181만 대를 팔아 연간 기준으론 글로벌 전기차 1위 자리를 지켰다. 하지만 BYD의 가파른 판매 성장세를 보면 이마저도 뒤바뀔 가능성이 있다.

투자 전문 매체 〈배런스(Barrons)〉에 따르면 BYD의 평균 차량 판매 가격은 3만 달러 미만(약 4,100만 원)이다. 반면 테슬라는 평균 4만 달러(약 5,500만 원)가 넘는 고가다. 적어도 중국 시장에선 가격이 저렴한 BYD가 판매 경쟁에서 유리할 수밖에 없다. 이는 테슬라가 2023년 내내 가격 인하책을 편 이유였다.

BYD만 잘나간 게 아니다. 미국 증시에 상장된 중국 전기차 삼총사인 리오토, 니오, 샤오펑도 괄목할 만한 판매 실적을 올렸다. 시가총액 기준 중 만형인 리오토는 2023년 12월 월간 기준 첫 5만 대 판매를 넘었다. 2023년 한 해 37만 6,000대를 팔아 전년 대비 180% 증가했다. 고급 전기차를 표방하는 니오는 한 해 16만 대에 육박하는 판매고를 올렸다. 전년 동기 대비 31% 증가한 수치다. 샤오펑은 전년 동기 대비 17% 늘어난 14만 1,800대를 판매했다. 씨티그룹은 "지난해 중국 시장 전기차 판매가 예상보다 괜찮았다"고 평했다. 블룸버그통신도 "판매 1위의 변화는 전기차 시장에서 중국의 영향력이 커지고 있음을 보여준다"고 분석했다.

BYD는 중국 시장에서 대부분의 차량을 팔았다. 아직 미국 시장엔 진출하지 않았다. 12월 판매 중 수출 비중은 약 10%지만 점차 늘어나는 추세다. 한국 시장에도 진출을 타진하고 있다. 중국은 이미 지난 몇 년간 자동차 수출에서 미국, 한국, 독일을 제쳤다. 2023년엔 세계 1위 자동차 수출국에 올랐다. 중국자동차공업협회(CAAM)에 따르면 중국은 2023년 한 해 동안 총 491만 대를 수출하며 442만 대를 수출한 일본을 넘어섰다.

아직도 중국산 깔보는 한국

이렇듯 중국 전기차의 질주는 어제오늘 얘기가 아니다. 중국 정부의 신에너지 자동차(New Energy Vehicle, NEV)● 육성 정책하에 자국의 막대한 보조금과 세계 최대 시장을 등에 업고 성장 가도를 달렸다. 중국승용차협회(CPCA)에 따르면 2023년 중국에서 신에너지 자동차만 888만 대가 팔렸다. 현대차그룹이 2023년 국내에서 내연기관차 포함해 총 132만 대를 판 것과 비교하면 엄청난 규모의 시장이다.

BYD를 포함해 수십 개의 전기차 및 글로벌 완성차 브랜드가 이 시장에서 뜨거운 경쟁을 벌이고 있다. 테슬라 글로벌 생산의 절반을 담당하는 것도 중국 상하이 공장(2023년 71만 대)이다. 중국이 없었다면 오늘날의 테슬라가 없었다고 해도 과언이 아니다.

중국차의 가장 큰 무기는 가격이다. 2023년 가을 국내 상륙한 '중국산 테슬라' 모델Y RWD는 보조금 등을 적용해 4,000만 원대 후반 가격으로 돌풍을 일으켰다. 이 차는 2023년 1만 대가 넘게 팔리며 부진했던 테슬라코리아의 실적을 끌어올리는 효자가 됐다. 차 만듦새나 마감 품질도 미국산보다 낫다는 평가를 받았다.

하지만 국내 일각에선 중국산 차량과 배터리를 얕잡아보는 시선이 여전하다. 최근 '배터리 아저씨'를 자처하는 박순혁 작가는 《K배

● 중국에서 친환경차를 이르는 용어다. 순수 전기차, 플러그인하이브리드카 및 연료전지 차(FCEV) 등을 포함한다.

터리 레볼루션》을 통해 CATL 등 중국 배터리업체는 정부 지원에만 의존하는 기술력 없는 허풍선이라고 비판했다. 기술이 부족하기 때문에 저가 리튬인산철(LFP) 배터리에 매달리고 있다는 것이다. 반면 하이니켈 기반의 K배터리에 대해선 기술적 초격차를 달성했다고 주장했다. 물론 논란이 뒤따르고 있다.

박 작가의 주장대로라면 한국 기업에 다행한 일이다. 문제는 시장이 그렇게 흘러가지 않고 있다는 사실이다. SNE리서치 보고서에 따르면 2023년 글로벌 전기차 배터리 출하량 1위는 CATL, 2위가 BYD [*]였다. 양사의 점유율을 합치면 50%가 넘는다. 3위 LG에너지솔루션 14.9%, 4위 SK온이 6.6% 점유에 그쳤다. 중국 전기차가 많이 팔리는 만큼 저렴한 중국산 배터리의 비중도 커지고 있다.

중국발 전기차 가격 전쟁

사실 완성차 입장에선 비싼 가격의 배터리가 부담스럽다. 전기차를 개발해도 수익을 내기 어렵기 때문이다. 자동차 제조업은 기본적으로 마진율이 낮다. 경쟁이 워낙 치열해 부품과 생산 공정을 수시로 원가 절감하지 않으면 밀리는 구조기 때문이다. 배터리의 성능보다

---

[*] 1995년 중국에서 설립한 BYD는 휴대폰 배터리 제조사로 급성장했다. 이후 전기차 사업에 뛰어들어 큰 성공을 거뒀다. 현재 2차전지, 태양광 패널, ESS 등을 생산하고 있다.

테슬라 리부트

저렴한 중국산에 눈이 갈 수밖에 없다. 전기차 1위 테슬라는 물론이고 현대차도 예외가 아니다. 이 때문에 일각에선 국내 2차전지 산업이 중국산 저가 공세에 밀린 액정표시장치(LCD)의 전철을 밟을 우려가 있다고 경고한다.

게다가 글로벌 전기차 시장은 2023년부터 가격 인하 전쟁이 벌어지고 있다. 격전지는 중국이다. 경기 침체로 소비자들의 지갑이 얇아지자 현지 업체들은 출혈 경쟁을 마다하지 않고 있다. 중국 정부의 막대한 보조금으로 인한 전기차 공급 과잉도 이를 부채질했다. 현재 BYD의 인기 차종인 전기 소형 해치백 시걸은 대당 가격이 1,300만 원대에 불과하다. 시티그룹은 샤오미가 SU7을 한 대 팔 때마다 6,800위안(약 130만 원)을 손해 볼 것이라고 추산했다. 니오, 샤오펑, 체리자동차 등도 보조금 책정 등 소비자 혜택을 강화했다.

테슬라도 두고 볼 수만은 없었다. 2023년 초 전기차 전 모델의 가격을 최대 20% 내리는 승부수를 던졌다. 이후에도 가격 인하는 글로벌 시장 전역에서 지속됐다. 전기차 수요 감소가 현실화하자 이윤을 희생해서라도 판매를 늘리겠다는 의도였다. 이는 20%를 훌쩍 넘는 테슬라의 높은 이익률에서 나온 전략이었다. 2022년 3분기 테슬라의 차 한 대당 매출총이익은 1만 5,653달러(약 2,100만 원)로 폭스바겐의 두 배, 현대차의 세 배, 도요타의 네 배가 넘었다. 전문가들은 "테슬라가 치킨 게임을 시작했다"고 분석했다.

하지만 예상과 달리 가격 인하 효과는 크지 않았다. 판매량은 떨어졌고 두 자릿수를 자랑하던 테슬라 영업 이익률은 2024년 1분기

5.5%까지 급락했다. 오히려 들쭉날쭉한 가격 정책이 소비자의 신뢰를 잃었다는 지적이 나왔다. 카를로스 타바레스(Carlos Tavares) 스텔란티스 CEO는 "전기차의 비싼 가격으로 전 세계 수요 성장세가 더디다"면서도 "실질 비용을 고려하지 않고 가격 인하를 지속하는 건 결국 '피바다(bloodbath)'로 끝나게 될 것"이라고 경고했다.

전기차, '캐즘의 덫'

성장가도를 달리던 전기차 시장은 왜 갑자기 정체됐을까. 우선 각국 정부의 전기차 보조금 축소를 들 수 있다. 고금리의 장기화로 인한 긴축재정 때문이다. 독일은 2023년 전기차 구매 보조금을 20~30% 줄였다. 영국은 보조금 제도를 아예 폐지했다. 한국 역시 2023년부터 보조금 규모를 줄여가고 있다.

전문가들은 그러나 이보다 더 중요한 요인으로 전기차 시장이 캐즘(Chasm)에 빠졌다고 보고 있다. 캐즘은 원래 지질학 용어로 갈라진 골짜기를 뜻한다. 경제학 용어론 기술 혁신이 대중화로 이어지기 전 일시적인 정체를 설명하는 표현이다. 신기술이 초기 얼리어답터에겐 수용되지만, 실용성을 중시하는 대중에게 퍼지지 못하고 급격한 침체기를 맞는다는 것이다. 1992년 첫선을 보인 스마트폰은 2000년대 들어 아이폰과 안드로이드폰의 등장으로 캐즘을 극복하고 성공한 대표적 사례다.

한국경제산업연구원에 따르면 미국 전기차 시장은 줄곧 성장만 하다 주춤하고 있다. 2024년 1분기 전기차 판매 대수는 약 26만 9,000대로 지난 분기 대비 7.3% 감소했다. 특히 테슬라의 미국 전기차 시장 점유율이 2022년 2분기 65%에서 2024년 1분기 51%로 떨어졌다. 이에 테슬라는 비용 절감에 나섰다. 전 세계 직원 14만 명 중 10% 구조조정을 밝혔고 멕시코 신공장 착공도 무기한 연기했다. 완성차 기업들 역시 전기차와 배터리 공장 투자를 미루고 있다.

한국의 전기차 수출액도 처음으로 감소했다. 2018년부터 2023년까지 늘어났던 전기차 수출이 2024년 감소세를 보였다. 2024년 1분기 전기차 수출 실적은 약 37억 6,000만 달러로 전년 동기 대비 9.9% 줄어들었다. 전기차가 초기 소비자엔 빠르게 보급됐지만 캐즘을 넘어서지 못한 모습이다.

월가 애널리스트들은 전기차가 캐즘을 극복하기 위해 보급형 저가 모델 출시가 절실하다고 지적한다. BYD를 선두로 한 중국 전기차는 가격 경쟁력이 뛰어나지만, 아직 전 세계 소비자를 만족시킬 브랜드와 품질을 지녔다고 보긴 이르다. 반대로 테슬라를 포함한 기존 완성차 브랜드의 전기차는 가격 경쟁력 측면에서 대중의 선택을 받지 못하고 있다. 머스크는 2024년 1분기 실적 발표에서 일정을 앞당겨 2025년 상반기 차세대 저가 차량을 생산하겠다고 밝혔다. 중국의 '전차굴기'에 대응할 테슬라의 행보가 주목된다.

3장

제2의 테슬라는 없다, 루시드

> 루시드 이사회는 작년 말 공개된 차세대 SUV의 획기적 성과에 기
> 여한 CEO에게 현금 600만 달러(약 83억 원) 지급을 승인했다.

2024년 2월 외신에 짤막한 단신으로 소개된 뉴스에 투자자들은 눈
을 의심했다. 한때 제2의 테슬라로 불리며 고급 전기차 시장에 새바
람을 일으키겠다고 호언장담한 루시드모터스(Lucid Motors) 이야기
다. 수십 억 보너스를 받는 이 회사의 CEO는 과거 테슬라에서 모델
S와 모델X를 개발한 전 수석 엔지니어 피터 롤린슨(Peter Rawlinson)
이다. 이 뉴스를 접한 루시드 주주들은 황당함을 넘어 분노할 수밖에
없었다. 이사회의 발표대로 CEO가 큰 성과를 올렸다면 그에 합당한
보상을 주는 게 당연하다. 문제는 루시드의 실적과 주가 모두 최악의
상황으로 치닫고 있다는 데 있다.

특수목적법인(SPAC)과 합병하는 형태로 2021년 7월 미국 나스닥에 상장한 루시드는 당시 23.7달러에 첫 거래를 마쳤다. 전기차 열풍을 탄 주가는 그해 11월 55달러를 돌파하며 정점을 찍었다. 제2 테슬라의 영광은 거기까지였다. 2년여간 내리막을 탄 주가는 연초 주당 3달러 선마저 무너졌다. 상장 이후 90%에 가까운 폭락이다. 당시 루시드 주식을 산 투자자의 계좌는 녹아내렸다는 얘기다.

롤린슨은 보너스만 많이 받은 게 아니다. 2022년 그는 기본급 57만 5,000달러, 스톡옵션 550만 달러, 주식 보상 3억 7,300만 달러 등 총 3억 7,900만 달러(약 5,200억 원) 규모의 보상 패키지를 받았다. 주가가 폭락하면 성과급도 쪼그라들 수밖에 없는 구조다. 이 때문에 루시드 이사회는 보너스 명목으로 현금을 챙겨준 것이다.

과거 머스크는 X를 통해 "리더십 보상이 성과와 연결되지 않는 회사를 조심해야 한다"며 루시드를 공개 저격했다. 그는 롤린슨에 대해서도 "테슬라의 수석 엔지니어가 아니었고, 모델S 시제품이 제작된 후 들어와 상황이 어려워지기 전 떠났다"[•]고 평가절하했다. (머스크가 최근까지도 악감정을 내비친 과거 동료는 두 사람이다. 롤린슨과 테슬라 공동창업자 마틴 에버하드다.) 10여 년 전 한배를 탔던 두 남자 사이엔 어떤 일이 있었던 걸까. 또 루시드는 어떤 과정에서 탄생했을까.

[•] 피터 롤린슨은 2009~2012년 테슬라 부사장이자 모델S 수석 엔지니어였다. "테슬라 수석 엔지니어가 아니었다"는 머스크의 주장이 아예 틀린 건 아니지만, 당시 테슬라의 최대 프로젝트는 모델S 개발이었다. 애슐리 반스의 저서엔 "테슬라 직원들에게 수석 엔지니어는 머스크, 차석은 스트라우벨"이란 언급이 나온다.

기술적 재능이 있던 롤린슨

롤린슨은 1957년생으로 영국에서 태어났다. 웨일스 남부에서 자란 그는 이공계 대학인 임페리얼칼리지 런던에서 기계공학을 전공했다. 그의 첫 직장은 지금은 사라진 영국의 자동차 회사 로버그룹이었다. 1980년대 그는 재규어 차량의 디자인을 맡았고 차체 관련 엔지니어링 부문에서 경력을 쌓으며 전문가로 성장했다. 2000년 포드가 랜드로버를 인수하자 롤린슨은 회사를 떠나 직접 자동차 개발에 뛰어들었다.

그는 소수의 팀원만으로 차량 개발 기간을 단축하는 재능이 있었다. 자금난을 겪던 로터스의 프로젝트에 참여해 스포츠카 엘리스 개발을 수개월 내 성공시켰다. 기존 같으면 수년이 걸리는 작업이었다. 업계에 실력이 널리 알려지면서 롤린슨은 글로벌 자동차 회사를 상대로 개발 컨설팅 사업에 본격적으로 나섰다.

2009년 롤린슨은 테슬라 수석 디자이너 홀츠하우젠의 추천으로 머스크를 만난다. 당시 테슬라는 대중 전기 세단인 모델S 개발을 추진하고 있었지만, 자금난과 경험 부족으로 지지부진했다. 디트로이트 출신 엔지니어팀은 머스크에게 통상 신차를 개발하기 위해선 엔지니어 1,000명을 고용해야 한다고 했다. 인건비가 어림잡아 연간 1억 달러(약 1,380억 원)를 넘었다. 머스크로선 받아들일 수 없는 제안이었다.

롤린슨은 머스크에게 솔깃한 얘기를 꺼냈다. "개발 현장에 지휘관과 함께 소수 정예부대만 있으면 충분합니다. 45명이면 될 겁니다."
필요 인력이 디트로이트팀의 5%에 불과하다는 말에 머스크의 귀가
번쩍 뜨였다. 두 사람 모두 관료화된 자동차업계에 불만이 많았다.
롤린슨에겐 기술적 재능이 있었고, 머스크에겐 사업을 현실화할 비
전과 재력이 있었다. 롤린슨은 테슬라에 입사해 모델S 개발을 총괄
한다.

머스크가 롤린슨에게 주문한 모델S의 목표는 단순했다. 'BMW 5
시리즈를 이길 전기차를 만들어라'였다. 롤린슨은 기존 모델S 개발
팀이 1년간 진행한 프로젝트를 엎어버렸다. 당시 테슬라에 지분 투
자를 고려한 다임러 엔지니어들의 개발 제안도 퇴짜를 놨다. 최고의
차를 만들 수 없다는 이유였다. 머스크 역시 그를 적극 지지했다. 롤
린슨은 머스크의 스페이스X 집무실이 있는 캘리포니아주 호손에 작
업장을 차렸다. 약속했던 인원보다 두 배 많은 100여 명으로 개발팀
을 꾸렸다.

갈라선 두 남자

2년간 피 말리는 모델S 개발 작업이 진행됐다. 의기투합했던 두 남
자는 갈수록 의견 충돌이 잦아졌다. 머스크는 차량 개발 과정에서 세
세한 요구를 했고, 이를 받아줘야 했던 롤린슨은 심한 스트레스를 받
았다. 둘은 기술 이견으로 멱살잡이 직전까지도 갔다. 모델S 개발도

힘에 부친데 회사는 모델X까지 함께 개발하려 했다. 그 모든 작업이 롤린슨의 몫이었다. 야심차게 만든 모델X '걸 윙 도어'를 수정하라는 머스크의 명령에 롤린슨은 폭발하고 말았다. 그가 테슬라를 떠나겠다고 통보하자 머스크는 노발대발했다. 모델S 양산 시점이 몇 달 남지 않았는데 책임자가 떠났으니 충격을 받을 만도 했다. 당시 롤린슨에 대한 머스크의 악감정이 현재까지 이어진 셈이다.

테슬라를 떠난 롤린슨은 2013년 신생 전기차 스타트업 아티에바(Atieva)의 CTO로 자리를 옮긴다. 테슬라 출신 엔지니어들이 2007년 설립한 이 회사는 전기차 배터리와 파워트레인 개발에 집중한 부품사였다. 중국 전기버스용 배터리팩 공급이 주된 사업이었다. 모델S 개발을 이끌던 롤린슨의 가세로 배터리팩 회사는 대담한 꿈을 가지게 된다. 아티에바는 2016년 사명을 루시드모터스로 바꾸고 전기차 업체로 변신을 선언했다.

2010년대 미국 전기차 시장은 춘추전국시대였다. 테슬라가 모델S 양산에 성공하자 이에 고무된 스타트업들이 잇따라 부상했다. 상당수는 루시드처럼 테슬라 출신 인재들이 창업하거나 주요 엔지니어로 활약했다. 대표적으로 피스커 오토모티브, 패러데이 퓨처 등이다. 대부분 중국 자본이 투자금을 댔다. 하지만 이들은 자금난과 양산 문턱을 넘지 못하고 파산 또는 매각 위기에 처했다. 머스크가 지적한 대로 "자동차 대량 생산의 고통에 비하면 시제품 개발은 식은 죽 먹기"였던 셈이다.

전기차 경쟁 업체들의 침몰 속에도 루시드가 살아남은 비결은 뭘까. 롤린슨 같은 걸출한 엔지니어의 존재가 한몫했겠지만, 더 중요한 요인은 막대한 자금력을 갖춘 오일 머니다. 2018년 사우디아라비아 국부펀드(PIF)는 루시드에 10억 달러(약 1.38조 원)를 투자해 지분 60%를 확보했다. 변방의 루시드가 전국구 회사로 이름을 알린 순간이었다. 새 CEO엔 롤린슨이 임명됐다. 루시드는 이 자금을 바탕으로 애리조나주에 전기차 공장을 건립할 수 있었다. 앞서 소개한 대로 2021년 스팩을 통한 나스닥 상장에도 성공한다.

생산 지옥을 넘을 수 있을까

루시드는 럭셔리 전기차 공략을 선언했다. 초기 테슬라가 2인승 스포츠카 로드스터에 이어 고급 세단 모델S를 개발한 것과 비슷한 전략이다. 고급차를 통해 인지도를 올린 뒤 대중차로 확장하겠다는 계산이었다. 2020년 루시드는 모델S 대항마로 전기 세단 '루시드 에어'를 공개한다. 고급스러운 외관과 실내 디자인은 대중의 큰 관심을 모았다. 현재 3종의 트림이 판매 중으로 최고 출력 1,050마력, 제로백은 2.6초다.• LG에너지솔루션의 리튬이온 배터리를 장착했다.

루시드의 호시절은 길지 않았다. 머스크가 언급한 대로 문제는 생산이었다. 이 회사는 애리조나 공장의 생산 능력을 최대 9만 대까지

• 테슬라 모델S 고성능 트림인 플래드의 제로백은 2.1초다.

늘릴 것이라고 밝혔다. 하지만 2023년 한 해 루시드가 생산한 차량은 고작 8,400대, 판매량은 6,000대에 불과했다. 2024년 생산 목표도 9,000대 수준이다. 고금리 환경에 전기차 시장이 위축되자 루시드 같은 고가의 차량이 큰 타격을 입은 것이다. 루시드 에어의 시장 가격은 7만 7,000달러(약 1억 원)다. 머스크는 루시드의 적자 폭이 커지자 X에 "사우디 슈가 대디가 그들을 연명시키는 유일한 존재"라며 "그리 오래가지 못할 것"이라고 조롱하기도 했다.

그의 말대로 사우디 큰손이 버티고 있는 루시드가 쉽사리 무너지진 않을 것으로 보인다. 우선 PIF 계열사에서 10억 달러의 자금을 추가로 유치할 계획이다. 2023년 사우디아라비아에 전기차 공장을 세웠고 최근 신차도 공개했다. 7인승 대형 전기 SUV '그래비티'로 모델X를 겨냥한 럭셔리 차량이다. 루시드에 따르면 1회 충전으로 708킬로미터 주행이 가능하다. 글로벌 자동차 시장이 세단에서 SUV로 중심축이 이동한 만큼 실제 출시한다면 루시드 에어보다 큰 파급효과를 가져올 수도 있다.

루시드가 생산 지옥과 수요 절벽을 뚫고 '테슬라 대항마' 자리에 오를 수 있을까. 단기간 내엔 어려운 게 현실이다. 전문가들은 자동차업체가 수익을 내기 위해선 연간 50만 대 이상을 생산해야 한다고 보고 있다.[*] 아직 한 해 1만 대도 만들지 못한 루시드가 규모의 경제를 달성하는 게 녹록지 않다는 것이다. 무엇보다 가성비로 무장한 중

● 테슬라가 본격 흑자를 낸 2020년 한 해 생산량은 49만 9,647대였다.

국 전기차의 약진이 루시드의 발목을 잡고 있다. 전기차 가격이 하락하면서 고가 차량의 매력이 떨어지고 있어서다. 전기차 선두 테슬라도 중국차의 가격 공세를 막아내는 게 버거운 상황이다. 이 때문에 머스크는 FSD라는 기술적 해자를 만들려 노력 중이다. 롤린슨의 루시드는 이 파고를 어떻게 넘을지 주목된다.

4장

패스트 팔로어 현대차의 야심

현대차가 꽤 잘하고 있다(Hyundai is doing pretty well).

머스크가 2022년 6월 날린 트윗이다. 그는 현대차가 그해 1분기 미국 전기차 시장에서 점유율 2위를 차지했다는 뉴스 이미지가 포함된 트윗에 이 댓글을 남겼다. 당시 이 트윗은 국내 언론에서 화제가 됐다. 기사의 대부분은 전기차 시장의 리더이자 혁신가인 머스크가 현대차를 라이벌로 인정했다는 논조였다. 그러나 실상은 국내 언론의 기대와 거리가 있었다. 머스크는 트위터로 농담을 즐긴다. 그가 댓글을 단 트윗은 미국 완성차 GM을 조롱하는 내용이었다. 이에 머스크는 슬쩍 현대차를 언급하며 '순위에 없는 GM 전기차는 안중에도 없다'는 뉘앙스의 답을 남긴 것이다. 테슬라가 압도적인 격차로 1위를 한 것에 대한 자신감이었다.

머스크의 의중이 어찌 됐든, 현대차가 잘 나가는 것은 팩트다. 미국 자동차 매체 켈리블루북에 따르면 2023년 미국 시장에서 현대차그룹은 전기차 판매 점유율 7.8%로 2위를 차지했다.[•] 현대차가 최대 7,500달러의 인플레이션 감축법(IRA) 세제 혜택을 받지 못한 점을 고려하면 인상적인 수치다. 현대차의 실질적 경쟁사인 일본의 도요타는 톱10에도 진입하지 못했다. 이유는 무엇일까. 시장은 거짓말을 하지 않는다. 현대차그룹이 출시한 전기차 아이오닉 5와 EV6가 현지에서 잘 팔렸기 때문이다.

아이오닉 5는 현대차그룹이 전기차 전용 플랫폼 E-GMP를 처음 적용한 모델로 2022년 출시됐다. 이 차는 2022 월드카 어워즈(WCA)에서 '세계 올해의 차', '세계 올해의 전기차', '세계 올해의 자동차 디자인'에 선정되며 총 6개 부문 중 3개 부문을 석권했다. 이 상은 글로벌 3대 자동차 상으로 그 권위와 의미가 작지 않다. 아이오닉 5는 이전에도 '독일 올해의 차', '영국 올해의 차'에 선정되는 등 유럽에서도 호평이 이어졌다.

전기차 개발 30년사

일부 테슬라 열성 팬들은 말한다. 테슬라가 전기차만 개발한 지 벌써

[•] 2023년 미국 전기차 시장 판매 1위는 테슬라로 55.1%를 점유했다. 3위는 포드(6.1%), 4위는 GM 쉐보레(5.3%)였다.

20년인데 내연기관만 목매던 완성차업체들이 무슨 수로 뒤따라오겠냐고. 테슬라의 기술력을 강조할 때 흔히 펴는 논리 중 하나다. 전기차는 그러나 근래에 나온 기술이 아니다.

전문가들은 1888년 독일의 발명가 안드레아스 플로켄(Andreas Flocken)이 만든 '플로켄 일렉트로바겐'을 최초의 전기차로 보고 있다. 1886년 칼 벤츠(Karl Benz)가 만든 최초의 자동차인 '페이턴트 모터바겐'과 시기적으로 큰 차이가 없다. 1900년대 초엔 미국에서 굴러다니는 자동차의 38%가 전기차였다. 1913년 '자동차 왕' 헨리 포드가 가솔린엔진 차를 대량 생산하면서 전기차는 도로에서 자취를 감춘다. 100년 전 전기차가 시장에서 밀린 것일 뿐, 하늘에서 뚝 떨어진 기술이 아니라는 얘기다. 미국 자동차 3사는 모두 전기차 기술을 보유하고 있었다. 1970년대 중동 석유 파동으로 전기차에 관심이 커지자 일부 모델을 소량 생산하기도 했다. 전기차를 제대로 부활시킨 건 1990년대 미국 캘리포니아주의 대기자원위원회(CARB)다. 완성차 기업들은 무공해 차량을 일정 수량 생산해야 한다는 규제를 받았다. 이로써 전기차 산업의 토대가 닦였다.

그렇다면 현대차는 언제부터 전기차를 만들었을까. 현대차 공식 블로그에 따르면 1991년 쏘나타 전기차가 시초다. 미래형 무공해 자동차 개발을 목표로 한 연구용이었다. 이후 엑센트 전기차, 싼타페 전기차가 현대차의 R&D센터인 남양연구소에서 차례로 개발됐다. 현대차는 2011년 첫 양산형 전기차인 블루온, 2016년 아이오닉 일렉트릭, 2018년 코나 일렉트릭을 출시한다. 정리하면 현대차의 전기

테슬라 리부트

차 개발 짬밥은 30년에 달한다.

물론 이 전기차들은 내연기관 차량의 플랫폼을 활용한 개조형 모델이었다. 엔진 등을 들어내고 그 자리에 전동모터와 배터리 시스템을 끼워 넣었다. 테슬라 같은 순수 전기차 플랫폼 차량에 비해 배터리 효율과 주행 성능이 떨어질 수밖에 없었다.

현대차의 전기차 전략은 2018년 정의선 회장이 경영 전면에 나서면서 일대 변화를 겪는다. 현대차는 기획, R&D, 상품 전략까지 총괄하는 전기차 전담 조직을 신설했다. 2019년엔 연구 개발 조직도 대폭 강화했다. 오너가 주축이 되어 그룹 역량을 전기차에 쏟아부은 것이다. 그 결과가 전기차 전용 플랫폼 E-GMP를 적용한 크로스오버 유틸리티차량(CUV) 아이오닉 5와 세단 아이오닉 6다.

아이오닉 5는 현대차가 작심하고 만든 전기차다. 경쟁사의 모든 전기차 사례를 분석하고 보완해 완성도를 높였다. 전용 플랫폼을 탑재해 배터리 무게 밸런싱, 배터리에 최적화된 충격 흡수, 실내 기어박스 제거 등을 구현했다. 캠핑과 차박을 위해 차량 전원도 활용할 수 있다. 현재 보조금 포함 4,000만 원대로 가격 측면에서도 대중화를 꾀했다.

현대차의 테슬라 배우기

현대차가 미국 전기차 시장에서 2위를 달성한 것은 시장 트렌드를 빠르게 읽고 뒤따라간 덕분이다. 이른바 '패스트 팔로어' 전략이다. 아이오닉 5 개발을 진두지휘한 정 회장은 미래 모빌리티 기술에 대한 의지가 매우 강한 것으로 알려졌다.

대표적인 사례가 현대차의 테슬라 배우기다. 2022년 말 한 국내 언론은 현대차·기아 임원들이 테슬라를 타고 서울 양재동 사옥을 출퇴근하고 있다고 보도했다. 정 회장이 "임원들이 테슬라를 직접 타보고 장단점을 보고하라"고 지시했기 때문이다. 현대차는 모델3와 모델Y 60여 대를 리스했고 임원 1인당 1~3개월간 빌려줬다. 이 시승 행사는 200명 임원을 대상으로 1년간 진행됐다. 타사 차량 이용을 꺼리는 보수적인 완성차 회사 문화에서 이례적인 사건이었다. 자존심은 접어두고 전기차 1등 회사를 철저히 배우겠다는 의도였다. 당시 이 뉴스는 테슬라 커뮤니티에서도 화제가 됐다.

일각에선 애플의 '아이폰 쇼크' 이후 몰락한 노키아의 휴대폰 사업을 예로 들며, 현대차가 전기차라는 대세를 놓치지 않겠다는 의지로 해석했다. 2007년 애플이 아이폰을 내놓자 발 빠르게 뒤쫓아간 삼성전자와 과거의 영광에 머문 노키아가 어떤 다른 길을 걸었는지 소비자들은 똑똑히 기억하고 있다. 삼성전자는 구글을 업고 글로벌 스마트폰 시장 1위에 올랐다. 반면 노키아는 휴대폰 사업부가 MS에 팔리며 한순간에 몰락하고 말았다.

물론 패스트 팔로어 전략은 리스크가 엄존한다. 선두 기업이 진짜 혁신을 이끌지, 반짝 트렌드로 저물지 아무도 알 수 없기 때문이다. 이 때문에 현대차는 전기차 외에 또 다른 미래 차 사업을 준비 중이다. 바로 수소전기차다. 수소는 어디서나 구할 수 있는 무한 에너지이자 오염 물질을 배출하지 않는 청정에너지다. 수소의 질량당 에너지 밀도는 휘발유의 4배로 효율이 높다. 수소를 에너지로 사용하기 위해선 연료전지가 필요하다. 수소를 넣으면 전기가 나오는 발전기로 장시간 충전할 필요가 없다. 이 점이 전기차보다 유리하다. 전문가들은 대체로 주행 거리가 짧은 도심 주행엔 전기차, 주행 거리가 긴 버스나 트럭 등 장거리 대형 차량엔 수소전기차가 유리하다고 보고 있다.

현대차는 2022년 수소전기트럭 '엑시언트'의 국내 판매를 시작했다. 그해 테슬라가 펩시코에 세미 트럭을 인도하자 출시 일정을 앞당겼다. 엑시언트는 2020년 스위스에서 운행을 시작한 뒤 2년 만에 누적 주행 거리 500만 킬로미터를 넘은 세계 유일 양산형 수소트럭이다. 삼성증권에 따르면 수소차 양산 기술을 갖추고 있는 완성차업체는 현대차와 도요타가 유일하다. GM의 연료전지 원천 기술은 세계 최고 수준이지만 수소전기차를 양산한 적은 없다.

테슬라가 일으킨 친환경 모빌리티의 물결은 지연될 수 있어도 거스를 순 없는 대세다. 자동차 최대 시장인 미국과 중국에서 변화가 일어나고 있기 때문이다. 현대차는 적어도 노키아의 길로 가지 않겠다고 결심한 듯하다. 그 성과는 조금씩 드러나고 있다. 다른 글로벌 완성차 브랜드 중 현대차만큼 전기차와 수소차 등 미래 차에 진심인 곳이 보이지 않는다.

정의선의 꿈, 모빌리티 솔루션 기업

정 회장의 관심은 비단 미래 차뿐만이 아니다. 그는 2023년 일산 킨텍스에서 열린 서울모빌리티쇼를 예고 없이 깜짝 방문한 적이 있다. 서울모빌리티쇼는 국내 최대 규모 자동차 전시회다. 정 회장의 방문은 2019년 이후 4년 만이었다. 자동차 기업 수장이 자동차 전시회를 찾은 게 특별한 일은 아닐 것이다. 하지만 이날 그의 전시회장 동선을 살펴보면, 향후 현대차가 어떤 큰 그림을 그리고 있는지 짐작할 수 있다.

정 회장은 메르세데스벤츠, BMW 등 수입차 브랜드 부스를 들른 뒤 현대차그룹 계열사 부스를 찾았다. 이후 그의 시선을 끈 것이 있었다. 바로 테슬라가 2022년 9월 AI 데이에 공개한 테슬라봇 옵티머스다. 당시 머스크는 2만 달러 가격으로 3~5년 내 테슬라봇 수백만 대를 생산할 계획이며 인류 문명이 근본적으로 바뀔 것이라고 밝힌 바 있다.

"이 테슬라봇은 실제 움직이는 건가, 모형인가?" 정 회장의 질문에 함께 온 현동진 현대차 로보틱스랩장은 '아직 다이내믹한 동작을 하기에는 한계가 있는 것으로 안다'고 설명했다. 정 회장은 고개를 연신 끄덕이며 옵티머스에서 한참 동안 눈을 떼지 않았다.

정 회장은 그동안 로봇 기술에 깊은 애정을 보였다. 현대차그룹은 전통적인 자동차 기업을 넘어 미래 모빌리티 솔루션 회사로 도약하려 한다. 로봇 기술은 그 변화의 중심에 있다. 2021년 현대차가 미국 로봇 기업 보스턴다이내믹스를 인수한 것도 이 같은 이유에서다. 정 회장은 당시 사재 2,490억 원을 투자할 정도로 로봇에 진심이었다. 현대차는 서울모빌리티쇼에서 자동차 외에 세 종류의 로봇을 공개했다. 그룹의 차세대 모빌리티 연구 조직인 로보틱스랩이 개발한 배송 로봇과 전기차 자동 충전 로봇, 그리고 보스턴다이내믹스의 로봇 개 스팟이다.

혁신은 어디에서 오는가

정 회장의 발길은 대기업에 그치지 않았다. 한국과학기술원(KAIST) 전시관에선 자율주행차 플랫폼을 유심히 살폈다. 국내 전기차 중소기업인 마스타전기차 부스에서 장기봉 회장을 만나 "배터리는 어느 회사 것을 사용하고 있나, 판로는 어떻게 개척했는가"라고 물으며 격려를 아끼지 않았다. 2018년 설립된 이 회사는 전기차 파워트레인 일부와 디자인을 자체 개발하고 국내 천안 공장에서 생산하고 있다.

90분간의 관람을 마치고 출구로 나서던 정 회장은 한 부스에서 발걸음을 멈췄다. 보스턴다이내믹스의 경쟁사인 고스트로보틱스의 사족보행 로봇 '비전 60'을 본 것이다. 정 회장은 비전 60이 발을 구르고 움직이는 모습을 유심히 지켜봤다. 수심 1미터에서도 작동한다는 이야기를 듣고 그는 "그것만 해도 대단하다"고 말했다.

이 로봇 개는 서울모빌리티쇼를 찾은 아이들에게 그 어떤 제품보다 큰 인기를 누리고 있었다. 일반 관람객들이 방문한 주말에 현장을 찾은 나는 수많은 어린이가 호기심에 찬 눈빛으로 이 로봇 개를 쓰다듬고 환호성을 지르는 걸 지켜봤다. 어른들이 번쩍이는 자동차에 정신이 팔린 사이, 아이들은 전기차 충전 로봇을 보며 손뼉을 치고 옵티머스와 함께 인증샷을 찍었다.

미래는 이미 우리 곁에 와 있었다. 이 아이들이 어른이 될 무렵엔 지금의 자동차 기업은 아주 많이 다른 모습일지 모른다. 정 회장은 그 변화를 주도할 수 있을 것인가. 그의 이날 동선에 한 번 더 눈이 가게 된다.

테슬라 리부트

5장

과거의 롤 모델, 애플의 굴욕

새로운 AI 혁명의 시대, 애플은 어떤 꿈을 꾸고 있는가.

21세기 최고의 혁신 아이콘 애플은 오랜 기간 테슬라의 롤 모델이었다. 대다수 실리콘밸리의 창업자가 그러했듯, 머스크 역시 잡스를 흠모했다. 두 남자는 비슷한 구석이 있었다. 생전에 잡스와 머스크를 모두 인터뷰하고 전기를 쓴 아이작슨은 다음과 같이 평했다. "잡스와 머스크는 직원들을 미치게 하지만 불가능하다고 생각하는 일을 해내게 만드는 '현실 왜곡장(reality distortion field)'•을 갖췄다. 동료

• 현실 왜곡장(reality distortion field)은 스티브 잡스가 애플 직원들을 격려하고 때론 몰아붙여서 불가능한 일을 하게 만든 독특한 리더십을 표현한 말이다. 원래는 미국 드라마 〈스타트렉〉에서 외계인이 초능력으로 현실을 실제와 다르게 보이게 만드는 걸 지칭한 용어였다.

와 경쟁자 모두에게 각을 세우는, 똑똑하지만 까다로운 보스다."

테슬라가 전기차로 큰 성공을 거두자 주가는 무섭게 치솟았다. 2021년 시가총액 1조 달러를 돌파하며 미국 기업 시총 5위까지 등극한다. 2003년 소박하게 시작한 전기차 스타트업은 어느새 애플의 잠재적 경쟁자 위치에 올랐다. 사람들은 테슬라가 그냥 자동차가 아닌 바퀴 달린 컴퓨터 또는 아이폰이라고 말하기 시작했다. 테슬라의 비즈니스 모델은 전기차를 최대한 많이 보급해 모빌리티 서비스로 돈을 버는 것이라 했다. 미래 차의 하드웨어와 소프트웨어를 모두 장악하는 플랫폼 기업이 되겠다는 의도였다.

과거 아이폰으로 피처폰과 노키아를 무너뜨리고 모바일 혁명을 이끈 애플로선 섬뜩한 이야기들이었다. 무엇보다 테슬라엔 머스크가 있지만, 애플엔 이제 잡스가 없다. 오랫동안 테슬라의 행보를 눈여겨본 애플은 2014년 자사의 명운을 건 비밀 프로젝트를 추진한다. 바로 완전자율주행 전기차 개발을 목표로 한 '타이탄 프로젝트'였다.

테슬라 인수 고려했던 애플

잡스와 스티브 워즈니악(Steve Wozniak)은 차고에서 세계 최초의 개인용 컴퓨터를 만들었다. 애플 컴퓨터의 시작이었다. 맥북, 아이폰, 아이패드, 에어팟, 애플워치 등 수많은 신개념 기기들이 대중을 사로잡았다. 애플은 혁신 기업의 상징과도 같은 존재였다. 생전에 잡스는 말했다. "우주에 흠집을 내는 제품을 만들어야 한다." 그의 유산은 점진적 개선이 아니었다. 2011년 잡스 사후에 애플 구성원들은 세상에 없는 무언가를 내놓아야 한다는 강박관념에 시달렸다.

잡스에 이어 애플 CEO가 된 팀 쿡은 2014년 한 방송 인터뷰에서 다음과 같이 밝혔다. "나는 매일같이 잡스를 생각합니다. 그는 애플 DNA에 깊이 남아 있습니다. 회사에서 아무도 모르게 작업하는 제품들이 있습니다. 일부는 창고로 직행하겠지만 나머지는 위대한 제품이 될 겁니다." 당시 쿡이 말한 비밀 프로젝트 중 하나가 바로 타이탄 프로젝트로 알려진 애플카였다. 최초의 애플카 아이디어도 생전에 잡스가 내놓은 것이었다.

CFO 출신인 쿡은 돌다리도 두들겨보고 건너는 사람이었다. "그레이엄 벨(Graham Bell)이 시장 조사 같은 걸 하고 전화를 발명했나?"라며 직관을 중시하던 잡스와는 애초에 결이 달랐다(사업이 떠오르면 곧바로 실행에 옮기는 머스크와 닮은 점이다). 자동차 사업 진출을 타진하기 위해 여러 옵션을 고민했다. 애플이 뒤늦게 뛰어들어 시장을 장악할 수 있을지가 문제였다.

이 때문에 애플은 한때 테슬라 인수를 고려했다. 당시 테슬라의 시장 가치는 300억 달러(약 41조 원) 미만으로 현재의 5%에 불과했다. 오랫동안 재정 위기에 시달린 데다 성공 여부를 확신할 수 없는 전기차 기업이었다. 2,400억 달러가 넘는 현금을 보유한 애플엔 사실 큰 베팅은 아니었다. 하지만 머스크는 테슬라를 넘기는 조건으로 본인이 애플 CEO를 해야 한다고 주장했다. 협상은 허무하게 끝났다.

이후 2017년 테슬라는 모델3 생산 지옥에 빠지며 최악의 자금난을 겪는다. 다급해진 머스크는 쿡에게 '공손하게' 테슬라 인수를 타진했다. 머스크는 인수 금액으로 600억 달러(약 83조 원)를 제시했지만 쿡은 시큰둥한 반응을 보였다. 애플이 이미 전기차 개발 프로젝트를 가동했기 때문이었다. 오히려 테슬라에서 모델3 개발을 총괄한 수석 엔지니어 더그 필드(Doug Field)를 영입했다.

10년 공들인 애플카, 허무하게 사라지다

애플은 자동차의 '마지막 공룡'이 아닌 '최초의 새'를 만들길 원했다. 프로젝트 초기엔 레벨5 수준의 완전자율주행 전기차 개발을 목표로 했다. 핸들과 페달이 없는 자동차였다. 애플의 최고디자인책임자(CDO)였던 조너선 아이브(Jonathan Ive)는 폭스바겐의 마이크로버스를 현대적으로 해석한 디자인을 선보였다. 4명이 탑승할 수 있고 내부엔 거대한 TV 화면이 장착됐다. 이후 차량 디자인은 여러 차례 바뀌었다.

2015년 개발 인력을 모으면서 애플카 출시 시점은 5년 뒤인 2020년으로 잡았다. 애플은 이 프로젝트에 매년 10억 달러(약 1조 3,800억 원)의 자금을 쏟아부었다. 10년 전 애플 R&D 예산의 20%에 달하는 막대한 규모였다. 그러나 자율주행 개발은 끝이 보이지 않는 여정이었다. 2024년 현재까지 그 어떤 완성차 기업도 레벨5를 구현하지 못한 점을 생각하면 천하의 애플도 벅찬 목표였다. 출시일은 수차례 연기됐고 자율주행 수준도 레벨4, 레벨3에 이어 레벨2까지 낮춰 잡았다. 사실상 테슬라 등 완성차와의 기술적 격차를 인정한 것이었다. 애플 내부에선 '테슬라 모조품'이라는 혹독한 평가가 나왔다.

차량 제조도 넘기 어려운 벽이었다. 스마트폰과 노트북 등 IT 디바이스만 만들어온 애플에 자동차는 큰 도전이었다. 무엇보다 아이폰 등 주력 제품의 제조는 중국과 인도 등 아시아 국가에서 맡고 있다. 에버하드 등 초창기 테슬라 창업자들처럼 애플 역시 자동차 생산을 외주 업체에 맡기려고 했다. 애플이 접촉한 완성차업체는 현대차그룹, 폭스바겐, 혼다, 마쓰다, GM, PSA 등이었다. 2021년 기아가 애플카 생산의 유력 협력 업체로 떠오르며 주가가 급등하기도 했다.

애플은 완성차업체와 협력이 아닌 사실상 하청 수준의 관계를 원했다. 잡스 시절부터 고집스럽게 지켜온 비밀주의 원칙 때문이었다. 애플이 주요 공정의 통제권을 갖고 소프트웨어 접근도 차단했다. 전기차 버전의 폭스콘이 되길 요구한 것이다. 자존심 센 완성차 기업들이 이를 받아들일 리 없었다. 협상은 번번이 결렬됐다.

사내에서도 '돈 먹는 하마'인 애플카 프로젝트에 대한 회의론이 날로 커졌다. 2021년 9월 수장이었던 필드가 돌연 퇴사해 포드로 이직했다. 쿡을 비롯한 고위 임원들이 더는 힘을 실어주지 않는다고 판단했기 때문이었다. 이후 하드웨어, 레이더, 배터리 시스템 엔지니어들이 줄줄이 퇴사했다. 2024년 2월 애플은 결국 10년간 공들인 애플카 개발을 포기하기로 결정하고 프로젝트팀을 해산했다. 목표로 했던 자율주행 구현이 어려운 데다 투자 대비 이익이 크지 않다는 판단을 내렸다는 분석이다.

저물어가는 혁신, AI 굴욕까지

애플이 전기차 개발을 접은 또 다른 이유는 뒤처진 AI 때문이다. 과거 애플은 선구적으로 아이폰에 음성비서 시리를 집어넣었고, 지문 판독과 얼굴 인식 기능 등을 위해 AI 소프트웨어를 사용했다. 그런 애플이 거대언어모델(LLM)과 생성형 AI 경쟁에서 MS와 구글 등에 크게 밀린 것으로 평가받고 있다. 심지어 머스크가 2023년 xAI를 설립하고 챗봇 그록을 선보이며 AI 전쟁에 가세했을 때도 애플은 뒷짐만 지고 있었다.

애플이 주력한 것은 AI보다 메타버스였다. 2024년 2월 혼합현실(MR) 헤드셋 '비전 프로'를 야심차게 선보였다. 시장의 반응은 냉랭했다. 3,500달러의 비싼 가격과 무거운 무게가 걸림돌이었다. 애플 전문 분석가인 궈밍치 TF인터내셔널증권 연구원은 애플이 2024년 비전 프로 출하량을 40만~45만 대로 줄였다고 전했다. 이는 시장 전망치 70만~80만 대와 비교해 낮은 수치다.

시장은 그래도 애플이 회심의 AI 카드를 꺼낼 것으로 기대했다. 쿡이 애플카 프로젝트를 접은 다음 날 주주총회에서 생성형 AI에 상당한 투자를 하고 있다고 밝혔기 때문이다. 애플카 개발에 참여한 직원은 2,000명에 달했다. 애플은 이들을 AI 관련 부서에 재배치한다고 전했다. 이미 스위스 비밀 연구소에서 수년 전부터 생성형 AI를 연구 중이었다는 보도도 나왔다. 애플이 과거부터 그래왔듯 '원 모어 씽(One more thing)'이 나올 타이밍이었다.

하지만 이후 애플 팬과 주주들이 받은 소식은 전혀 다른 방향에서 충격적이었다. 애플이 AI 자체 개발이 아닌 구글의 제미니와 오픈AI의 챗GPT를 차세대 iOS에 적용하기 위해 협상을 하고 있다는 뉴스였다. 빅테크 기업들이 사활을 걸고 개발에 나선 AI를 애플은 외부 기업에 의존한다는 얘기다. 애플이라고 왜 자체 AI를 넣고 싶지 않았겠는가. 그러기엔 경쟁사 대비 성능이 크게 뒤떨어졌을 가능성이 크다. 추격을 위해 당장은 시간을 벌기로 결정한 것이다.

잡스의 애플은 늘 독자적인 생태계를 구축하려 했다. 그렇게 탄생한 것이 애플 기기에서만 호환되는 운영체제인 iOS였다. 그것은 전 세계에 걸쳐 열성적인 애플 팬들을 탄생시켰다. 테슬라를 일으킨 주역들도 그 팬들의 일부였다. 이제 잡스는 없고 그의 꿈이었던 애플카는 무산됐다. 마법 같은 유산인 아이폰은 성장이 정체되고 있다. 새로운 AI 혁명의 시대, 애플은 어떤 꿈을 꾸고 있는가.

최후의 라이벌은 MS인가

머스크 아직도 테슬라에 5억 달러(약 6,900억 원) 공매도를 하고 있
어요?

게이츠 유감이지만 끝내지 않았네. 자선 사업에 대해 논의하고 싶
네만….

테슬라의 CEO 머스크와 MS 공동창업자 빌 게이츠. 실리콘밸리의
전·현직 전설이자 세계 최대 갑부들이다. 2022년 4월 이들이 문자
메시지로 충돌한 사건은 세간의 관심을 모았다. 머스크는 전기차·
태양광 등 친환경 에너지 사업의 선두 주자다. 게이츠는 세계 최대
사립 자선 단체 빌&멀린다 게이츠재단을 운영하며 기후 변화의 위
험성을 알리는 환경 지킴이로 활동 중이다. 공통점이 더 많아 보이는
두 거물은 최근 몇 년 사이 티격태격 신경전을 벌였다. 두 남자 사이

에 도대체 무슨 일이 있었던 걸까.

갈등의 씨앗은 2020년 초 전 세계 코로나19 바이러스가 번지던 시기에 뿌려졌다. 당시 머스크는 "코로나 사망자가 과장됐으며 봉쇄령은 불필요하다"는 주장을 폈다. 그해 3월 캘리포니아주에서 테슬라 프리몬트 공장의 폐쇄 명령을 내린 데 대한 반발이었다. 이에 게이츠는 "잘 모르면 하던 일에나 집중하라"고 핀잔을 줬다. 머스크도 "얼간이"라며 즉각 맞받아쳤다.

게이츠는 그해 9월 블룸버그와의 인터뷰에서 "머스크를 제2의 스티브 잡스로 보는 의견에 대해 어떻게 생각하는가"라는 질문에 이렇게 답한다. "잡스는 디자인을 포함해 사람을 잡아끌고 마케팅을 하는 데 천재였고, 머스크는 직접 부딪치고 실천하는 엔지니어라고 할 수 있다." 여기까진 그럭저럭 괜찮았다. 그는 "전기차는 중요하지만, 상대적으로 쉬운 산업이다. 테슬라가 이익을 내는 문제는 투자자들의 관심사일 뿐 기후 변화의 문제는 아니다"라고 선을 그었다. 테슬라의 성장과 녹색 경제는 상관이 없다고 평가절하한 것이다.

머스크와 게이츠

게이츠의 은근한 '테슬라 디스'는 여기서 그치지 않았다. 자신의 블로그에 "전기차가 설사 배터리 기술에 큰 발전이 있어도 대형 화물차나 여객기와 같은 운송 수단의 대체재가 되기는 힘들 것"이라고 적었다. 테슬라는 당시 중요 기술 행사인 배터리 데이를 앞두고 있었다. 게이츠의 전기트럭 발언을 묻는 트윗에 머스크는 "그는 전혀 아는 게 없다"고 불편한 심기를 드러냈다.

게이츠는 머스크의 로켓 회사 스페이스X에 대해서도 비판했다. 그는 〈뉴욕타임스〉 팟캐스트에 출연해 "우주여행이나 화성 탐사보다 백신과 기후 변화에 돈을 쓰겠다. 테슬라가 기후 변화에 공을 세운 건 맞지만 승용차같이 쉬운 분야"라고 비꼬았다.

게이츠는 왜 머스크의 발언에 계속 딴죽을 걸었던 걸까. 우선 갈수록 커지는 머스크의 영향력에 대한 견제로 볼 수 있다. 머스크는 테슬라 주가의 고공행진에 힘입어 2021년 게이츠를 제치고 세계 부호 1위에 올랐다. 2020년 초만 하더라도 그의 재산은 세계 35위였으니 짧은 기간에 막대한 부의 상승을 이룬 셈이다. 게이츠로선 '친환경 기업인'이라는 아이콘을 머스크에게 빼앗긴다는 불안감이 들었을 수 있다.• 그는 전기차 기업에 투자하는 '쉬운 방법'으론 기후 변화를 막을 수 없다는 생각이 확고하다.

머스크는 마치 선생님처럼 잔소리하는 게이츠가 얄미웠던 듯하다. 앞에선 기부를 부탁한 게이츠가 뒤로는 테슬라 주식을 공매도했다는 얘기에 더는 참지 못하고 문자로 따진 것이다. 게이츠는 이를 사과했지만 끝내 공매도를 거두진 않았다. 그는 전기차의 공급이 수

• 아이작슨의 《일론 머스크》에 따르면 게이츠는 머스크에 대해 "우리 시대에 과학과 혁신의 한계를 뛰어넘기 위해 그보다 더 많은 일을 한 사람은 없다"며 높이 평가하기도 했다.

요를 앞질러 차량 가격이 하락할 것으로 봤다. 테슬라를 공매도하면 돈을 벌 수 있다고 판단한 것이다. 돈 앞에선 냉정한 게이츠의 면모를 엿볼 수 있는 일화다.

나델라의 MS, 클라우드로 변신 성공

머스크가 처음부터 게이츠와 MS에 악감정을 품었던 것은 아니다. 두 남자는 과거에도 몇 차례 교류한 적이 있었다. 게이츠의 저돌적이며 때론 잔인했던 경영 방식은 머스크와 통하는 구석이 있었다. 머스크는 다른 실리콘밸리 IT 종사자들과 달리 MS와 윈도를 좋아하기도 했다.

MS는 1980년대 'MS-DOS'에 이어 1990년대 윈도로 컴퓨터 운영체제(OS) 시장을 사실상 독점했다. 2000년 전후 닷컴 붐 시기엔 윈도에 인터넷 익스플로러를 결합해 웹브라우저까지 장악했다. 넷스케이프 등 중소 경쟁사들은 시장 선점을 하고서도 거대 기업 MS에 밀려 역사의 뒤안길로 사라졌다. 게이츠와 2대 CEO 스티브 발머(Steve Ballmer)는 경쟁사를 시장에서 퇴출할 수 있다면 수단과 방법을 가리지 않았다. 당연히 실리콘밸리에서 MS에 대한 이미지가 좋을 수 없었다. 잡스 시절 혁신에 몰두한 '해적 이미지'를 가진 애플이 개발자들에게 환영받은 이유이기도 했다.

반면 테슬라와 MS는 크게 부딪칠 일이 없었다. 전기차 기업과 SW

기업은 서로의 영역이 달랐다. 그러나 테슬라가 2014년부터 자율주행 개발에 뛰어들면서 상황은 달라졌다. 이 회사는 기존의 라이다 대신 AI로 자율주행을 달성하려 했다. 특히 머스크가 AI에 깊은 관심을 보였다. 이때부터 테슬라는 차량 제조에서 SW 쪽으로 조금씩 운전대를 틀기 시작한다. 2015년 머스크는 비영리 AI 연구 기관인 오픈AI 설립에 참여했고 이듬해엔 마스터플랜2를 통해 자율주행과 로보택시 비전을 밝혔다.

MS의 사정은 어땠을까. 게이츠가 1975년 창업해 세계 최대 IT 기업에 오른 이 회사는 2010년대 들어 성장동력이 떨어지며 오랜 암흑기를 겪는다. 애플이 주도한 모바일 혁명에 PC 시장이 쪼그라든 탓이었다. 주력 사업이었던 컴퓨터 OS와 오피스가 모두 부진을 겪었다. 야심차게 선보인 윈도폰과 태블릿도 애플과 구글에 밀려 모두 실패했다. 잔인했던 IT 공룡은 그렇게 퇴장하는 듯 보였다.

이때 MS의 구원투수로 등판한 인물이 3대 CEO인 사티아 나델라(Satya Nadella)다. 그는 MS의 새 성장동력으로 클라우드 서비스를 내걸었다. 이어 모바일 시대엔 개방과 협력이 절실하다고 봤다. 시장 파이를 키우기 위해 전임들의 폐쇄·독점주의 노선을 과감히 폐기했다. MS는 애플 iOS와 구글 안드로이드 앱에서 사용 가능한 오피스를 선보였다. 기울어가던 MS는 어느새 클라우드 컴퓨팅 & 솔루션 기업으로 변신에 성공했다.

테슬라 리부트

오픈AI 통제하는 MS

MS는 AI에도 관심을 쏟았다. 하지만 이 분야는 라이벌 구글이 한참이나 앞서 있었다. 나델라는 이번에도 자체 노선보다 협업을 택했다. 머스크가 참여한 오픈AI에 지분 투자를 타진한 것이다. 앞서 2부에서 소개했지만 비영리 연구소인 오픈AI는 향후 노선을 놓고 내부에서 갈등이 있었다. CEO 올트먼을 포함한 일부는 오픈AI가 구글 AI를 따라잡으려면 외부 투자금을 받고 영리 기관으로 전환해야 한다고 생각했다. 머스크는 이에 반대했고 차라리 테슬라와 합병해야 한다고 주장했다. 큰손 MS의 등장으로 이 논란은 더욱 심해졌다.

결국 머스크가 떠나고 2019년 오픈AI는 MS로부터 10억 달러(약 1.38조 원)의 자금을 유치한다. 이후 오픈AI의 잠재력을 확인한 MS는 총 130억 달러(약 18조 원)를 투입했다. 돈 한 푼 벌지 못하는 스타트업에 엄청난 자금을 쏟아부은 셈이었지만 돌이켜보면 MS의 명운을 가른 '신의 한 수'였다. 2022년 올트먼은 게이츠와 나델라 앞에서 GPT-4 베타버전의 챗GPT를 시연한다. 생물학 등 까다로운 질문에도 놀라운 답변을 내놓은 챗GPT에 게이츠는 크게 감탄했다고 한다. *

2023년 말 오픈AI 내부에서 벌어진 올트먼 해임 소동도 MS엔 기

---

* 올트먼이 처음 챗GPT를 시연했을 때 게이츠는 "좀 더 발전되면 가져오라"고 했다. 게이츠는 그 시간이 오래 걸릴 것으로 생각했지만 올트먼은 불과 석 달 만에 일취월장한 GPT-4를 보여준다.

회였다. 머스크가 오픈AI를 떠난 이유이기도 했던 '안전한 AI 개발' 문제는 올트먼이 외부 자본을 끌어오면서 내부 갈등이 극에 다다랐다. 오픈AI 이사회는 소통 부재를 이유로 올트먼을 해임했지만, 대다수 직원들은 그를 지지했다. 이 틈새를 '고수' 나델라는 놓치지 않았다. 올트먼을 MS로 영입함과 동시에 오픈AI 이사회엔 투자자로서 경고를 날렸다. MS의 지지까지 등에 업은 올트먼이 CEO에 복귀하면서 반란은 5일 만에 진압된다. 이를 계기로 MS는 오픈AI 이사회에 합류한다. 오픈AI가 실제 누구의 회사인지 만천하에 알린 셈이다.*

오픈AI가 잘나갈수록 MS는 돈을 번다

일각에선 오픈AI와 MS가 '적과의 동침' 관계라는 주장을 편다. MS가 구글 딥마인드 출신 무스타파 술레이만(Mustafa Suleyman)을 영입해 자체 AI 개발에 나섰고 올트먼 역시 MS와 다른 독자적 행보를 취하고 있기 때문이다. 최근 오픈AI는 아이폰에 챗GPT를 탑재하는 등 애플과도 협력을 맺었다. 하지만 올트먼에겐 오픈AI 지분이 없다. 실리콘밸리에서 지분 없는 창업자가 쫓겨난 사례는 테슬라를 포함해

* MS는 오픈AI의 손자 회사인 영리법인 '오픈AI 글로벌' 지분 49%를 보유하고 있다. 오픈AI의 독점적 클라우드 제공 업체이자 IP 라이선스도 확보했다. 하지만 향후 오픈AI가 개발할 범용 인공지능은 제외됐다.

테슬라 리부트

셀 수도 없이 많다.

무엇보다 이 같은 주장은 오픈AI의 클라우드 컴퓨팅을 누가 제 공하는지 모르고서 하는 얘기다. 바로 MS의 애저(Azure) 클라우 드다. AI 산업이 커질수록 엔비디아가 GPU로 떼돈을 버는 것처럼, 챗 GPT 이용자가 많아질수록 MS 클라우드의 매출이 기하급수적으로 늘어난다.《챗GPT 마침내 찾아온 특이점》의 저자 반병현에 따르면 GPT-4의 학습에 필요한 서버 비용은 매달 600억 원이 넘을 것으로 추정했다.** 1년이면 7,000억 원대다. 오픈AI가 더 많은 파트너십을 구축할수록 MS는 앉아서 돈을 버는 구조라는 얘기다.

오픈AI를 장악한 MS는 테슬라 및 머스크와도 사실상 경쟁 관계에 돌입했다. 이 구조를 머스크가 모를 리 없었다. 그는 "오픈AI가 독점 기업의 손아귀에 넘어갔다"고 비판하며 AI 기업 xAI를 설립한다. 테 슬라 역시 자율주행에 전사적 역량을 결집하며 AI 컴퍼니로의 전환 에 나섰다.

최후의 승부처는 '인간형 로봇'인가

AI 선두 기업 이미지를 장착한 MS는 2024년 애플을 제치고 시가총 액 1위 기업에 올랐다. (최근 시총 1위 자리를 두고 MS, 엔비디아, 애플이 엎

** 반병현은 "극도로 단순화한 계산으로 실제 학습엔 더 많은 비용이 소요될 것"이라고 했다.

치락뒤치락하고 있다. AI 경쟁이 그만큼 치열하다는 증거다.) 이 회사는 자사의 검색엔진과 오피스 제품에 AI를 결합했다. 이어 PC에서도 생성형 AI를 구현하는 '코파일럿+ PC'도 선보였다. 음성 AI 비서 기능으로 화제를 모은 오픈AI의 'GPT-4o'를 탑재했다. MS가 AI 붐을 타고 과거의 영광을 재현하려 한다는 평가가 쏟아졌다.

MS의 야심은 비단 SW 시장에 머무르지 않을 듯하다. 이 회사가 9,500만 달러(약 1,300억 원)를 투자한 로봇 스타트업 피규어AI가 시장에 큰 관심을 받고 있어서다. 피규어AI는 2022년 테슬라와 보스턴 다이내믹스 출신 엔지니어들이 설립했다. MS와 오픈AI가 초기 투자자로 엔비디아, 아마존, 인텔 등도 투자에 참여했다.

피규어AI는 2024년 3월 온라인에 인간형 로봇 '피규어01' 영상을 공개해 화제를 모았다. 화면 속 피규어01은 손으로 테이블 위 쓰레기를 치우고 먹을 걸 달라는 사람에게 사과를 건넨다. 왜 사과를 줬냐는 질문에 "테이블 위 사과가 유일한 먹을 것이었기 때문"이라고 논리적인 답변을 했다. 로봇의 두뇌에 오픈AI의 시각 및 언어 AI 기술이 결합한 덕분이다. 두 기업은 불과 2주 만의 협업으로 이 같은 결과물을 내놓았다. 작업하는 동시에 주변 상황을 설명하고 다음 계획을 추론하는 피규어01의 모습은 테슬라 팬들에게조차 놀라움을 안겨줬다. 테슬라의 로봇 옵티머스도 손으로 빨래를 개는 등 섬세한 동작을 구현했지만, 사람과 대화하는 모습을 보여주진 못했기 때문이다.

전문가들은 압도적 제조업 역량을 보유한 중국이 전기차 시장을 주도하듯 인간형 로봇의 하드웨어도 장악할 가능성이 크다고 보고 있다. 실제 중국의 검색엔진 기업 바이두는 로봇 제조사인 유비테크와 손잡고 로봇 '워커S'를 공개하기도 했다. 삼성증권에 따르면 테슬라 옵티머스의 많은 부품 역시 중국에서 공급될 전망이다. 골드만삭스는 로봇 제조가 국가별로 역량이 분산될 것으로 봤다. 북미 지역은 AI SW 중심으로 발달하고, 아시아는 광범위한 공급망과 낮은 제조 비용을 앞세워 인간형 로봇 생산의 허브가 될 것으로 예측했다.

결국 인간형 로봇의 승부처는 'AI 두뇌'라는 얘기다. 머스크가 2022년 옵티머스를 처음으로 공개하며 보스턴다이내믹스 등 타사의 로봇과 다른 점으로 두뇌를 든 것도 이를 뒷받침한다. MS, 구글 등 AI에 앞서 있는 빅테크가 이 시장의 주요 고지를 차지했음은 두말할 나위 없다. 테슬라봇은 자율주행 훈련에 쓰는 AI를 로봇에 그대로 적용한 게 특징이다. 로봇이 실제 세상에서 물체를 확인하고 움직이는 데 유리할 수 있다. 테슬라는 한발 더 나아가 xAI가 개발 중인 범용 인공지능을 옵티머스에 탑재할 계획이다. MS 등과의 로봇 두뇌 경쟁에서 물러서지 않겠다는 뜻이다.

2003년 설립 이후 혁신 기업 테슬라의 경쟁자는 계속 바뀌었다. 초기엔 GM과 포드 등 내연기관 완성차업체들이었다. 이후 테슬라가 모빌리티 플랫폼 기업으로 부상하자 애플이 최대 경쟁자로 지목됐다. 이제 혁신 경쟁의 '끝판왕' 자리는 MS가 차지한 것으로 보인다. 이 AI & 로봇 전쟁의 최후 승자는 누가 될 것인가.

7장

40년 공매도의 몰락

1. 테슬라 전기차의 핵심인 배터리는 파나소닉이 제조한다. 테슬라는 세상을 바꿀 만큼 대단한 회사가 아니다. 그저 그런 자동차 회사란 얘기다. 강세장이 아니라면 몇 년 전에 사라졌을 기업이다. (2015년 1월, CNBC 인터뷰)

2. 사람들이 돈을 가지고 멍청한 짓을 하고 있다. 테슬라가 선전한다고 믿고 싶어 한다. (주가 급등으로) 손실을 입었고 테슬라 공매도를 줄였다. 확실히 고통스러웠다. 머스크를 만나면 지금까진 잘해냈다고 말하고 싶다. (2020년 12월, 블룸버그 인터뷰)

3. 사기꾼들의 황금시대다. 시장에서 '펀더멘털 주식'(실적·재무가 탄탄한 주식)에 대한 관심이 사그라들고 롱쇼트 투자* 전략은 압박받고 있다. 이에 대한 열정은 여전하지만 이젠 다른 방식을 추구해야 할 것 같다. (2023년 11월, 펀드 고객에 보낸 서한)

쓸쓸한 퇴장이었다. 오랜 '테슬라의 적'이자 '공매도 제왕'으로 불린 짐 차노스(Jim Chanos) 키니코스 어소시에이츠 회장 얘기다. 2023년 11월 〈월스트리트저널〉은 차노스가 38년 만에 그의 대표 헤지펀드를 폐쇄한다고 보도했다. 그는 연말까지 펀드 투자자들에게 남은 현금 90%를 돌려주기로 했고 향후 개인 계좌 관리 및 자문 역할만 하겠다고 밝혔다. 사실상 현역 은퇴 선언이다.

그해 11월까지 키니코스 펀드의 수익률은 −4%였다. 같은 기간 S&P500 지수 18%, 나스닥 지수가 36% 오른 걸 감안하면 초라한 실적이다. 블룸버그에 따르면 2008년 80억 달러(약 10조 원)에 달했던 키니코스의 자산은 2억 달러(약 2,700억 원) 미만으로 쪼그라들었다. 15년 만에 운용자산 98%가량이 사라진 셈이다. 한때 '공매도의 전설'로 명성을 떨쳤던 65세 노장에게 무슨 일이 있었던 걸까.

투자업계의 냉소주의자, 공매도의 제왕으로

차노스는 그리스 이민자 출신의 세탁소집 아들이었다. 명문 예일대학교에서 경제학을 전공했고 1980년대 시카고의 증권사 길포드에서 애널리스트로 금융업에 발을 들였다. 그는 숫자에 강했고 회사의 재

● 롱쇼트 전략은 주가가 오를 것으로 예상되는 주식을 매수하고(Long) 주가가 내릴 것 같은 종목은 공매도하는(Short) 전략을 뜻한다. 주가의 상승 또는 하락과 관계없이 절대 수익을 좇는다.

무제표를 꿰뚫어 봤다. 기업의 과도한 부채, 잘못된 회계 처리, 부정적 현금 흐름 등을 파악하는 데 탁월한 재주가 있었다. 자연스레 그는 공매도에 관심을 쏟았다.

공매도는 남의 주식을 빌려 파는 투자 방식이다. 부실한 기업의 주가가 과대 평가됐다면 향후 하락할 가능성이 높다. 그런 기업을 찾아내 주가 하락에 베팅하는 것이다. 국내외를 막론하고 개인 투자자들이 공매도를 싫어하는 이유다. 반대로 예측과 달리 주가가 상승하면 공매도 투자자는 큰 손실을 보게 된다. 빌려서 판 주식이니 언젠가는 사서 갚아야 하기 때문이다. 이를 '쇼트 커버링'이라고 한다.

1985년 차노스는 공매도 전문 회사 키니코스 어소시에이츠를 설립한다. 냉소적이라는 뜻의 그리스어 키닉(cynic)에서 따온 이름이다. 차노스의 '냉소적 회사'는 1990년대 초반 승승장구했다. 부동산 시장이 무너진 텍사스, 캘리포니아 등의 은행과 금융 기관을 공매도해 큰돈을 벌었다. 당시 그의 펀드 수익률은 S&P500 지수 대비 두 배 높았다.

차노스가 '공매도의 제왕'으로 명성을 얻은 건 2001년이다. 그는 거대 에너지 기업 엔론의 파산을 예견하고 하락에 베팅했다. 엔론은 겉보기엔 건실한 대기업이었다. 2000년 매출 1,110억 달러(약 154조 원), 직원은 2만 명에 달했다. 당시 미국 경제전문지 〈포천〉은 엔론을 6년 연속 '미국에서 가장 혁신적인 기업'으로 선정했다. 하지만 실상 경영진은 고의적 분식회계로 부실한 재정을 은폐하고 있었다.

'공매도 선수' 차노스는 엔론의 재무제표를 분석한 뒤 이 대기업의 파산을 예감했다. 공매도와 함께 이를 언론에 알렸고 8개월 뒤 엔론은 파산 신청을 한다. 미국 금융가를 뒤흔든 충격적인 사건이었다. 엔론의 주가는 2000년 평균 79달러에서 2001년 60센트까지 폭락한다. 〈배런스〉는 차노스의 공매도를 가리켜 "지난 50년을 통틀어 최고인지는 모르겠으나, 최근 10년간 최고의 마켓콜(마켓 타이밍)"이라고 평가했다.

2008년 글로벌 금융 위기는 차노스에게 최고의 시기였다. 기업들이 속절없이 무너지고 공매도 투자자들은 막대한 돈을 챙겼다. 영화 '빅쇼트'의 실제 모델인 마이클 버리(Michael Burry)도 이 시기에 유명해졌다. 언론은 차노스를 '파국의 자본가', '공매도계의 르브론 제임스'라는 별명을 붙였다. 한때 그가 어떤 기업의 공매도에 관심 있다는 발표만 나와도 주가가 심하게 요동쳤다.•

테슬라, 한마디로 과대평가 기업

차노스가 테슬라에 관심을 가진 건 2013년부터다. 2달러 선에서 횡보했던 주가가 급등했기 때문이다. 그해 1분기 첫 흑자를 발표한 게 방아쇠가 됐다. 머스크는 자율주행과 '초고속 지하터널' 하이퍼루프

• 차노스는 공매도한 기업을 언론에 적극적으로 알리는 방식으로 흔들었다. 개인 투자자들은 이런 공매도 세력이 퍼뜨리는 뉴스를 FUD[Fear(공포), Uncertainty(불확실성), Doubt(의심)]라고 부르며 경멸했다.

사업을 잇달아 발표하며 기대치를 한껏 끌어올렸다. 주가는 몇 달 만에 6배 가까이 폭등했다. 하지만 당시 테슬라가 기록한 흑자는 일회성이었다. 공매도 세력은 이 점을 파고들었다.

'냉소주의자' 차노스의 눈에 테슬라는 허세로 가득 찬 거품 덩어리였다. 소프트웨어 스타일의 기업 문화가 자동차 사업에 어울리지 않는다고 판단했다. 특히 리더인 머스크가 가장 큰 문제라고 봤다. "머스크가 자신의 비전만으로 수십 억 달러를 모을 수 있는 건 강세장 덕분입니다. 그는 본인이 세상을 바꾸고 있다고 믿기에 거짓말을 해도 괜찮다고 생각하고 있어요. 열광한 투자자들은 이런 기업에 돈을 던지고 있습니다."

2010년대 들어 공매도 투자자들의 상황은 썩 좋지 않았다. 금융위기 이후 미국 증시가 장기간 강세장에 돌입했기 때문이다. 차노스의 펀드 역시 자금이 점차 빠져나갔다. 그는 신뢰를 회복할 기업으로 테슬라를 찍었다. 2015년부터 테슬라 공매도에 본격적으로 뛰어들었고, 언론에 '테슬라 저격수'로 자주 등장했다. 그는 헤지펀드에 허용된 최대치(자본금의 5%) 자금을 동원할 만큼 테슬라 공매도에 열을 올린다. 2019년까지 4년간 테슬라 공매도 성적은 그리 나쁘지 않았다.

"BMW가 연간 200만 대를 팝니다. 테슬라의 2015년 판매 목표는 5만 5,000대입니다. 그런데 테슬라 시가총액은 BMW의 절반에 달합니다. 한마디로 과대 평가된 기업이죠. 전혀 가치가 없다고 보면 됩니다."

피바람이 닥치다, 공매도 대학살

코로나19 바이러스가 전 세계에 퍼진 2020년, 글로벌 경제는 큰 충격에 빠진다. 각국 중앙은행은 너도나도 금리를 내리고 천문학적인 돈 풀기를 시작했다. 그해 3월 폭락한 테슬라 주가는 무서운 반등을 시작했다. 성장주에 유리한 금리 인하와 더불어 실적 개선, 주식 분할, S&P500 지수 편입 등 호재가 쏟아진 덕분이었다.

테슬라 주가가 끝없이 오르자 공매도 세력은 패닉에 빠졌다. 주가가 일정 수준 이상 오르면 추가 손실을 막기 위해 울며 겨자 먹기로 주식을 사들여야 한다. 주가는 짧은 기간 더 가파르게 오른다. 공매도를 쥐어짠다는 '쇼트 스퀴즈'다. 피바람이 닥친 것이다. 2020년 초 20달러 선이었던 테슬라 주가는 그해 말 230달러를 돌파한다. 1년 만에 상승률 900%가 넘는 폭등이었고 2015년 이후 5년간 1,500% 이상 올랐다.

금융 정보 분석업체 S3 파트너스는 테슬라를 공매도한 투자업체들이 2020년 한 해에만 350억 달러(약 48조 원) 손해를 봤다고 공개한다. 이 업체는 "손실 규모가 전례 없는 수준"이라며 "헤지펀드들이 치명적 타격을 입었다"고 전했다. CNN 방송 역시 이를 '공매도 대학살'에 비유했다. 차노스는 블룸버그 인터뷰에서 "테슬라에 대한 공매도 규모를 줄였으며 매우 고통스러웠다"고 패배를 인정한다.

차노스 은퇴의 직접적인 이유가 테슬라 때문인지는 확인된 바 없다. 그의 펀드는 2020년 이후 테슬라 공매도 비중을 줄였기 때문이다. 차노스가 고객에게 밝힌 대로 본인의 투자 전략이 시장에서 더는 통하지 않는다는 걸 인정한 것이다. 다만 그는 최근까지도 테슬라에 대해 "어리석을 정도로 과대평가됐다"며 비판적 시선을 거두지 않았다.

'공매도의 전설'은 물러났지만, 테슬라 공매도 규모는 여전히 크다. 나스닥 홈페이지에 따르면 테슬라 공매도 잔량은 2024년 5월 현재 1억 주가 넘는다. 전년 대비 1,000만 주가량 증가했다. 그만큼 이 기업이 고평가됐다고 보는 이들이 많다는 얘기다. 테슬라와 공매도 세력의 싸움은 여전히 진행 중이다.

10년간 그를 저격한 적장의 퇴장에 머스크는 어떤 반응을 보였을까. 그는 차노스 헤지펀드의 폐쇄 뉴스를 올린 X에 다음과 같은 댓글을 달았다. "공매도 세력에 이런 일이 벌어질 거라고 내 경고했는데…."

저가 소형차냐, 로보택시냐

머스크의 자율주행 베팅

월가 애널리스트들이 테슬라의 판매량과 주가 회복을 위해 한결같이 주문하는 것이 있다. 2만 5,000달러 이하 차세대 소형 차량의 출시다. 댄 아이브스 웨드부시 연구원, 개리 블랙(Gary Black) 퓨처펀드 대표 등 테슬라 강세론자는 물론이고, 비관적인 분석가들조차 차세대 차량이 테슬라가 가진 '한방'이라고 보고 있다.

이들은 왜 이런 주장을 펴는 걸까. 우선 글로벌 전기차 시장이 둔화하고 있기 때문이다. 중국승용차협회(CPCA)에 따르면 전기차를 포함한 중국 신에너지 자동차 출하량 전망치는 2024년 1,100만 대로 전년 대비 25% 성장할 것으로 추정된다. 2023년 36%, 2022년 96% 성장과 비교할 때 하락세가 뚜렷하다.

반면 경쟁은 날로 치열해지고 있다. 무엇보다 BYD를 위시한 중국 전기차의 추격이 매섭다. 샤오미 등 신흥 주자의 기세도 무시할 수 없는 수준이다. 중국차 질주의 가장 큰 동력은 가격 경쟁력이다. 가격에서 밀리면 시장 점유율을 빼앗길 수밖에 없다. 2023년 테슬라가 180만 대 배송 목표를 달성하기 위해 가격 인하책을 편 이유이기도 하다.

하지만 전문가들은 테슬라의 들쭉날쭉한 가격 정책이 브랜드 가치를 훼손하는 결과를 낳았다고 지적한다. 가격 인하만으론 판매를 늘리는 데 한계가 있다는 얘기다. 로스캐피털은 "테슬라가 소형차 출시를 연기한 것은 큰 전략적 실수였다"고 지적했다. 투자은행 번스타인은 "테슬라가 제작하기 어려운 사이버트럭에 매달린 사이 BYD는 추격의 발판을 마련했다"고 분석했다.

테슬라의 '비밀 무기' 차세대 소형차

테슬라는 2017년부터 대중 시장을 겨냥한 전기차 라인업을 선보였다. 준중형 세단인 모델3에 이어 2020년 중형 SUV 모델Y를 출시했다. 두 차량은 모두 큰 성공을 거두며 테슬라를 글로벌 혁신 기업에 올리는 주춧돌이 됐다. 특히 모델Y는 2023년 내연기관차를 포함해 전 세계 판매 1위 차량에 등극했다.

테슬라의 다음 행보는 북미에서 가장 인기 있는 차량인 픽업트럭 공략이었다. 그 결과물이 2019년 첫 공개한 사이버트럭이다. 문제는 이 미래형 차량을 출시하는 데 무려 4년이 걸렸다는 점이다. 2023년 머스크는 사이버트럭 생산과 품질 관리의 어려움을 토로한 바 있다. 월가 분석가들은 테슬라가 사이버트럭 때문에 차세대 차량 개발이 늦어졌다고 보는 것이다.

그렇다면 테슬라는 언제부터 차세대 차량을 염두에 뒀을까. 머스크는 2020년 9월 배터리 데이 행사에서 처음으로 2만 5,000달러 차량을 언급한다. 이듬해 그는 '반값 테슬라' 개발을 전면 부인한다. 다시 2022년엔 "모델3와 모델Y의 절반 가격이 될 차세대 전기차 플랫폼에 초점을 맞추고 있다"고 말했다. 2020~2022년 사이 테슬라의 소형 차량 개발 로드맵이 아이디어만 있었을 뿐 구체적으로 확립되지 않았음을 유추할 수 있다.

로보택시에 흥미를 가졌던 머스크

아이작슨은《일론 머스크》에서 당시 상황을 다음과 같이 설명했다.

2021년 11월. 머스크는 테슬라 고위급 5명과 비공식 만찬에서 로보택시 개발을 논의했다. 그들은 모델3보다 작고, 저렴한 자동차를 만들기로 결정했다. 머스크는 로보택시가 완전자율주행이 되어야 한다고 생각했다. 이 차량엔 운전대와 페달이 필요 없다는 것이다. FSD의 성능에 보수적이었던 테슬라 팀은 개발을 보류할 수밖에 없었다.

2022년 8월. 수석 디자이너 홀츠하우젠은 우선 운전대와 페달이 장착된 차세대 차량을 개발한 뒤 FSD가 완성되면 제거하자는 아이디어를 냈다. 머스크는 완강하게 거절했다. "이 차량은 깨끗한 로보택시로 설계돼야 합니다. 페달도 운전대도 없어야 합니다. 우리는 위험을 감수할 겁니다. 로보택시는 테슬라를 10조 달러(약 13경원) 규모회사로 만들 혁명적 제품입니다. 사람들은 100년 뒤에도 이 순간을이야기할 겁니다."

한마디로 머스크는 그냥 저가형 차량이 아닌 로보택시를 염두에 뒀다는 얘기다. 당시 2만 5,000달러짜리 차량은 그에게 큰 흥미가 없었다. 페달도 운전대도 없는 차량을 만들라는 지시에 개발자들은 눈앞이 캄캄했다. 하지만 노련한 홀츠하우젠은 보스를 설득하는 걸 포기하지 않았다.

2023년 2월. 홀츠하우젠은 테슬라 디자인 스튜디오에 로보택시와 2만 5,000달러짜리 차량 모형을 배치했다. 둘 다 사이버트럭의 미래지향적인 모습이었다. 모형을 본 머스크는 마음에 들었다. 결국 운전대와 로보택시 기능을 모두 갖춘 차세대 플랫폼 차량을 개발해 본사인 텍사스 오스틴에서 초기 생산을 하기로 결정했다.

다시 불거진 저가 소형차 연기설

2024년 4월 로이터통신은 내부 소식통을 인용해 테슬라가 로보택시에 주력하기 위해 차세대 소형차 개발을 연기했다는 보도를 한다. 2025년 하반기 2만 5,000달러 차량의 생산을 기대했던 투자자들에겐 충격적인 내용이었다. 머스크는 즉각 X에 "거짓말"이라고 반박했다. 이어 8월 8일 로보택시를 선보이겠다고 밝혔다.* 그가 언급한 로보택시가 소형 차량인지 완전자율주행 차량인지는 불분명했다.

이후 머스크는 테슬라 직원의 10% 구조조정을 발표한다. '일론이 전시 CEO 모드에 들어갔다'는 X의 게시물에 '좋아요'를 눌렀다. 로이터 보도가 최악의 오보라며 성토하던 강성 투자자들 사이에서도 머스크가 자율주행에 올인한 게 아니냐는 말들이 퍼지기 시작했다. 그들은 지난 수년간 로보택시를 향한 머스크의 열망을 잘 알고 있었다. 그가 쉽사리 고집을 꺾는 남자가 아니란 것도.

소형차 개발 프로젝트가 불투명해지자 시장은 공포에 휩싸였다. 월가의 상당수 분석가들은 테슬라의 FSD가 아직 검증되지 않았다고 보고 있다. 적어도 당장은 돈벌이가 어렵다고 봤다. 테슬라 주가는 수직 낙하했다. 테슬라 강세론자이자 장기 투자자인 바론 펀드조차 "저가 소형차가 출시되지 않는다면 우리의 투자 논리가 바뀔 것"

● 머스크는 로보택시 공개를 10월 10일로 한 차례 연기한다. 'We, Robot'이란 이름의 이 행사는 미국 LA 인근의 워너브라더스 스튜디오에서 개최했다

테슬라가 2024년 10월 'We, Robot' 행사에서 공개한 로보택시. 운전대가 없는 완전자율주행 차량이다. 3만달러 미만 가격으로 2026년 생산할 예정이다.

출처: 테슬라

이라고 경고했다.

결국 머스크는 2024년 1분기 실적 발표에서 더 저렴한 모델의 출시 계획을 앞당기겠다고 확언하며 투자자들을 안심시켰다. 그는 새로운 차량을 테슬라의 기존 차량과 동일한 제조라인에서 생산할 것이며 2025년 초까지 준비할 것이라고 말했다. 과거 머스크는 차세대 차량을 텍사스와 멕시코 공장에서 생산하겠다고 밝힌 바 있다. 아직 착공하지 않은 멕시코 공장은 선택지에서 지워진 셈이다. 조기 생산을 위해 사이버트럭처럼 완전히 새로운 공정이 아닌 기존 모델3나 모델Y 플랫폼을 활용하겠다는 얘기다. 머스크는 그러나 차량의 구체적 정보에 대해선 공개를 거부했다. 2024년 10월 로보택시 발표 행사에서도 기대를 모았던 저가형 차량은 등장하지 않았다. 테슬라는 그의 말대로 2025년 차세대 저가 차량을 선보일 것인

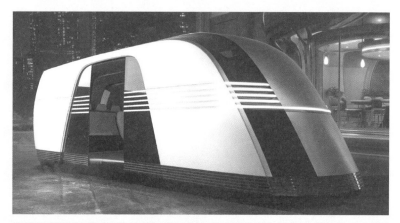

테슬라가 2024년 10월 공개한 로보밴. 20인승으로 대중교통 및 운송 수단으로 활용 가능하다. 완전 자율주행 차량이다.

출처: 테슬라

가. 새 모델은 맹추격하는 중국 전기차의 부상을 막을 수 있을까. 로보택시는 차세대 차량과 같은 모델로 나올 것인가. 모든 것이 여전히 물음표다.

"우리는 전기차와 자율주행의 미래로 나아가고 있습니다. 테슬라가 자율주행 문제를 해결할 거라 믿지 않는 사람은 투자자가 되면 안 된다고 생각합니다. 우리는 그렇게 할 것이고, 이미 그렇게 하고 있습니다." 머스크의 말이다.

TESLA REBOOT
4부

투자란 당신이 옳다고 입증되기 전까지
오랜 기간 매우 어리석은 것처럼 보일 수 있는 비즈니스다.

_____
빌 애크먼(퍼싱 스퀘어 캐피탈 CEO)

TESLA REBOOT

1장

테슬라의 비즈니스 모델

> 테슬라가 자율주행에 성공하지 못한다고 생각한다면 투자할 필
> 요가 없다.

테슬라는 무슨 기업인가. 지금까지 테슬라를 분석한 수많은 저서와
리포트는 말한다. '테슬라는 그냥 전기차 기업이 아니다. 이 회사가
운영하는 사업의 본질은 바퀴 달린 컴퓨터다'라고. 월가의 테슬라 강
세론자들은 이 회사의 목표 주가를 계산할 때 자동차 사업보다 자율
주행이나 AI에 더 큰 비중을 둔다. 머스크 역시 "테슬라가 자율주행
에 성공하지 못한다고 생각한다면 투자할 필요가 없다"고 여러 차례
밝혔다. 실제 저자가 만난 테슬라 투자자 대부분은 이를 굳게 믿고
있었다.

　테슬라가 손대고 있는 사업은 전기차와 자율주행 등 자동차 부문

만 있는 게 아니다. 에너지저장장치(ESS) 등 에너지 부문이 또 하나의 큰 축을 이룬다. 그 외에 테슬라 충전 네트워크 슈퍼차저, 인간형 로봇 옵티머스, AI 훈련용 슈퍼컴퓨터 도조, 자동차 보험 및 수리 등 기타 사업을 꼽을 수 있다.

물론 현재 테슬라가 이 모든 사업에 총력을 기울이고 있는 것은 아니다. 이 회사는 지난 20년간 주력 사업을 끊임없이 바꾸며 성장해왔다. 과거 솔라시티 인수와 함께 주목받았던 태양광 사업은 퇴조했다. 자동차 금융에 파란을 일으킬 것 같았던 보험 사업도 지지부진하다.* 대신 시장의 관심을 끌고 있는 미래 사업은 인간형 로봇이다. 테슬라는 세상의 변화를 빠르게 읽고 선제적으로 대응하는 퍼스트무버인 셈이다. 하지만 전기차와 일부 에너지 사업을 제외하면 계획만 화려하다는 비판으로부터 자유롭지 못한 것도 사실이다.

테슬라는 어떻게 돈을 벌고 있는가

4부에선 기업과 경영 스토리를 넘어 투자 대상으로서 테슬라를 다룬다. 이에 앞서 명확히 짚고 넘어가야 할 것이 있다. 바로 테슬라의 비즈니스 모델이다. 비즈니스 모델이란 한 기업이 가치를 창출해 고객

---

* 워런 버핏(Warren Buffett)은 과거 버크셔해서웨이 주주총회에서 테슬라의 자동차 보험 진출에 회의적인 입장을 밝혔다. 그는 보험 산업의 경쟁이 치열하고 수익성이 낮기에 테슬라가 성공을 거두기 어렵다고 봤다.

에게 전달하고 수익을 올리는 방법을 나타낸 사업 모형이다. 즉 기업이 제품과 서비스를 소비자에게 어떻게 제공하고 팔 것인지를 보여주는 청사진이라 할 수 있다. 많은 투자 구루들이 회사의 제품이 아닌 비즈니스 모델을 확인해야 한다고 강조한 이유다.

일부 유튜버나 인플루언서들은 테슬라의 비전이 당장 실현되거나 주가에 반영될 것처럼 호도한다. 그러나 실적이 뒷받침되지 않은 채 꿈만으로 오른 주가는 결국 내려갈 수밖에 없다. 지난 수년간 테슬라 투자자들이 뼈저리게 겪은 현실이다.

그렇다면 실제 테슬라는 어떻게 돈을 벌고 있는가. 테슬라의 2023년 사업보고서(10-Q)에 따르면 크게 세 가지 부문에서 수익을 거두고 있다. 자동차 부문, 에너지 생산 및 저장 부문, 서비스와 기타 부문이다. 하나씩 정리해보자.

자동차 부문: 실적만으론 아직 전기차 회사

2023년 테슬라는 967억 달러(약 133조 원)의 매출을 올렸다. 이 중 자동차 부문의 비중이 85%에 달한다. 구체적으로 차량 판매, 차량 리스, 규제 크레딧 등의 사업으로 돈을 벌고 있다. 머스크는 테슬라를 AI & 로봇 컴퍼니라고 강조하지만, 실적만 놓고 보면 아직 전기차 회사를 벗어나지 못한 게 현실이다. 테슬라의 단기 실적은 차량 판매량에 좌우된다는 얘기다. 이 회사는 2023년 약 180만 대를 팔았고, 2024년에도 비슷한 판매량을 올릴 것으로 추정된다.

현재 테슬라가 시장에 파는 차량은 모델3, 모델Y, 모델S, 모델X,

사이버트럭이다. 이 중 모델Y는 2023년 전 세계 판매량 1위에 오른 베스트셀링카다. 세미트럭은 초기 소량 생산을 했고 양산은 2025년 말로 예정됐다. 저가형 차량은 개발 중으로 2025년 생산, 최근 공개된 로보택시 사이버캡은 2026년 양산할 계획이다. 두 차량이 플랫폼을 공유할 가능성이 거론된다. 20명이 탈 수 있는 로보밴은 아직 시제품 단계로 양산은 미정이다. 신형 로드스터는 구체적 일정이 공개되지 않았고 새로운 디자인을 선보일 예정이다. 머스크는 2030년까지 테슬라의 차량 라인업이 10개면 충분하다고 밝힌 바 있다. 그의 말대로라면 한 개 차종이 더 추가될 가능성이 있다. 시장에선 이 신차를 박스형 SUV로 전망하고 있다.

테슬라는 전 세계 5개 공장에서 전기차를 생산한다. 미국 캘리포니아 프리몬트, 텍사스 오스틴, 네바다, 중국 상하이, 독일 베를린 공장이다. 이 공장들의 생산 능력은 총 235만 대 이상이다. 테슬라는 그 외에 멕시코에 기가 팩토리 건립을 발표했지만, 기약 없이 연기됐다. 전기차 시장이 일시적 수요 부진인 캐즘에 빠진 탓이다.

과거 테슬라의 실적을 떠받쳤던 규제 크레딧 사업은 회사가 성장하며 비중이 확 줄어들었다(전체 매출의 2% 수준). 규제 크레딧이란 각국 정부가 탄소 배출 감축 등을 위한 규제 기준을 충족한 기업들에게 주는 인센티브다. 내연기관 자동차 제조사들은 이러한 규제를 충족하기 위해 전기차 등 친환경차업체로부터 크레딧을 구매해야 한다. 2023년 테슬라는 규제 크레딧을 팔아 17.9억 달러(약 2.5조 원)의 매출을 올렸다. 여전히 짭짤한 캐시카우다.

에너지 부문: 급부상한 ESS 사업

테슬라의 실적을 책임지는 또 다른 한 축인 에너지 부문은 자동차보다 가파른 성장을 하고 있다. 2023년 60억 달러(약 8.2조 원)의 매출을 올려 전년 대비 50%가 넘게 증가했다. 전체 매출에서 약 6% 비중이다. 매출총이익률도 20%에 육박한다. 고성장·고마진 사업이란 얘기다. 2024년 들어서도 관련 매출이 급증했다. 테슬라가 자동차를 넘어 에너지 회사로 확장하고 있음을 증명하는 수치다.

에너지 부문은 크게 ESS와 태양광 에너지 사업으로 나뉜다. 이 중 ESS 사업이 고성장을 이끌고 있다. 주력 상품은 산업용 ESS인 메가팩과 가정용 소규모 ESS 파워월이다. 메가팩은 주로 태양광이나 풍력 등으로 얻은 재생에너지를 대규모 배터리팩에 저장하는 장치다. 가령 낮에 생산된 태양광 에너지를 저장해뒀다가 밤에 공급하는 역할을 맡는 식이다. 재생에너지의 생산이 간헐적이기에 ESS를 통해 안정적인 전력망을 유지하는 것이다. 특히 AI 시대 데이터센터를 돌리기 위한 전력 수요가 급증하면서 이 친환경 에너지 사업이 각광을 받고 있다. 현재 테슬라는 캘리포니아의 라스롭 공장에서 연간 40기가와트시(GWh) 규모의 메가팩을 생산한다. 2025년엔 중국 상하이에 건설 중인 두 번째 메가팩 공장이 가동될 예정이다.

파워월은 주로 가정집의 태양광 패널과 결합해 에너지를 저장한다. 전력 소비를 재생에너지로 대체해 전기 요금을 절감할 수 있다는 것이 장점이다. 정전 시에도 전력이 끊기지 않고 공급된다. 땅이 넓고 허리케인과 산불 등의 재난으로 전력망이 불안정한 미국에선 매

테슬라의 산업용 에너지저장장치(ESS) 메가팩. 1개의 메가팩(4MWh)은 24시간 동안 130가구에 전력을 공급할 수 있다.

출처: 테슬라

력적인 에너지 자립 상품이 될 수 있다.

　　반면 태양광 사업은 적자가 쌓이고 있다. 2016년 태양광 기업 솔라시티를 인수한 테슬라는 태양광 지붕 솔라루프를 선보였다. 파워월과 함께 패키지로 가정용 태양광 발전·저장 시스템을 판매하겠다는 구상이었다. 문제는 가격이었다. 솔라루프 설치 비용이 높은 데다 고금리 환경이 닥치자 판매가 신통치 않았다. 가정용 태양광 패널 대부분은 집주인들이 대출을 받아 설치한다. 이자 비용이 늘어나면 부담이 커질 수밖에 없다. 2022년 솔라루프의 설치 건수는 목표치(주당 1,000건)에 한참 못 미치는 주당 평균 21건에 불과했다.

　　테슬라 사업보고서에 따르면 태양광 패널 설치량은 2022년 이후 계속 줄어들고 있다. 급기야 2024년부터는 이 수치를 공개하지 않고 있다. 일각에선 테슬라가 태양광 사업에서 철수를 고려하는 게 아니냐는 분석이 나온다. 머스크 역시 관심에서 멀어진 듯 태양광 사업에 대해 특별한 언급을 하지 않고 있다.

서비스와 기타 부문: 북미 충전 시장 장악

서비스와 기타 부문의 실적은 테슬라 전용 충전소인 슈퍼차저 매출과 중고차 및 차량 부품 판매, 수리, 보험 등이 포함된다. 2023년 전체 매출의 9%를 차지해 에너지 부문보다 비중이 크다. 테슬라의 차량 판매가 늘어나자 부가 매출도 증가한 것이다. 2022년 들어 흑자 전환했다.

이 중 시장의 관심은 충전 사업에 있다. 테슬라는 자사의 충전 방식인 북미충전표준(NACS)을 사용한다. 테슬라 운전자는 전 세계 5만 개 이상 깔린 슈퍼차저에서 고속 충전을 할 수 있다. 반면 다른 완성차 브랜드의 전기차는 대부분 미국의 기존 표준 충전 방식인 CCS를 사용한다. 2023년 미국 정부는 전기차 충전소 보조금 지급 조건으로 테슬라에 타사도 NACS를 쓸 수 있게 해 달라고 요구했다. 테슬라가 이에 응하면서 완성차업체들이 줄줄이 테슬라 충전 규격을 채택했다. 현재까지 테슬라 충전 동맹에 참여한 자동차 제조사는 GM, 포드, 현대차, 도요타, 메르세데스벤츠 등 20곳이 넘는다. 미국 내 급속 충전기의 60%를 차지하는 슈퍼차저 네트워크를 이용하지 않고선 전기차를 파는 데 한계가 있다고 판단한 것이다. 테슬라가 북미 충전 시장을 사실상 장악했다는 평가가 뒤따랐다.

테슬라 제2 성장의 물결, AI & 로봇

테슬라는 2024년 초 회사가 두 성장의 물결 사이에 있다고 밝힌 바 있다. 제1 성장은 전기차 판매를 최대한 빠르게 늘려 지속 가능한 에너지로의 전환을 가속화하는 것이었다. 하지만 이 구상은 전기차 수요 정체와 함께 값싼 중국산 전기차의 부상으로 벽에 부딪혔다. 2030년까지 테슬라 차량 2,000만 대를 팔겠다는 목표도 폐기됐다. 머스크가 제시한 제2 성장의 물결은 완전자율주행, 차세대 차량(로보택시), 에너지, 로봇 등이다. 제2 물결을 타기 위해 일시적 성장 정체는 불가피하다는 것이다.

머스크의 주장처럼 테슬라의 기업 가치는 자동차 판매 등의 실적에만 기반한 게 아니다. 많은 투자자들이 이 회사의 미래 청사진에 더 무게를 둔다. 그 신사업의 중심엔 AI가 있다. 수익화에 성공한다면 폭발적인 가치 상승으로 연결될 사업들이다. 테슬라의 AI 관련 사업은 앞서 2부와 3부에서 자세히 소개했지만 정리하는 차원에서 다시 한번 짚어본다.

FSD: 북미 운전자 40만 명이 이용

테슬라는 자율주행 레벨2 수준의 FSD 옵션을 판매하고 있다. 시내 주행이 가능하지만 아직은 운전자의 감독이 필요하다. 테슬라는 순수 AI 자율주행인 V12를 내놓는 등 꾸준히 성능을 개선하고 있다. 북미 시장에서 약 40만 명이 이용 중이다. 테슬라는 2019년 FSD

적용이 가능한 자율주행 플랫폼 하드웨어 3.0(HW3) 차량의 출시 이후 북미에서 약 200만 대의 차량을 판매했다. FSD 누적 이용률이 약 20%인 셈이다. 월가 분석가들은 향후 FSD 이용률이 얼마나 오를지 주시하고 있다.

전문가들은 FSD의 성능이 운전자의 개입이 필요 없는 레벨4 수준에 이르러야 이용률이 크게 오를 것으로 전망한다. 머스크는 '비감독형 FSD'를 2025년 텍사스와 캘리포니아주에 도입할 예정이라고 말했다. 레벨4 수준의 자율주행 서비스를 예고한 셈이다. 해외 시장 진출도 관심사다. 최근 테슬라는 중국과 유럽에 2025년 1분기 FSD를 출시할 계획이며 규제 승인 대기 중이라고 밝혔다.

로보택시: 바퀴 달린 에어비앤비

로보택시는 운전자가 없는 무인택시를 뜻한다. 테슬라가 로보택시 개발 논의에 본격 착수한 것은 2021년부터다. 아이작슨의 《일론 머스크》에서 로보택시의 시제품 모형 사진이 공개돼 관심을 모았다. 이후 테슬라는 2024년 10월 'We, Robot' 행사에서 로보택시 실물을 공개했다. '사이버캡'이란 이름의 이 차량은 2인승에 차문이 대각선 위쪽으로 열리는 버터플라이 도어 2개를 장착했다. 완전자율주행 차량으로 운전대는 없다. 머스크는 사이버캡을 2026년 생산할 계획이라고 말한 것 외에 구체적인 정보를 제공하진 않았다. 과거 그는 로보택시가 바퀴 달린 에어비앤비와 비슷할 것이며 앱으로 자동차를 호출하는 시스템이라고 밝힌 바 있다. 이어 로보택시 서비스 시기는 감독 없는 자율주행이 언제 시작되느냐에 달렸으며 2025년에 할 수 없다면 충격받을 것이라고 말했다. 로보택시의 성패 역시 FSD의 성능에 달렸다는 얘기다.

인간형 로봇 옵티머스: 2025년 공장 배치 계획

머스크는 테슬라의 미래 가치 대부분이 로봇 사업에서 나올 것이라고 강조한다. 하지만 AI 데이 당시 옵티머스 실물을 공개한 이후 몇 차례 영상을 보여준 게 전부다. 공개 초기보다 눈에 띄게 성능이 개선됐지만 아직은 시제품 단계다. 머스크는 2024년 2분기 실적 발표에서 옵티머스가 현재 공장에서 작업을 수행하고 있다고 밝혔다. 그는 구체적인 생산과 판매 일정도 공개했다. 2025년 말까지 옵티머스 생산버전1 수천 대를 만들어 테슬라 공장에 배치할 계획이다. 2026년엔 생산버전2로 양산을 시작해 외부에 판매하겠다고도 했다.

슈퍼컴퓨터 도조: 테슬라 AI의 두뇌

일본어로 도장(道場)이란 뜻의 도조는 테슬라가 설계한 AI 슈퍼컴퓨터다. 10억 마일이 넘는 방대한 자율주행 데이터를 AI에 효율적으로 학습시킬 목적으로 개발됐다. 테슬라는 도조에 자체 개발한 D1 칩을 적용했다. AI 시대 가격이 치솟은 엔비디아 GPU의 의존도를 낮추고 비용을 절감하려는 전략이었다. 이 회사는 도조에 2024년 말까지 10억 달러(약 1.38조 원) 이상을 투자할 계획이라고 밝혔다. 테슬라는 전기차 생산을 수직 계열화하려고 했던 것처럼, AI 역시 도조를 중심으로 데이터의 수집에서 라벨링과 학습을 거쳐 자율주행을 완성하는 전 과정의 수직 계열화를 꾀하고 있다. 테슬라는 또한 옵티머스의 두뇌도 자율주행 훈련과 동일한 AI 모델을 쓴다. 도조가 단순한 컴퓨터가 아닌 AI의 두뇌라는 얘기다.

하지만 2024년 들어 테슬라는 엔비디아의 H100 GPU를 대량으로 매입하며 도조에 다소 미온적인 행보를 보였다. 기가 텍사스에 설치하는 슈퍼컴퓨터 클러스터에도 10만 개의 엔비디아 칩을 탑재할 계획이다. 빅테크 기업 간 AI 경쟁이 치열해지면서 테슬라 역시 도조의 완성을 기다릴 수만은 없다고 판단한 듯하다. 최근 머스크는 도조에 대해 성공 가능성이 낮지만 잠재력은 크다며 장기적인 베팅이라고 밝혔다.

4680 배터리: 대량 생산이 최대 관건

테슬라가 2020년 발표한 차세대 원통형 배터리(지름 46밀리미터·높이 80밀리미터)다. 기존에 쓰던 2170 배터리보다 셀 크기를 키웠다. 테슬라는 에너지 밀도를 높이고 비용을 절감할 수 있다고 밝혔다. 기가 텍사스에서 4680 배터리를 생산해 사이버트럭에 탑재 중이지만 건식 공정(Dry Electrode)[•] 및 수율(완성된 양품의 비율) 문제로 난항

[•] 배터리 제조는 기본적으로 습식 전극(Wet Electrode) 공정을 쓴다. 습식 공정은 양극과 음극에 액체 용매를 투입해 200도 이상 고온에서 건조하기 때문에 막대한 전력이 필요하다. 반면 건식 공정은 액체 용매를 사용하지 않아 친환경적이고 생산 비용을 대폭 낮출 수 있다. 다만 기술적으로 양산이 매우 어렵다.

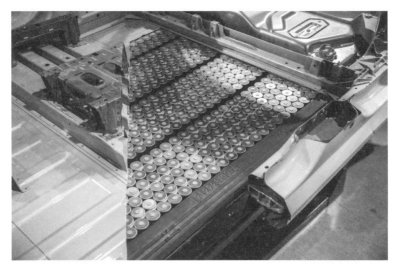

테슬라 차량 하부에 탑재된 4680 배터리팩. 수천 개의 원통형 배터리 셀이 보인다.　　출처: 테슬라

을 겪고 있다. 최근 테슬라는 건식 공정 등 기술적 문제에서 돌파구를 마련했다고 밝혀 귀추가 주목된다. 4680 배터리 생산이 본궤도에 올라야 사이버트럭 및 세미트럭의 생산도 탄력받을 수 있기 때문이다.

테슬라는 배터리셀뿐 아니라 원자재도 자체 생산에 나섰다. 텍사스에 리튬 정제 시설을 건립 중으로 2025년 가동될 전망이다. 리튬은 배터리의 핵심 소재인 양극재를 구성하는 주요 광물이다. 한때 '하얀 석유'로 불리며 품귀 현상까지 벌어졌다. 배터리 원자재부터 완제품까지 공급망을 수직 통합해 안정적인 생태계를 구축하겠다는 게 테슬라의 전략이다.

테슬라의 비즈니스 모델[2023년 테슬라 사업보고서(10-K) 기준]

부문	개별 사업		매출 비중
자동차	전기차 판매 · 리스	테슬라의 본업. 연간 180만 대 판매. 235만 대 생산 능력.	85%
	규제 크레딧	과거보다 비중 줄었지만 여전히 짭짤한 캐시카우.	
에너지	ESS	산업용 ESS 메가팩 고성장. 2025년 중국 상하이 공장 가동.	6%
	태양광	가정용 태양광 시스템 솔라루프 판매 부진으로 적자.	
서비스 · 기타	슈퍼차저	전 세계 5만 대 이상 설치. 테슬라 충전 동맹 부상으로 각광.	9%
	중고차 · 부품 · AS	차량 판매 늘어나며 부품 판매 · 유료 AS 등 부가 사업.	
	보험	미국 14개 주에서 서비스 중. 아직은 초기 단계.	
자율주행	FSD	북미 테슬라 운전자 40만 명이 이용. 채택률 상승이 관건.	이연 매출 ●●
	로보택시	앱으로 차량 호출 시스템. 2026년 양산 계획.	−
로봇	옵티머스	시제품 단계. 현재 테슬라 공장에서 단순 작업 중.	−
AI	도조	자체 개발한 AI 학습용 슈퍼컴퓨터. 테슬라 AI의 두뇌 역할.	−
배터리	4680 배터리	차세대 원통형 배터리. 건식 공정 및 수율 문제로 양산 지연.	−
	배터리 원자재	텍사스에 리튬 정제 공장 건립 중. 2025년 가동 예정.	−

●● 제품 등 판매로 현금은 받았으나 바로 실적에 반영하지 못하고 부채로 인식하는 금액. FSD 기능이 아직 불완전하기에 판매 수익을 이연 매출로 쌓고 있다.

테슬라 vs 부동산: 서울 아파트

취업해서 열심히 일하면 집을 살 수 있다고 생각했다. 집값은 천 정부지로 올랐고 나는 어느새 '벼락 거지'가 됐다. 테슬라 투자에 올인한 이유다.

테슬라 투자에 열광하는 한국인을 조명한 2022년 8월 블룸버그의 기사는 세간의 화제였다. 한국예탁결제원에 따르면 당시 국내 개인 투자자들은 테슬라 전체 주식의 1.6%에 해당하는 150억 달러(약 20조 원)어치를 보유했다.[•] 서학개미의 테슬라 지분은 세계 주요 자산운용사인 뱅가드그룹, 블랙록, 캐피털그룹 등에 이어 7위였다. 테슬라는 전

• 최근 주가 약세에도 2024년 6월 현재 국내 투자자들의 테슬라 보유액은 110억 달러에 달한다. 지난 4년간 해외 주식 보관 금액 1위를 달리다 엔비디아에 자리를 내줬다. 3위는 애플이다.

세계 개인 투자자들이 사랑하는 주식이다. 보도에 따르면 테슬라의 거래 가능한 주식 중 약 46%를 비기관 투자자가 보유하고 있다.

블룸버그는 서학개미의 투자 이유에도 주목했다. 한국의 빈부격차가 확대됨에 따라 박탈감을 느낀 MZ세대가 테슬라 주식을 사 모으고 있다는 분석이었다. 서울에 사는 40대 여성 박 모씨는 "직장인 월급으론 한계가 뚜렷하다. 남편과 상의해 월셋집으로 이사했고 3억 원을 테슬라 주식에 투자했다"고 설명했다. 경기도 하남에 거주하는 20대 직장인 손 모씨도 "집을 사는 것을 포기할 수 없다. 매달 급여의 절반을 세기의 혁신가 머스크에게 베팅하고 있다"고 말했다. 투자 방식은 다르지만 목적은 비슷하다. 내 집 마련 자금을 불리겠다는 것이다.

집 사려고 테슬라 투자한다

주식 투자로 집을 사겠다는 생각은 어제오늘 얘기가 아니다. 그런데 유독 한국에서 테슬라 주식 쏠림 현상이 생긴 이유는 뭘까. 바로 테슬라 주가가 몇 년 사이 가파른 상승을 했기 때문이다. 테슬라 주가는 2023년 말 기준 5년간 1,117% 올랐다.** 5년 전 테슬라 주식 1억 원어치를 샀다면 12억 원으로 불어났다는 얘기다. 최근 3년 성

●● 2019년 1월 2일~2023년 12월 29일 주가 수익률.

적(18%)이 나스닥 지수 수준 상승에 그쳤지만, 장기 투자 성적은 대체로 훌륭했다. 7년 수익률 1,637%, 10년 수익률은 2,384%로 무려 25배에 육박한다. 같은 기간 국내 대표 기업 삼성전자의 5년 수익률은 102%, SK하이닉스 130%, 현대차 73%, 네이버 85%였다.

한국에서 10년 전 언제 망할지 모를 외국 '적자 기업' 테슬라를 알아보고 베팅한 개인 투자자를 찾기는 쉽지 않다. 무엇보다 당시 국내에선 개인이 미국 주식을 직접 투자하기 어려웠다. 《레이어드의 미국 주식 투자 원칙》의 저자 레이어드는 2016년 8월 3,000달러로 테슬라 투자를 시작했다고 밝혔다. 다시 말해 국내 테슬라 선구자들의 투자 기간은 7~8년 정도로 볼 수 있다.

일반 대중들의 테슬라 투자는 2020년 초 코로나19 사태로 무너졌던 미국 증시가 급반등하면서 본격화됐다. 각국 중앙은행은 경기 부양을 위해 천문학적인 돈을 풀기 시작했다. 그해 3월 나스닥 지수는 6,860을 저점으로 이듬해 11월 1만 6,000선을 돌파하며 폭풍 랠리를 펼쳤다. 테슬라는 코로나 랠리의 대장주였다. 이 전기차 기업은 단숨에 미국 시가총액 5위에 등극했고, 머스크는 세계 최대 부자에 오른다.

서울 아파트 가격은 어땠을까

많은 테슬라 투자자들이 내 집 마련을 원하는 서울 집값은 지난 3~7

년간 어떻게 움직였을까. 한강을 기준으로 강남과 강북 지역 각각 3곳의 대장 아파트 시세를 추적해봤다. 부동산 투자 수익률은 국토부에 신고된 2023년 12월 실거래가를 기준으로 했다. 그 시점에 실거래가 없었던 단지는 부동산 앱 호갱노노 시세를 참조했다. 취득세·재산세·양도소득세 등의 세금 및 기타 경비는 계산에서 제외하고 순수하게 시세 차익만 비교했다. 참고로 테슬라 등 미국 주식도 250만 원 이상 수익을 실현할 경우 양도소득세를 내야 한다.

서울 강남구 압구정 현대아파트는 한국을 대표하는 아파트 단지다. 1976년 입주한 현대 1, 2차부터 1987년 14차까지 총 6,335세대 중대형 평형 위주로 구성됐다. 압구정 현대는 민간 건설사가 지었다는 브랜드 프리미엄, 강남이라는 일자리 프리미엄, 한강 조망 프리미엄 등을 가진 가장 비싼 아파트로 명성을 누려왔다. 2024년 입주 49년 차로 재건축 대상이다.

압구정 현대 1, 2차 42평형(전용 131 제곱미터)은 2023년 12월 호갱노노에 올라온 시세로 40억 5,000만 원이었다. 3년 수익률 16%, 5년 37%, 7년 98%에 달한다. 실거래가 그래프를 보면 큰 부침 없이 우상향했다.

압구정 현대 7년 시세 그래프
출처: 호갱노노

정비 사업이 활발한 서초구는 강남구보다 신축 아파트가 많다. 2016

아크로리버파크 7년 시세 그래프

출처: 호갱노노

잠실엘스 7년 시세 그래프

출처: 호갱노노

년 입주한 반포동 아크로리버파크는 강남권 신축의 대명사다. 이 아파트 34평형(전용 84제곱미터)의 2023년 12월 시세는 36억 원이었다. 3년 수익률 9%, 5년 16%, 7년 77%다. 집값 상승률은 압구정 현대에 비해 상대적으로 낮았다. 고금리 여파로 2022년 이후 거래 절벽을 보이다 2023년 들어 실거래가가 급락했다.

송파구는 서울 25개 구 중 인구가 가장 많다. 가장 비싼 지역은 잠실동이다. '잠실 엘리트'로 불리는 엘스·리센츠·트리지움 아파트가 이 지역의 대장 단지다. 삼성동 개발 및 GTX 노선 개통 등의 수혜로 최근 주목받았다. 잠실엘스 33평형(전용 85제곱미터)은 2023년 12월 평균 23억 3,000만 원에 거래됐다. 3년 수익률 2%, 5년 43%, 7년 117%였다. 잠실엘스 역시 2022년 이후 집값이 하락해 2023년 반등했지만 고점을 회복하진 못했다.

　　테슬라 리부트

강북 집값 주도한 '마용성'

마포 · 용산 · 성동구는 2010년대 중
반부터 서울 강북 집값을 이끈 트로
이카다. 흔히 '마용성'이라고 불리는
지역이다. 앞서 강남 3구가 전통적인
부촌 이미지라면, 마용성은 30~40대
젊은 직장인들이 선호하는 주거지다.

마포래미안푸르지오 아파트는 마
용성 시대의 간판이라고 할 수 있다.
마포구 아현동 일대를 재개발한 3,885
세대의 이 단지는 입주한 지 8년이 됐
다. 그사이 주변에 다른 신축 아파트
들이 들어섰지만 '마래푸'의 인지도
를 넘진 못하고 있다. 마래푸는 2023
년 12월 34평형(전용 84제곱미터)이 17
억 3,000만 원에 거래됐다. 3년 수익
률 −1%, 5년 28%, 7년 113%였다.

용산구엔 재건축 대상 단지가 많다.
한강맨션은 660세대이며 1971년 입
주한 아파트로 동부이촌동에서 가장
오래된 단지다. 2022년 12월 관리처

마포래미안푸르지오 7년 시세 그래프
출처: 호갱노노

한강맨션 7년 시세 그래프
출처: 호갱노노

분계획인가를 받아 '재건축 9부 능선'을 넘었다. 재건축 기대감을 타고 최근 집값이 고공행진했다. 한강맨션은 2023년 12월 31평형(전용 102제곱미터)이 39억 8,000만 원에 매매됐다. 3년 수익률 50%, 5년 75%, 7년 141%다. 압구정 현대를 뛰어넘는 높은 수익률이다.

래미안옥수리버젠 7년 시세 그래프
출처: 호갱노노

성동구는 한강을 사이에 놓고 강남구와 맞붙어 있다. 강남에 출퇴근하는 직장인들에게 인기 있는 주거지다. 동호대교를 건너면 바로 압구정동에 갈 수 있는 옥수동은 새 아파트가 들어서면서 주목받았다. 옥수동의 대장 아파트는 2012년 입주한 래미안옥수리버젠이다. 2023년 12월 시세는 33평형(전용 85제곱미터)이 17억 5,000만 원이다. 집값 상승률은 3년 −2.5%, 5년 27%, 7년 94%다.

집 대신 테슬라 주식을 샀다면

서울 주요 지역 6곳의 아파트값을 비교해보면 지난 3년간은 일부 하락한 지역이 있었다. 그러나 장기 보유할수록 수익률이 오르고 지역별 편차도 크지 않다는 것을 알 수 있다. 지난 5년간 강북에서 집값 상승률이 가장 높은 단지는 용산 한강맨션(75%), 강남은 잠실엘스(43%)였다. 5년 만에 집값이 적게는 수억, 많게는 수십 억 원 올랐으니 무주택자로선 상대적 박탈감이 클 수밖에 없다.

집값 상승의 수혜를 누리지 못한 20~30대 젊은 층은 단기간에 폭등한 테슬라 주식을 또 다른 '부의 사다리'로 여겼다. 이미 다락같이 오른 아파트를 살 수 없으니 더 빠른 로켓을 올라타겠다는 계산이었다. 테슬라는 입소문에 기대는 밈(Meme) 주식과 달리 실체가 있는 글로벌 전기차 1위 기업이다. 암호화폐보다 안전해 보이고, 국내 주식보다 높은 수익을 낼 수 있다는 기대감이 있다. 앞서 설명했지만 5년 전 테슬라 주식에 투자했다면 무려 12배의 수익을 올릴 수 있었다.

가령 박 씨가 2019년 1월 서울집 전세금 3억 원을 빼서 테슬라에 27만 달러(당시 환율 1달러 1,120원)를 베팅했다면 2023년 말 325만 달러로 불어났을 것이다. 원 · 달러 환차익까지 계산하면 수익은 더 커진다. 이 주식을 전량 처분했다면 42억 2,500만 원(1달러 1,300원 기준)을 확보하게 된다. 해외 주식 수익의 22% 양도소득세를 내더라도 총 30억 원이 남는다. 박 씨가 남편에게 주식을 미리 증여(최대 6억 원)했다면 양도세를 대폭 줄일 수도 있다. 이 돈이면 강남 요지는 아니더라도 서울 웬만한 지역의 아파트는 등기 치고 입성할 수 있다. 많은 테슬라 투자자들이 목표로 하는 그림일 것이다.

물론 주식과 부동산의 직접적인 수익률 비교가 적절한지에 대한 비판이 따를 수 있다. 위의 분석은 과거의 수익률을 기반으로 한 가정이다. 주식은 변동성이 매우 큰 투자 상품이다. 진입 장벽이 낮고 언제든지 사고파는 게 수월하다. 매일 계좌의 액수가 달라지는 것을 확인할 수 있기에 초연하게 장기 투자하기가 쉽지 않다. 반면 부동산은 억대의 큰 금액을 보통 수년간 투자하는 상품이다. 주식보다 수익률은 낮아도 초기 베팅하는 금액 자체가 크고 대출을 끼는 경우가 많아 상대적으로 안정적인 레버리지 투자가 가능하다. 결국 투자자의 성향과 안목, 그리고 인내에 달린 문제라 하겠다.

3장

테슬라 vs 부동산: GTX와 리얼 옵션

> 리얼 옵션의 관점에서 테슬라가 여러 개의 '대박 옵션'을 달고 있
> 는 것에 주목할 만하다.

테슬라와 서울 부동산. 5년 전 어떤 자산을 택했든 올라타기만 했다
면 막대한 수익을 낼 수 있었다. 이러한 자산 가격의 급상승을 시장의
과도한 열기, 즉 거품으로 보는 사람들도 적지 않았다. 수년간 이어진
각국의 저금리 기조와 양적완화 정책이 이를 조장했다는 것이다. 실
제 금리가 오르자 테슬라 주가는 크게 비틀댔다. 서울 아파트 역시 하
락 후 상당 기간 전 고점을 회복하지 못했다. 그러나 시계열을 5년, 10
년 장기로 놓고 바라보면 차트는 결국 우상향이다. 이것이 뜻하는 바
는 자명하다. 우량 자산은 장기 투자자를 배신하지 않는다. (테슬라와
서울 아파트가 우량 자산인지는 논란이 있을 수 있다. 각자의 판단에 맡긴다.) 손

놓고 시장을 냉소한 이들에게 자산 격차의 대가는 혹독했다.

기업의 가치 평가는 크게 두 가지 종류가 있다. 하나는 상대 가치 평가다. 동종 업계의 기업을 주가 수익 비율(PER), 주가 순자산 비율(PBR) 등의 방식으로 비교한다. 다른 하나는 내재 가치 평가다. 미래의 현금 흐름을 추정하고 현재의 가치로 할인해 계산하는 현금흐름할인법이 이에 해당한다. 문제는 과거 테슬라처럼 끝 모를 듯 오르는 주식은 이러한 가치 평가 모델로 계산하기 어렵다는 데 있다.

테슬라의 PER은 한때 1,000배를 넘나들었다. 앞서 두 평가법을 기반으로 한 가치 투자자는 도저히 매수할 수 없는 가격이었고, 월가의 애널리스트 역시 목표 주가를 산정하는 데 어려움을 토로했다. 테슬라 주가가 폭등하면서 공매도 세력은 2020년 한 해에만 350억 달러(약 48조 원)를 잃는 치명적 타격을 입기도 했다.

복권을 사는 기대 심리 '리얼 옵션'

'기업 금융 석학' 어스워스 다모다란(Aswath Damodaran) 뉴욕대학교 스턴경영대학원 교수●는 테슬라 같은 기업의 가치를 평가할 새로운

● 다모다란 교수는 2024년 2월 CNBC와 인터뷰에서 최근 테슬라를 주당 180달러에 매입했다며 매수를 추천했다. 그는 2021년 테슬라 주가가 400달러를 웃돌 무렵 목표 주가로 190달러를 제시한 바 있다. 3년 전 본인이 계산한 적정 가격이 오자 실제 매수를 단행한 셈이다.

모델을 제시한다. 바로 '리얼 옵션(Real Option)'이란 개념이다. 이효석 전 SK증권 자산전략팀장이 유튜브 방송을 통해 소개하면서 널리 알려졌다.

리얼 옵션을 설명하기 좋은 사례는 복권이다. 가령 1등 당첨금이 5억 원인 복권 100만 장이 있다. 복권의 당첨 기댓값은 당첨금(5억 원)×확률(100만분의 1)로 500원이다. 이 복권을 1,000원에 판다면 사는 사람들은 500원을 손해 보는 '비합리적인 의사 결정'을 하는 셈이다. 그런데도 많은 사람이 기꺼이 복권을 사는 이유가 뭘까? 그 질문에 대한 답이 리얼 옵션이다.

사람들이 적정 가치 500원짜리 복권을 500원 더 주고 사는 건 그 수익 구조가 마음에 들기 때문이다. 복권을 사서 '꽝'이 나와도 손실은 1,000원에 그친다. 반면 당첨된다면 '대박'을 칠 수 있다. 손실의 하방은 막혀 있고 수익의 상방은 열려 있는 구조다. 즉 리얼 옵션의 성격을 띤 주식은 급등 호재를 가진 '한방'이 있는 기업이다. 대표적인 게 바이오주다. 개발 중인 신약이 임상 시험을 통과한다면 매출 기대감으로 주가가 급등할 수 있다. 투자자가 적정 가치보다 가격을 더 쳐준 만큼 주가는 한동안 고평가 상태를 유지한다.

리얼 옵션 모델을 주식 대신 부동산에 적용하면 어떨까. GTX 예정지 투자를 예로 들어보자. GTX는 수도권 외곽에서 서울 주요 도심까지 20~30분 내로 연결하는 광역급행열차다. A(파주 운정~화성 동탄)·B(인천 송도~남양주 마석)·C(양주 덕정~수원) 노선이 공사가 진행 중이며 D·E·F 노선은 추진 중이다. 가장 사업 속도가 빠른 A

노선의 경우 동탄~수서 구간이 부분 개통했고 운정~서울역 구간은 2024년 12월 개통 예정이다. 전 구간 개통은 삼성역 공사가 완료되는 2028년으로 예정됐다. 출퇴근 교통난에 시달리는 수도권 주민들에게 GTX는 큰 관심사다. 자연스럽게 GTX 역 예정지 집값이 뛸 수밖에 없다.

GTX 호재 지역에 베팅했다면

일산 킨텍스 지구는 대표적인 GTX-A노선 수혜 지역이다. 이곳의 대장 아파트는 2019년 입주한 킨텍스 원시티다. 2022년 5월 35평형 (2블럭 · 전용 84~85제곱미터)이 14억 5,500만 원에 거래됐다. 이 아파트의 2016년 평균 분양가는 5억 2,000만 원 선이었다. 청약에 당첨됐다면 6년 만에 수익률 179%를 올릴 수 있었다. 당시 원시티는 청약 1순위 마감이었다. 그렇다면 청약에 탈락한 사람들에겐 기회가 없었을까.

  일산에 거주하는 40대 직장인 A씨는 2016년 일산 서구 후곡마을 27평 아파트에 실거주하고 있었다. 아이들이 크면서 좀 더 큰 집으로 이사하고 싶은 생각이 들었고 킨텍스 지구의 원시티 아파트에 청약을 넣는다. 분양가는 평당 1,500만 원 선으로 주변에선 "비싸다"는 반응이 많았다. 당시 일산의 구축 아파트 시세가 평당 1,200만 원 정도였다.

아쉽게도 A씨는 청약에 떨어졌지만 포기하지 않았다. 1년 뒤 전매 제한이 풀리면서 분양권이 매물로 나왔다. 2017년 6월 원시티 분양권의 프리미엄은 5,000만 원 정도 붙었다. 주변에선 "분양가도 비싼데 5,000만 원을 더 주고 샀다가 집값이 떨어지면 어쩔 거냐"며 말렸다. 당시 일산은 대다수 부동산 전문가들이 외면한 지역이었다. 서울 집값이 고공행진을 하는 동안 일산 집값은 10년 가까이 횡보했기 때문이다.

GTX 역시 국토부의 계획만 있었을 뿐 예비 타당성 조사조차 통과하지 않았다. 실제 노선이 깔릴지 장담할 수 없는 상황이었다. A씨는 고민을 거듭했다. "일산의 단점은 도심까지 출퇴근이 불편하다는 것인데 GTX가 개통되면 평가가 달라질 수 있겠다고 판단했습니다. 만약 잘 안되더라도 신축 아파트인데 평당 1,300만 원 밑으로 떨어질까 싶더라고요." 당시 A씨는 몰랐지만, 이 분양권 투자는 하방은 막히고 상방은 열린 리얼 옵션의 성격을 띠고 있었다.

킨텍스 분양권 투자로 12억 벌다

A씨는 원시티 당첨자에게 아파트 계약금(분양가 10%)에 웃돈 5,000만 원을 얹어 1억 원을 주고 분양권을 매수한다. 2년 뒤 입주할 때 기존 아파트를 팔고 대출을 추가해 잔금을 낼 생각이었다. 문제는 2019년 8월 입주 시기가 다 되도록 기존 집이 팔리지 않았다는 것이다. 당시

문재인 정부의 잇따른 부동산 규제 정책으로 '거래 절벽'이 닥쳤기 때문이다. A씨는 또 한 번 결단을 내린다. 안 팔리는 기존 집은 당분간 그대로 살고, 새 아파트에 전세 세입자를 들였다. 전세금 4억 원과 담보 대출 7,000만 원을 받아 잔금을 치렀다. "당시 일시적 1가구 2주택 기한인 3년 내 기존 집을 팔면 비과세 적용이 되니 괜찮다고 생각했습니다."

5년에 걸친 A씨의 분양권 투자는 대박을 냈다. GTX와 킨텍스역 부지가 확정되자 원시티 집값은 고공행진을 한다. 한때 실거래가 16억 원을 넘기도 했다. A씨는 초기 투자금 1억 원으로 전세금과 대출(4억 7,000만 원)을 빼고 8억 8,500만 원의 평가 차익(2022년 5월 실거래가 14억 5,500만 원 기준)을 올린다. 수익률 785%다. 게다가 기존 후곡

마을 집은 5년 만에 3억 6,000만 원에서 6억 5,700만 원으로 뛰었다. 이집을 팔면 전세금과 대출을 갚아도 대략 1억 8,700만 원이 남는다. 5년 전 4억 6,000만 원에 불과했던 A씨의 자산은 총 16억 원에 달한다. 킨텍스 분양권 투자로 12억 원을 번 셈이다.

물론 A씨에겐 운이 따랐다. 집값 상승기였기에 전세금을 레버리지로 활용할 수 있었다. 하지만 운이 전부

일산 킨텍스 원시티 아파트 시세
출처: 호갱노노

　　　테슬라 리부트

였을까. A씨는 이른바 전문가들마저 외면한 지역에서 기회를 발견했다. 주변에서 말린 GTX 예정지 투자가 적어도 손해는 아닐 것으로 판단했다. "투자에서 큰 성공은 시장의 반대편에 서 있는데, 시장이 틀리고 내가 옳다는 것이 밝혀질 때"*였다.

시대의 문제적 기업 테슬라

다시 테슬라 주식을 살펴보자. 테슬라 주가는 2023년 말 기준 5년간 1,117% 올랐다. 머스크는 모델3 양산, 흑자 전환, S&P500 지수 가입, 전기차 연 100만 대 생산 등 논란 속에도 본인이 내건 목표를 뚝심 있게 달성했다. 테슬라가 하나씩 미션을 이룰 때마다 주가는 큰 폭으로 상승했다. 그와 함께 성공을 맛본 투자자들은 테슬람이란 두터운 팬덤을 형성했다.

반면 지난 3년간 테슬라 주가는 수익률 18%로 나스닥 지수 상승 수준에 머물렀다. 2024년 들어선 전기차 시장 위축에 따른 판매량 감소로 전고점(409.97달러) 대비 반토막 난 주가가 좀처럼 회복하지 못하고 있다. 향후 주가가 어떻게 흐를진 아무도 모른다. 월가는 테슬라가 2025년 양산을 예고한 저가 소형 차량에 기대를 걸고 있다. 고금리에 취약한 성장주이자 자동차 소비재 기업이니만큼 횡보가

● 　브라운스톤(우석), 《부의 인문학》(2019).

더 길어질 수도 있다.

다만 리얼 옵션의 관점에서 테슬라가 여러 개의 '대박 옵션'을 달고 있는 것에 주목할 만하다. 대표적인 것이 자율주행과 로보택시, 인간형 로봇 옵티머스다. 그 어느 하나 쉽진 않지만 제대로 해낸다면 산업계를 넘어 인류의 삶 자체를 바꿀 혁신적인 사업들이다. 많은 테슬라 주주들은 이 낙관적인 미래에 베팅하고 있는 셈이다.

리얼 옵션 성향을 띤 주식이 오르는 건 '그 옵션에 대한 논란이 일어날 때'라고 한다. 논란이 극대화됐을 때 주가는 정점을 찍게 된다. 머스크가 말하는 미래 비전에 대해 작금의 대중들은 어떤 시각을 가지고 있던가. 여전히 그를 사기꾼이라고 비웃는 사람이 많다면, 아직 늦지 않았을지 모른다. 이 문제적 남자에게 여전히 관심이 쏠리는 이유다.

'킹달러'에 앉아서 16억 번 직장인

국가 부도가 시작됐는데도 정부는 아무런 조치도 취하지 않고 있습니다. 무능하거나, 무지하거나! 저는 그 무능과 무지에 투자하려고 합니다.

여기 말쑥하게 차려입은 한 청년이 사람들을 모아놓고 일장 연설을 하고 있다. 그는 일주일 내로 대한민국이 망할 것이라고 단언하며 자신을 믿고 투자하면 큰돈을 벌 수 있다고 했다. 대다수가 자리를 떠나고 남은 건 단 두 명. 이들은 은행을 돌아다니며 닥치는 대로 '이것'을 사들이기 시작했다. 바로 미합중국의 달러였다.

청년의 예상은 맞아떨어졌다. 외환 위기가 닥치자 증시가 급락하고 원화 가치는 폭락했다. 달러를 사들인 이들은 불과 1주일 만에 두 배가 훌쩍 넘는 수익을 올렸다. 그다음 행선지는 부동산 중개업소.

공인중개사에게 그는 호기롭게 말했다. "최근에 아파트 매물 많이 나왔죠? 그거 모아놓으세요. 집값이 10~15% 더 떨어지면 제가 다 사들이겠습니다."

2018년 개봉한 영화 〈국가부도의 날〉에서 외환 위기를 기회로 인생과 계급을 바꾼 남자 윤정학(유아인 분)의 스토리다. 1997년 외환 위기 당시 원·달러 환율은 달러당 최고 1,962원을 찍기도 했다. IMF 구제 금융 이전 환율이 800원대였음을 감안하면 무서운 폭등이었다. 근 30년 전 경제 위기를 다룬 영화지만 현재의 우리에게 시사하는 바는 작지 않다.

원·달러 고환율은 이제 상수인가

지난 10년간 원·달러 환율은 달러당 1,100~1,200원 선에서 움직였다. 안정적이던 환율은 2022년 들어 고개를 들기 시작했다. 그해 9월엔 달러당 1,440원을 넘으며 시장이 큰 충격을 받았다. 미국이 기준 금리를 급격히 올리면서 전 세계 금융 시장이 불안해지자 안전 자산인 달러 선호 심리가 확산했기 때문이다. 이른바 '킹달러' 현상이다. 이후에도 최근까지 달러당 원화 가치는 좀처럼 1,300원 밑으로 하락하지 않고 있다. 외환 전문가들은 환율이 글로벌 정치·경제·안보 등 복합적 요인에 따라 결정되기에 분석도 예측도 쉽지 않다고 말한다. 확실한 건 글로벌 외환 시장에서 한국 원화의 매력이 떨어졌다는 사실이다.

강달러가 오면 외국인 투자자는 한국 등 신흥국 주식을 판다. 환율만으로 앉아서 손해를 보기 때문이다. 환율 급등과 함께 국내 증시가 하락했던 2022년을 예로 들어보자. 당시 삼성전자 주가는 연일 52주 신저가를 찍으며 5만 원대 초반까지 밀렸다. 외국인들이 투매한 여파였다. 삼성전자의 외국인 비중도 50% 밑으로 내려갔다. 2021년 초 '9만 전자' 고점에 투자했던 동학개미들은 40%대 손실을 봐야 했다.

'킹달러 방패' 든든한 서학개미

반면 미국 주식에 투자한 서학개미들의 상황은 조금 달랐다. 2022년 나스닥 지수도 코스피 지수처럼 조정받았는데 무엇이 달랐던 걸까. 바로 강달러로 인한 환차익이 주가 하락 손실을 일부 방어해줬다는 점이다. 평소 책과 유튜브를 통해 달러 투자를 강조한 홍춘욱 이코노미스트는 "해외 자산에 일정 비율 투자하면 위험을 회피할 수 있다. 기축통화인 달러는 위기 시에도 안전하게 움직인다"고 설명했다.

서학개미가 많은 투자를 한 테슬라 주식을 예로 살펴보자. 테슬라 주가는 2021년 11월 409.97달러가 전고점이었다. 2023년 말 주가는 248.48달러로 고점 대비 40% 하락했다. 이를 원화 가치로 환산하면 어떨까. 테슬라가 고점을 찍었던 2021년 11월 환율은 달러당 1,185

원으로 테슬라 한 주당 약 48만 6,000원이었다. 그리고 2023년 12월 원·달러 환율은 1,310원 수준이었다. 32만 6,000원에 테슬라 한 주를 살 수 있었다. 달러가 아닌 원화로 계산한 테슬라 손실은 33%였다. 킹달러가 한국 투자자에게 7%포인트의 손실을 막아준 셈이다.

원·달러 환율이 1,400원을 넘어갔던 시기에 킹달러 방패는 더욱 든든했다. 2022년 9월 말 주가는 268.21달러로 고점 대비 35% 낮았다. 당시 환율은 달러당 1,434원. 테슬라 한 주에 약 38만 5,000원이었다. 원화로 환산한 테슬라 손실은 21%에 그쳤다.

고금리는 대체로 투자 자산 가격을 하락시킨다. 거대한 돈의 흐름이 안전 자산 중심으로 바뀌기 때문이다. 하락 폭의 차이가 있을 뿐, 주식도 부동산도 선진국과 신흥국도 예외가 없다는 사실을 사람들은 지난 수년간 실감했다. 다만 미국 주식 투자자들에게 고금리·고환율 환경은 손실 방어를 넘어 자산 바겐세일의 기회가 될 수 있다. 앞서 영화 〈국가부도의 날〉이 묘사한 것처럼 2022년 원·달러 환율과 금리가 오르자 끝없이 우상향할 것 같았던 서울 집값이 하락했기 때문이다.

테슬라 투자자가 집을 산다면

서울 잠실에 거주하는 40대 직장인 B씨의 사례를 살펴보자. B씨는 2019년 6월 말부터 테슬라 주식에 투자했다. 당시 초기 투자금 8,000

만 원(원·달러 환율 1,156원)을 들여 4,500주(현재 2회 분할 기준·당시엔 300주)를 주당 15달러 선에 매수했다.

B씨가 테슬라 투자를 결심한 것은 내 집 마련을 위해서였다. 그는 잠실엘스 아파트에 2016년에 전세금 8억을 주고 들어왔다. 당시 33평형(전용 109~112제곱미터) 매매가는 약 10억 원 선. 아내가 대출을 끼고 구입하자고 했지만, B씨는 '고작 아파트 한 채에 10억은 말도 안 된다'고 생각했다. '그 말도 안 되는' 집값은 3년 만에 8억 원이 뛰었다. 2억 원이었던 갭(매매가와 전세가 차이)이 10억 원으로 벌어진 것이다.

B씨는 허탈했지만 포기하지 않았다. 테슬라의 미래를 보고 과감히 여윳돈을 베팅했다. 3년 뒤인 2022년 9월 B씨의 테슬라 수익률은 무려 1,688%가 됐다. 초기 투자금 6만 7,500달러가 120만 달러로 불어났다. 강달러로 환차익도 짭짤했다. 원화로 환산하면 17억 3,000만 원이다. 테슬라 투자 3년 만에 원화로 16억 5,000만 원의 평가 차익을 올린 셈이다. B씨는 절세도 잊지 않았다. 2년 전 평가액이 6억 원으로 불어나자 양도소득세(과세표준의 22%)를 줄일 목적으로 아내에게 테슬라 주식을 모두 증여했다.

"3,000주가량 매도해 11억 5,000만 원을 수익 실현할 생각입니다. 양도세 1억 원을 내고 현재 전세금 10억 원을 합쳐 잠실엘스 집을 매수하려고 합니다. 최근 실거래가도 19억 5,000만 원까지 내려왔더라고요. 작년 고점 대비 30% 가깝게 빠졌으니 기회라고 봅니다." B씨의 말이었다.

B씨의 테슬라 주식 매도 후 아파트 매수 경우의 수

주식 매도 시기	2021년 11월(주가 전고점)	2022년 9월(환율 고점)
테슬라 주가	400달러	268달러
주식 매도 수량	4,500주	4,500주
원·달러 환율	달러당 1,185원	달러당 1,434원
원화 환산 테슬라 주식 가치	21억 3,300만 원	17억 3,000만 원
잠실 아파트 실거래가	26억 원	19억 5,000만 원
집 매수 시 추가 필요 금액	4억 6,700만 원	2억 2,000만 원

※ 주식 차익 양도소득세 및 아파트 취·등록세 등 세금은 계산에서 제외

만약 B씨가 2021년 11월 전고점인 400달러에 테슬라 주식을 팔아서 집을 샀다면 어땠을까. B씨는 총 180만 달러, 원화로 21억 3,300만 원(달러당 1,185원 기준)을 확보할 수 있다. 1년 뒤 파는 것보다 4억 원 더 이득이다. 그러나 주가의 고점 시기는 집값도 고점이었다. 그해 11월 잠실엘스 33평형의 실거래가는 26억 원이 넘었다. 2022년 9월 시세보다 6억 원이 높다. 전고점에 주식을 팔고 집을 샀다면 오히려 2억 원을 더 얹어줬어야 했다는 얘기다. 당연히 주식 양도세와 주택 취·등록세 등 세금 부담도 더 컸을 것이다.

금융 격변기 어떤 자산을 보유할 것인가

《밀레니얼 이코노미》의 저자 박종훈은 "위기에도 흔들리지 않고 자산을 지켜낸 이들에게 경제 위기는 바겐 세일과 같은 기회를 제공해

왔다. 달러 예금 등의 자산에 꾸준히 투자하면 리스크를 줄일 수 있다"고 조언한다. 금융 격변기 어떤 자산을 보유하고 있는가에 따라 성패가 갈린다는 얘기다.

원·달러 환율이 치솟았던 2022년 9월 전직 기획재정부 차관은 국민들이 '달러 사재기'를 한다고 쓴소리를 해 여론의 질타를 받았다. 그의 말을 옮겨본다. "경제를 좀 안다는 사람들과 대화해보면 달러 사서 돈을 벌었다는 사람이 많다. 1997년 외환 위기 때 금 모으기에 나선 국민들이 이번에는 외국인보다 더 맹렬하게 달러를 사들이기 바쁘다. 내국인이 자국 통화 약세에 베팅하는 길이 쉽고 무제한으로 열려 있는 것은 재고해볼 필요가 있다."

전직 차관의 말은 기우가 아니었다. 2년이 지난 2024년 현재에도 미국 주식 열풍은 꺼지지 않고 있다. 코로나 시기 급락했던 한국 주식을 쓸어 담았던 동학개미들은 국장에서 짐을 싸고 있다. 상대적으로 부진한 수익률 탓이다. 결국 우상향하는 미국 주식이나 S&P500·나스닥 지수 ETF로 갈아타는 것이다. 최근 국민연금마저 2029년까지 국내 주식 비중을 13%로 줄이겠다고 발표했다. 한국 증시의 가장 큰 손이 왜 이런 결정을 내렸는지 냉정하게 생각해볼 일이다.

영화 〈국가부도의 날〉 마지막 장면에서 한국은행 통화정책팀장 한시현(김혜수 분)은 마치 관객에게 말하듯 읊조린다 "위기는 반복됩니다. 또 당하지 않기 위해선 잊지 말아야 합니다. 끊임없이 의심하고 사고하세요. 당연한 것을 당연하지 않게 바라보세요."

5장

인서울 꿈꾸던 '빚투'의 눈물

> 연초에 4억 원 플러스였던 주식 계좌가 이젠 마이너스 2억이 됐습니다. 돈 좀 벌었다고 시장에 오만했던 게 후회스럽네요.

테슬라 투자엔 영광의 날들만 있지 않았다. 이 회사의 2010년 상장 후 주가 차트를 살펴보면 변동성이 매우 큰 종목이란 사실을 알 수 있다. 2020년 이전까지 사실상 적자 기업이었기에 실적보다 미래 기대감과 실망에 따라 주가가 움직였기 때문이다. 하지만 국내 투자자들에게 테슬라는 폭발적으로 오르는 우상향 종목이란 인식이 강하다. 대다수는 2020년 코로나19 사태 이후 미국 주식 투자 열풍을 타고 테슬라 투자를 시작했기 때문이다. 서학개미가 대거 유입된 2020년 초부터 2021년 말까지 2년간 테슬라 주가는 12배 넘게 올랐다.

고공행진하던 주가가 곤두박질친 건 미국 기준 금리 인상이 본격화된 2022년부터다. 그해 12월 27일은 많은 테슬라 투자자들이 잊지 못하는 날이다. 테슬라 주가는 이날 11% 넘게 급락하며 7거래일 연속 하락한다. 종가 109.1달러. 전고점 대비 75% 낮은 주가였다. 시장엔 조만간 100달러 선이 무너질 수 있다는 공포감이 엄습했다. 하락장에도 테슬라 투자를 옹호했던 강성 지지자들도 이날은 침묵을 유지했다. 테슬라가 두 번의 주식 분할 및 S&P500 지수 가입, 흑자 전환, 차량 연간 100만 대 생산, 베를린·텍사스 신공장 개장 등의 호재로 쌓아 올린 주가는 모래성처럼 무너졌다. 2년 넘게 투자한 주주들은 허탈할 수밖에 없었다.

테슬라 주가는 왜 하락했나

전문가들이 말하는 테슬라의 하락 이유는 크게 세 가지다. 첫째로 테슬라가 금리 인상기에 취약한 성장주이기 때문이다. 미국의 기준 금리는 2022년 초 0.25%에서 2023년 말 5.5%까지 급격히 상승했다. 치솟는 물가를 잡기 위한 미국 연방준비제도(Fed)의 독한 처방이었다. 미래 가치를 현재로 당겨와 평가하는 성장주는 금리 인상기에 할인율이 높아져 주가가 하락하는 경향이 있다. 2023년 초 테슬라 PER은 30배 선까지 떨어졌다. 한때 1,000배에 달했던 수치를 생각하면 격세지감이 아닐 수 없다. 당시 주가에 자율주행이나 로봇과 같은 미래 사업의 가치가 거의 반영되지 않았다는 얘기다.

둘째로 테슬라가 실제로 돈을 버는 전기차 사업이 고금리와 맞물려 수요가 크게 위축됐다. 전기차 최대 시장 중국에선 저가로 전기차를 생산하는 기업이 다수 늘었다. 테슬라가 아무리 가격 인하를 한다 한들, 중국산 전기차와의 가격 전쟁에서 버텨내긴 쉽지 않았다. 차량 판매량이 떨어지자 이익이 감소했고 미래 실적 전망도 어두워졌다. 월가에선 "테슬라가 평범한 자동차 회사가 됐다"는 냉정한 평가가 나왔다.

마지막으로 오너 리스크다. 테슬라는 머스크의 비전과 리더십에 크게 의존하는 기업이다. 댄 아이브스 웨드부시 연구원은 "테슬라가 곧 머스크고 머스크가 곧 테슬라다"고 평하기도 했다. 그런 머스크가 2022년 트위터 인수 자금 마련을 위해 테슬라 주식 229억 달러(약 31조 원)어치를 장내 매각한다.● 이 충격으로 테슬라 주가는 그해 말 100달러 선까지 밀렸다. 더 큰 문제는 투자자들 사이에서 머스크에 대한 신뢰가 크게 훼손됐다는 점이다. 대주주가 언제든 대량 매각을 할 수 있는 주식을 선호하는 기관은 없다.

머스크를 믿으면 금세 부자 된다

2020년 6월부터 테슬라 투자를 시작한 40대 직장인 C씨는 증권 앱

● CNN에 따르면 머스크는 2022년 4월부터 12월까지 440억 달러에 달하는 트위터 인수 자금을 조달하기 위해 229억 달러어치의 테슬라 주식을 매각했다.

을 열기가 두려웠다. 그는 유튜브를 통해 테슬라 및 머스크 관련 영상을 보고 테슬라 투자에 빠져들었다. 아내까지 설득해 여윳돈을 계속 투자한 게 어느새 1,500주였다. 다른 주식은 보지 않고 오직 테슬라에만 올인한 결과였다. 2022년 초 그의 증권계좌 평가액은 60만 달러에 달했다. 한 주당 평균 단가 170달러. 수익률은 130%가 넘었다. 당시 원화 가치(1달러 1,200원)로 환산하면 7억 2,000만 원이었다. 그는 투자 1년 반 만에 4억 원이 넘는 평가 차익을 올렸다.

같은 기간 삼성전자, 카카오, 네이버 등 국내 주식에 투자한 C씨의 동료들은 쓴잔을 마셔야 했다. 자신감에 찬 C씨는 동료들에게 계좌를 보여주며 "부자 되는 게 전혀 어렵지 않다. 세기의 혁신 기업 테슬라에 투자하라"고 얘기했다. 머스크를 의심하는 사람들에겐 "머저리가 뭘 안다고, 역시 아무나 부자가 되는 게 아니구나"라며 속으로 혀를 찼다.

2022년 4월 이후 주가가 계속 하락할 때도 C씨는 느긋했다. "금리가 오르는데 그동안 급등한 주가를 감안하면 조정은 어쩔 수 없다"며 "오히려 저가 매수 기회"라고 생각했다. 그는 주변에 "연말 머스크가 약속한 자율주행 SW인 FSD 베타가 출시되면 공매도 대학살이 벌어진 2020년 말처럼 숏스퀴즈가 일어날 수 있다"고 말했다. C씨는 그해 6월 테슬라 주가가 200달러 선을 횡보할 때 집중적으로 추가 매수했다. 어느새 그의 계좌엔 테슬라 주식이 1,800주로 불었고 평균 단가는 200달러로 올라갔다.

장기 투자자마저 계좌 '파란불'

테슬람 C씨의 투자 심리가 흔들린 건 2022년 10월 이후다. 머스크 가 주식을 대량으로 팔아치우자 처음으로 '이건 아닌데'라는 의심이 들기 시작했다. 트위터 인수 이후의 행보도 불안했다. 정치에 무관심 한 중도층 C씨는 머스크의 잇따른 공화당 지지 발언이 마음에 걸렸 다. "바이든 미국 대통령과 민주당이 노조, 코로나 봉쇄, 보조금 문제 등에 비협조적이었다 해도 엄연한 정부 여당인데 왜 굳이 적을 만드 는지 이해할 수가 없었습니다."

바닥 모르고 추락한 주가는 C씨의 평단마저 깨뜨렸다. 그해 말 그 의 평가 손실은 16만 달러가 넘었다. 원화로 2억 원에 달하는 손실이 었다. 2년여 투자 기간 천국과 지옥을 모두 맛본 셈이다. C씨는 "대 주주가 주식을 파는 건 악재임에도 추가 매수로 대응한 게 뼈아픈 실책이었다"며 "일부 투자자들처럼 빚을 내서 레버리지 투자를 하지 않은 게 그나마 다행"이라고 말했다.

C씨의 증언처럼 당시 테슬라 투자자 중엔 신용 대출이나 주택 담 보 대출 등을 쓴 이들이 적지 않았다. 보통 평균 매입 단가가 낮은 투 자자들이 주가 급락기 추가 매수를 위해 빠르게 자금을 동원하는 방 법이다. 레버리지 투자는 그러나 양날의 검과도 같다. 주가 상승기엔 수익을 극대화하지만, 하락기엔 주식을 헐값에 강제로 처분하는 반 대 매매●를 당할 수도 있다. 증권사에선 반대 매매를 하기 전 담보 비율을 맞출 추가 증거금을 요구한다. 투자자들이 가장 두려워하는

마진콜(Margin Call) ●●이다. 당시 테슬라 투자 커뮤니티에서 "마진콜 위험 때문에 피 같은 테슬라 주식 일부를 정리했다"라거나 "담보 비율을 낮춰 달라"는 말이 돌았던 건 이 때문이었다.

레버리지 투자는 비단 고수들만의 영역이 아니었다. 초보 투자자들도 거침없이 '빚투'에 빠져들었다. 경기도 김포에 거주하는 30대 직장인 D씨는 "인서울을 목표로 2021년부터 테슬라 투자를 시작했고, 주택 담보 대출 1억 5,000만 원을 받아서 물타기까지 했다. 이러다 집마저 날리는 건 아닌지 걱정돼 밤잠을 설친다"고 토로했다. 대전에 사는 40대 주부 E씨도 "테슬라 급락기에 3,000만 원 신용 대출을 받아 매수했는데 주가는 도로 바닥이다. 원금은 고사하고 이자 낼 생각에 답답하다"고 했다.

그 많던 유튜버는 다 어디로 갔나

서학개미들이 미국 주식 중 유독 테슬라를 사랑했던 건 테슬라 투자 유튜버들의 영향이 적지 않았다. 이들은 매일 테슬라 관련 뉴스를 전하고, 분기 실적 발표나 AI 데이 같은 큰 행사가 있을 땐 실시간 통역

● 투자자가 증권사로부터 빌린 돈으로 주식을 매수한 뒤 주가가 하락해 담보 비율이 일정 수준 이하로 떨어지면, 증권사가 투자자의 동의 없이 강제로 주식을 매도해 빌려준 돈을 회수하는 것을 뜻한다.
●● 마진콜은 투자한 자산의 가치가 하락할 때 증권사가 추가 자금이나 담보를 요구하는 통보다. 이 요구에 응하지 않으면 증권사는 투자자의 자산을 강제로 매도할 수 있다.

을 하기도 했다. 유튜브 채널 몇 개만 구독해도 웬만한 미국 개인 투자자 못지않은 테슬라 정보를 실시간으로 접할 수 있었다. 일부 유튜버는 본인의 계좌를 공개하고 투자 비법을 알려주겠다며 유료 회원을 모집하기도 했다.

수만 명이 넘는 구독자를 모으며 상승가도를 달리던 테슬라 유튜버들은 급락장이 오자 수모를 겪었다. 당시 '테슬라 돈생강사(돈 생기면 그냥 사라)'를 전파하던 인기 유튜브 채널 M에도 항의성 댓글이 쏟아졌다. 테슬라 주식을 팔지 않았다는 증거로 계좌를 인증하라는 요청이었다. 최근 이 채널은 테슬라에서 비트코인으로 주력 상품이 바뀌었다. 주가가 급등할 땐 장기 투자를 외치다가 하락장이 오자 발빠르게 갈아탄 것이다. 또 다른 인기 투자 유튜버 T씨는 투자자들의 항의에 "2022년은 조심해야 하는 해라고 분명히 말했다"고 항변했다. 그는 현재 방송을 중단한 상태다. 테슬라에 전 재산을 올인한 후 세계 여행을 다닌다는 유튜버 역시 언제부터인가 테슬라에 대한 이야기는 사라졌다.

일부 네티즌은 "투자는 본인 책임인데 왜 유튜버를 탓하고 개인 계좌를 공개하라는 건가"라고 지적한다. 필자 역시 그 말에 동의한다. 누구도 개인의 투자를 책임질 수 없다. 일부 인플루언서들이 과장된 발언을 했더라도 그 말은 참고에 그쳐야 한다. (물론 그들이 도덕적 비난까지 면해야 한다는 얘기는 아니다.) 투자의 세계엔 도사도 선지자도 없다. 있다고 한들 일반 대중에게 공짜나 유료 강의 형식으로 알려줄 턱이 있겠는가.

심지어 머스크조차 테슬라 투자자를 책임지지 않는다. 냉정하게 말해 그는 본인의 사업과 비전을 위해 움직이는 대주주일 뿐이다. 대주주의 이익이 개인 주주와 늘 일치할 것이란 생각은 큰 실망을 부를 수 있다. 2022년 10월이 바로 그러했다.

10년 투자할 결심, 테슬라 ETF

> 테슬라는 8~10년 뒤 시가총액 4.5조 달러(약 6,200조 원)가 될 것입니다.

론 바론(Ron Baron) 바론캐피털 회장 겸 CEO가 2023년 인터뷰에서한 말이다. 바론은 테슬라 초기 투자자로 막대한 돈을 벌면서 유명해졌다. 2014~2016년 테슬라에 집중 투자해 3억 8,700만 달러어치(약 5,380억 원) 주식을 매집했다. 당시 주당 평균 매입 단가는 14달러. 중간에 일부 팔긴 했지만, 현재까지 그의 펀드는 테슬라 주식 1,750만 주를 보유한 것으로 알려졌다. 전체 투자 포트폴리오의 10%에 달한다. 바론 개인적으로도 500만 주를 보유하고 있다.

바론이 제시한 10년 뒤 4.5조 달러 시총은 현재 테슬라 가치의 8배에 달한다. 최근 테슬라 주가가 많이 하락했지만, 여전히 미국 시가총액 10위권의 대기업이다. 중소기업이 8배 성장하는 것과 대기업이 8배 성장하는 것은 차원이 다르다. 쉽지 않은 목표란 얘기다.

그는 도전적 전망의 근거를 다음과 같이 설명했다. "글로벌 자동차 시장에서 전기차가 차지하는 비율은 6%에 불과하다. 전기차는 성장할 여지가 크고 테슬라는 이 시장을 선도하고 있다. 자율주행, 로봇, 배터리 사업 등은 수익 구조를 다각화하고 미래 가치를 높일 것이다. 테슬라만큼 많은 주행 데이터를 가지고 자율주행 개발에 나선 기업은 없다. 무엇보다 머스크의 혁신적 리더십은 장기적 성공에 중요한 역할을 차지한다."

바론의 장밋빛 전망엔 많은 이견이 뒤따를 수 있다. 치열해지는 전기차 시장에서 테슬라가 계속 1위를 유지할 수 있을지, 자율주행과 로봇 사업에서 성공할 수 있을지 현재로선 알 수 없다. 중요한 것은 바론과 머스크 모두 장기적인 비전을 염두에 두고 있다는 점이다. 많은 이들이 테슬라 주식을 멀리 보고 투자하라고 권하는 이유다.

ETF로 테슬라에 투자하려면

주식은 그러나 변동성이 큰 투자 상품이다. 장기 투자가 쉽지 않다. 테슬라처럼 주가의 부침이 심한 성장주는 하락장에서 큰 고통을 감내해야 한다. 워런 버핏, 피터 린치(Peter Lynch) 등의 대가들이 투자의 주요 요건으로 인내를 꼽은 이유다.

주식의 변동성을 줄이면서 오랜 기간 투자하려면 어떻게 해야 할까. 전문가들은 ETF(상장 지수 펀드)가 대안이 될 수 있다고 말한다. ETF는 추종 지수에 편입된 여러 종목을 저렴하고 손쉽게 분산 투자할 수 있다. 일반 펀드에 비해 운용 보수가 낮아 장기 투자에 적합하다.

특히 국내 상장 ETF는 세제 혜택*이 있는 연금 저축이나 퇴직 연금 계좌를 통해 투자할 수 있다. 이 상품의 가장 큰 장점이라 할 수 있다. 미국 등 해외 증시에 상장된 ETF는 연금 계좌로 투자할 수 없기 때문이다. 예를 들어 국내 상장 ETF인 'TIGER 나스닥100'과 미국 상장 ETF인 'Invesco QQQ Trust'는 모두 미국 나스닥100 지수에 투자하지만, 후자는 국내 연금 계좌에서 매수할 수 없다.

그렇다면 테슬라를 국내 ETF로 투자할 방법은 없을까. 우선 미국 주식 투자 열풍과 함께 인기를 끈 나스닥 지수 ETF를 통해 간접적으로 테슬라에 투자할 수 있다. 순자산 3조 원이 넘는 대형 ETF인 'TIGER 미국나스닥100'의 경우 테슬라 비중이 2.37%(2024년 6월 기준)다. 테슬라 비중은 작지만 그만큼 분산 투자가 된다는 장점이 있다.

테슬라 비중이 좀 더 큰 국내 ETF는 어떤 게 있을까. 여기서부턴 지수 추종이 아닌 액티브 ETF를 찾아야 한다. 액티브형은 펀드매니저가 적극적으로 ETF 포트폴리오를 관리해 목표 수익을 달성하는 상품을 말한다. 테슬라가 서학개미의 인기 종목인 만큼, 관련 ETF

● 연금 저축과 개인형 퇴직 연금(IRP) 등을 합산해 연간 최대 900만 원까지 세액 공제를 받을 수 있다. 투자 수익은 인출 때까지 과세가 이연된다. 55세 이후 연금 소득세는 3~5%의 낮은 세율이 적용된다.

도 과거보다 상품 구색이 다양해졌다. 상품명에 테슬라를 내건 국내 ETF 4개를 소개한다. 순자산 규모와 테슬라 투자 비중 등은 모두 2024년 6월 기준이다.

투자 전략 다양해진 테슬라 ETF

TIGER 테슬라채권혼합Fn

미래에셋자산운용의 'TIGER 테슬라채권혼합Fn'은 가장 대표적인 테슬라 ETF다. 2022년 11월 상장해 순자산은 1,200억 원 규모다. 총 보수는 연 0.25%다. 이 상품이 유명세를 얻은 건 국내 최초 단일 종목에 집중 투자하는 ETF였기 때문이다. 단일 종목 ETF는 주식 한 종목과 나머지를 채권으로 구성한 혼합형 ETF다. 특정 종목의 비중은 최대 30%까지 가능하다.

테슬라채권혼합Fn은 자산의 30%를 테슬라 주식에 투자하고 나머지 70%를 채권으로 채웠다. 채권 비중이 높은 만큼 테슬라 주식보다 변동성은 낮아진다. 앞서 말했듯 이 상품은 연금 계좌 투자에 활용 가치가 있다. 특히 안전 자산을 30% 이상 반드시 담아야 하는 퇴직연금(IRP · DC)이 그렇다. 주식 비중 30% 이하인 이 ETF는 연금 계좌의 안전 자산으로 분류된다. 이 상품만으로 연금 계좌를 100% 채울수 있다는 얘기다. 공격형 투자자라면 이러한 단일 종목 ETF를 30% 편입해 연금 계좌 내 위험 자산 비중을 기존 70%에서 79%까지 끌어울릴 수 있다.

KODEX 테슬라인컴프리미엄채권혼합액티브

최근 투자자들에게 인기를 모은 테슬라 ETF다. 테슬라 투자 비중은 24.5%다. 안전 자산으로 분류돼 연금 계좌에 100% 담을 수 있다. 이 상품의 특징은 테슬라에 투자하면서 동시에 월 배당금을 받을 수 있다는 점이다. 삼성운용에 따르면 배당은 연 15%를 목표로 한다. 테슬라 주식을 보유한 상태에서 테슬라 콜옵션(Call Option)을 매도하는 커버드콜(covered call)˙ 전략을 통해서다. 콜옵션 매도와 채권 이자 등으로 안정적 현금 흐름을 창출하면서 주가 상승을 노리는 것이다. 다만 테슬라 주가가 상승할 때 차익은 적게 가져간다. 수수료도 다소 비싼 편이다.

해외에서 인기 있는 '일드맥스 테슬라 옵션 인컴 전략 ETF'(TSLY)의 한국판 버전이라고 할 수 있다. 실제 이 상품은 TSLY를 12%가량 담고 있다. 삼성자산운용에서 2024년 1월 출시했고 순자산 1,600억, 총보수는 연 0.39%다.

KODEX 테슬라밸류체인FactSet

ETF 이름 그대로 테슬라와 밸류체인 기업들에 투자하는 상품이다.

● 보유 주식에 콜옵션을 매도해 프리미엄을 받는 방법이다. 주가가 크게 변동하지 않을 때 안정적인 수익을 제공한다. 주가 상승 시 추가 이익이 제한되며, 하락 시 프리미엄이 손실을 일부 상쇄한다.

앞서 두 ETF와 달리 주식형 상품으로 연금 계좌에 최대 70%까지만 담을 수 있다. 테슬라 주식(26%) 외에 전기차 배터리, 차량용 반도체, 자율주행 관련 운전자 보조 시스템(ADAS) 기업 등에 투자한다. 엔비디아, NXP, AMD, 앱티브, LG에너지솔루션 등이다. 테슬라를 포함해 전기차 산업이 커지면 그 수혜를 온전히 누릴 수 있다는 장점이 있다. 다만 최근 운용 자산이 90억 원 수준에 불과해 시장의 관심에서 밀려났다. 삼성자산운용이 2023년 6월에 출시했고 총보수는 연 0.18%다.

ACE 테슬라밸류체인액티브

국내 테슬라 ETF 중 가장 논란이 된 상품이다. 한국투자신탁운용이 2023년 5월 상장한 이 ETF는 테슬라 주식 외에 미국의 테슬라 2배 추종 레버리지 ETF 2개를 함께 담았다. 이 ETF에 투자하면 투자금의 60~70%를 테슬라에 투자하는 효과를 낸다. '테슬라 몰빵형' ETF인 셈이다. 정부가 단일 종목 ETF를 허용하면서 내건 '한 종목 최대 30%' 규제를 살짝 피해간 것이다. 이 때문에 최근 금융 당국은 신규 ETF를 출시할 경우 한 종목의 노출 비중 상한을 30%로 제한하겠다는 내부 결론을 내렸다. 현실화된다면 테슬라밸류체인액티브와 비슷한 후속 상품이 나올 수 없다는 얘기가 된다.

자연스레 투자자들의 관심이 쏠렸다. 순자산 2,700억 원대로 테슬라 ETF 중 최대 규모다. 주식형 상품으로 연금 계좌의 70%까지 채울 수 있다. 총보수는 연 0.29%다.

테슬람의 연금 계좌 포트폴리오

테슬라 열성 팬이 ETF에 투자한다면 어떨까. 중소기업에 다니는 40대 중반 직장인 F씨는 현재 월수입이 500만 원 정도다. 20년 가까이 일한 결과 수도권에 내 집 마련도 성공했다. 그러나 앞으로가 문제다. 10여 년 뒤면 퇴직을 걱정해야 하는데 집을 사고 대출을 갚느라 모아놓은 돈이 많지 않다. 이대로 준비 없이 노후를 맞는 건 아닌지 걱정이다.

F씨는 테슬라의 장기 비전을 믿는 테슬람이다. 그는 바론의 전망대로 테슬라가 2030년 이후 전 세계 시가총액 1위 기업이 될 것으로 생각한다. F씨의 퇴직 연금 계좌엔 현재 1억 원가량이 있다. 테슬라 ETF를 활용해 연금 계좌 포트폴리오를 바꿔보려고 한다.

F씨가 생각한 첫 번째 포트폴리오는 테슬라 1호 ETF인 테슬라채권혼합Fn에 깔끔하게 1억 원 올인이다. 그러나 주식 비중이 30%밖에 안 된다는 게 다소 아쉽다. 바론의 주장처럼 10년 뒤 테슬라 주가가 8배 오른다고 해도 그의 연금 계좌 기대수익률은 140%(테슬라+채권 투자 수익)다. 공격형 투자자인 그에겐 기대에 차지 않는 목표다. 다만 채권 비중이 큰 만큼 주가 하락기에 안정성은 높아진다.

두 번째 포트폴리오는 주식형, 인컴형, 안전 자산형 테슬라 ETF를 골고루 섞는 것이다. 연금 계좌에 테슬라밸류체인FactSet 50%, 테슬라인컴프리미엄채권혼합액티브 30%, 테슬라채권혼합Fn 20%를 채운다면 월 배당 수익과 함께 테슬라 주가 상승 차익을 기대해볼 수 있다. 이렇게 되면 F씨의 연금 계좌는 주식 투자 비중이 절반을 넘는다. 테슬라 투자 비중은 전체의 27% 정도다.

마지막은 테슬라에 집중하는 포트폴리오다. ACE 테슬라밸류체인 액티브 70%, 테슬라채권혼합Fn 30%를 담는다고 가정해보자. F씨의 연금 계좌는 테슬라 투자 비중만 사실상 50%에 달하게 된다. 국내 연금 계좌로 테슬라 비중을 최대한 늘리는 방법이다. 테슬라 주가가 상승하면 그 수혜를 누리겠지만 하락기엔 큰 손실을 입을 수도 있다. 변동성이 커지는 위험을 감수해야 한다는 얘기다. 테슬라밸류체인액티브가 액티브 ETF이기 때문에 향후 테슬라 비중이 달라질 수 있는 점도 염두에 둬야 한다.

F씨의 일부 포트폴리오는 일반 투자자에게 적합하다고 보긴 어렵다. 테슬라가 만약 실패한다면 낭패를 볼 수 있기 때문이다. 전문가들은 연금 계좌에 주식 60%, 채권 40% 정도로 구성하는 것을 추천한다. 자신의 성향이 보수적이라면 채권 비중을 더 높여야 한다. 테슬라 ETF와 함께 다른 ETF를 자신의 투자 성향에 맞춰 구성하는 것도 좋은 방법이다.

연금 계좌는 정부가 세제 혜택을 주는 대신 해지에 따른 비용이 매우 크다. 강제 저축·강제 투자의 효과가 있는 것이다. 모든 사람이 장기 투자자 바론처럼 긴 시간을 견뎌내긴 어렵다. 조만간 써야 할 돈을 투자했는데 손실이 났다면 원금 생각이 간절한 게 인지상정이다. 하지만 연금 저축이나 퇴직 연금 계좌를 통해 투자한다면 '손절' 유혹에서 어느 정도 버틸 수 있다. 당장 쓸 수 없는 여윳돈이기 때문이다.

2022년 11월 바론 투자 콘퍼런스에 참석한 머스크는 한 노신사에게 질문을 받았다. "테슬라 주가가 고점에서 40% 하락했고 순이익의 70배에 거래되고 있습니다. 이제 막 전기차를 생산한 벤츠는 PER 6배입니다. 왜 벤츠 대신 테슬라에 투자해야 할까요?" 고PER 기업인 테슬라에 충분히 할 수 있는 지적이다. 머스크는 다음과 같이 답했다.

"저는 테슬라에 투자하라고 권한 적이 거의 없습니다만 사람들은 저를 무시하고 계속 주식을 샀습니다. 자율주행은 이 문제의 근본적 돌파구가 될 것입니다. 그 누구도 자율주행 기술에서 테슬라를 따라올 수 없습니다. 자동차는 앞으로 동일한 비용으로 5배 유용하게 쓰일 겁니다. 그 미래를 현재의 가치로 계산해보면 엄청납니다. 테슬라엔 옵티머스 로봇도 있습니다. 인간형 로봇으로 노동력의 제약이 없어진다면 그 성장을 제한할 어떤 것이 있을까요?"

이 혁신가는 다짐하듯 덧붙였다. "이 일은 반드시 일어날 겁니다."

7장

결국 경영자에게 달렸다, 필립 피셔

> 위대한 기업에 중요한 것은 더욱 강력한 성장을 이뤄내고자 하는 결의와 성장 계획을 최종적으로 완성해낼 수 있는 실행 능력을 갖춘 경영진이다.

2023년 미국 증시는 AI 붐을 타고 '황야의 7인'이 불을 뿜었다. 애플, MS, 알파벳, 아마존, 엔비디아, 테슬라, 메타를 지칭하는 '매그니피센트 7' 얘기다. 그해 테슬라 주가는 134% 반등하며 이름값을 했다. 하지만 2024년 들어 상황이 달라졌다. 다른 빅테크 기업 주가는 사상 최고를 경신하고 있지만, 테슬라는 홀로 부진을 면치 못하고 있다. 3년 넘게 투자한 주주들은 허탈할 수밖에 없다. 도대체 어디서부터 잘못된 것일까. 언론이 비판하는 머스크의 괴짜 행보 탓인가, 개미들의 지나친 욕심 탓인가. 아니면 고금리 상황에서 성장주에 낀 거품이 빠지는 자연스러운 과정인가.

바둑 고수들은 시합 이후 복기를 한다. 같은 실수를 반복하지 않기 위해서다. '바둑 황제' 조훈현 9단은 "승부사인 프로 기사들이 대부분 겸손한 건 복기를 통해 꾸준히 자아 성찰을 하기 때문이다"고 했다. 투자의 세계 역시 크게 다르지 않다. 국내 대표 가치 투자자 이채원 라이프자산운용 의장은 "하락장의 위기가 오면 투자 대가들의 책을 읽으며 마음을 달랜다"고 말한 바 있다.

위대한 기업을 찾는 15가지 방법

이번 장에선 전설적인 투자 대가들이 남긴 고전을 통해 과거를 성찰하고 향후 대응 방안을 모색하려 한다. 첫 번째로 소개할 투자 대가는 '성장주의 아버지'이자 워런 버핏의 스승으로 알려진 필립 피셔(Philip Fisher, 1907~2004)다. 그는 1950년대 처음으로 성장주(growth stocks)라는 개념을 소개해 월가의 투자 흐름을 바꾼 인물이다.

피셔는 무엇보다 기업의 질(quality)을 중시했다. 투자할 기업을 고를 때 최고경영자의 능력과 미래 계획, 연구 개발 역량 등을 가장 중요한 요소로 평가했다. 현대 가치 투자 이론을 정립한 벤저민 그레이엄(Benjamin Graham)이 기업의 재무제표 등 계량적 분석을 중시했다면, 피셔는 정성적 분석으로 최고의 기업을 찾으려 했다.

피셔는 1958년 펴낸 저서 《위대한 기업에 투자하라》를 통해 투자할 가치가 있는 기업을 찾기 위해선 15가지 포인트를 체크해야 한다고 밝혔다. 그는 이 15개 포인트를 상당수 충족하는 우량 기업은 향후 수십 년간 주당순이익이 폭발적으로 증가할 것이라고 설명했다. 투자자가 이런 '제대로 된 주식'을 매수해 장기간 보유하면 아주 괜찮은 수익을 올릴 수 있다는 것이다. "저평가된 가치주는 고작 50% 상승에 그치지만, 성장주는 10년마다 몇 백%의 주가 상승을 기대할 수 있다."

—— 필립 피셔의 위대한 기업을 찾는 15가지 방법

1. 향후 몇 년간 매출이 늘어날 잠재력을 가진 제품·서비스를 갖고 있는가?

2. 최고경영진은 매출을 추가로 늘릴 신제품과 기술을 개발하려는 결의를 갖고 있는가?

3. 연구 개발 노력은 회사 규모를 감안할 때 얼마나 생산적인가?

4. 평균 수준 이상의 영업 조직을 가지고 있는가?

5. 영업 이익률은 충분히 거두고 있는가?

6. 영업 이익률 개선을 위해 무엇을 하고 있나?

7. 돋보이는 노사 관계를 갖고 있는가?

8. 임원들 간 훌륭한 관계가 유지되고 있는가?

9. 두터운 기업 경영진을 갖고 있는가?

10. 원가 분석과 회계 관리 능력은 우수한가?

11. 동종 업계서 특별한 별도 사업을 갖고 있나?

12. 이익을 보는 시각이 단기적인가, 장기적인가?

13. 향후 증자로 인해 주주의 이익이 희석될 가능성이 있나?

14. 경영진은 문제가 발생하면 입을 꾹 다물어버리진 않는가?

15. 의문의 여지가 없을 정도로 진실한 경영진을 갖고 있는가?

결국은 경영진에게 달렸다

피셔의 15가지 포인트를 살펴보면 경영진과 관련된 것이 2, 7, 8, 9, 14, 15번으로 6개에 달한다. 그는 그만큼 기업 경영진의 자질과 태도, 그리고 선견지명을 중시했다. "규모와 관계없이 위대한 기업에 중요한 것은 더욱 강력한 성장을 이뤄내고자 하는 결의와 성장 계획을 최종적으로 완성해낼 수 있는 실행 능력을 갖춘 경영진이다. 이런 기업의 경영진은 광범위한 성장 계획을 갖고 있으면서도 끊임없는 열정을 발휘해 일상적인 회사 업무를 탁월하게 처리해나간다."

다시 테슬라로 돌아가보자. 테슬라의 수장 머스크는 겉보기엔 화려한 슈퍼 CEO다. 남아프리카공화국 출신의 이민자 청년은 미국으로 건너간 뒤 30년간 10개의 기업을 창업 또는 인수했고 대부분 큰 성공을 거뒀다. 상장사인 테슬라는 한때 시가총액 1조 달러를 넘겼고 머스크는 세계 최고 부자의 자리에 오르기도 했다. 어느새 그는 스티브 잡스 애플 창업자의 뒤를 잇는, 아니 그를 넘어설 세기의 혁신가로 부상했다. 기존 완성차를 포함한 전 세계 유수의 기업이 앞다

뭐 테슬라와 머스크를 배우려 했다.

그러나 영광의 성취 뒤엔 그늘도 있었다. 그의 독단적인 경영 스타일은 자주 구설에 올랐다. 부하 직원들을 가차 없이 밀어붙였고 해고도 서슴지 않았다. 언론은 머스크가 테슬람이라 불리는 열성 팬과 '예스맨' 경영진에 둘러싸여 있다고 지적했지만, 테슬라와 스페이스X의 폭발적인 성장에 묻혔다. 결국 머스크의 트위터 인수 후 테슬라 주식 대량 매각과 거듭된 정치 편향 발언은 주주들에게 큰 실망을 안겼다.

피셔가 본 '머스크의 자질'

머스크는 피셔의 경영진 관련 포인트 중 2번이 압도적으로 뛰어나다. 전기차, 로켓, 자율주행, 에너지, AI, 인간형 로봇 등 그는 강력한 결의와 리더십으로 신사업을 추진했다. 터무니없는 꿈처럼 보이는 것들이 그의 손에서 조금씩 현실화하려는 움직임을 보이자 전 세계에서 막대한 투자금이 쏟아져 들어왔다. 주가는 천정부지로 치솟았다. 테슬라가 세계 최고의 혁신 기업으로 부상한 가장 큰 원동력이다.

나머지 포인트는 어떨까. 7, 8번의 경우 평균 수준으로 보이며 외부에서 평가하기가 쉽지 않다. 테슬라는 무노조 경영이지만, 노사 분쟁이 심하다거나 파업을 벌였다는 뉴스는 찾아보기 어렵다. 주식 스톡옵션 등이 직원 사기 진작에 도움이 됐을 것으로 보인다. 피셔는

"아직 노조가 없는 기업이라면 평균 이상의 노사 관계나 인사 관리를 유지하고 있을 가능성이 높다. 그렇지 않다면 오래전에 노조가 결성됐을 것"이라고 설명했다.

하지만 9, 14, 15번엔 높은 점수를 주기 어렵다. 테슬라는 사실상 '머스크 왕국'이라 해도 과언이 아니다. 전문가들은 "그의 가족 및 측근들이 이사회를 장악했고, 사내 그 어떤 견제도 찾아볼 수 없다"고 비판한다. 피셔는 "아주 탁월한 1인 기업가 혼자서 회사를 이끌어간다 해도 규모가 작으면 훌륭하게 해나갈 수 있다. 이런 기업은 몇 년 정도는 대단한 투자 기회를 제공한다. 그러나 이런 핵심적인 인물이 사라졌을 경우 회사의 파국을 막을 수 있는 것이 무엇인지 염두에 둬야 한다"고 설명했다.

최근 머스크의 3억 주 규모의 주식 보상 패키지 소송은 15번 문제와도 연관이 있다. 경영진이 주주에 대한 도덕적 책임감을 얼마나 갖고 기업을 이끌고 있는가. 피셔는 이에 대해 날카롭게 지적한다. "주주에게 가장 큰 피해를 입히는 것은 내부 경영진이 스톡옵션을 발행하는 권한을 남용하는 경우가 될 것이다. 이 제도를 악용해 자신에게 엄청난 스톡옵션을 부여하고 아무것도 모르는 외부 투자자들은 이를 정당한 보상이라고 잘못 판단하게 된다."

지속 가능한 에너지로의 전환, 다행성 종족이 되기 위한 우주탐사, AI 위협을 대비한 초지능 인류 프로젝트. 머스크가 일생을 걸고 추구하는 미션이다. 그는 돈보다 사명(使命)을 좇는 자다. 투자자의 신망을 얻는 것은 그의 제1 관심사가 아니다. 트위터 인수 자금을 위해

테슬라 리부트

테슬라 주식을 판 것도 이런 차원에서 볼 수 있다. 그렇다면 CEO 리스크가 부각된 테슬라는 피셔가 평생을 두고 찾은 위대한 기업엔 미치지 못한 걸까. 그의 말을 좀 더 들어보자.

위대한 기업과 애플, 그리고 테슬라

"역사적으로 최고의 수익을 올린 투자자는 오랜 기간 매출과 순이익이 전체 산업 평균보다 훨씬 높게 성장한 소수의 기업을 찾아내 보유한 사람들이었다. 이런 종목이 설립 초기의 작은 기업들만은 아니다."

피셔가 투자한 대표적 종목 중 하나는 모토로라다. 그는 1955년 이 기업을 발굴해 2004년 죽을 때까지 보유한 것으로 알려졌다. 50년에 걸친 그의 모토로라 수익률은 무려 25만%에 달하는 것으로 추정된다. 그가 현재까지 살아 있었다면 어떤 기업을 골랐을까.

그의 15가지 투자 포인트를 고려하면 가장 잘 들어맞는 기업으로 애플을 떠올릴 수 있다. 1980년 12월 미국 증시에 상장한 애플은 첫날 시가총액 22억 달러(약 3조 원)를 기록했다. 40여 년이 흐른 지금 애플의 기업 가치는 3조 달러(약 4,160조 원)를 돌파해 무려 13만 6,300% 증가했다. 수십 년간 성장을 이뤘고 꾸준히 자사주 매입을 하는 등 주주 친화적이다. CEO 팀 쿡은 큰 잡음 없이 안정적으로 회사를 이끌고 있다.

다만 앞서 3부에서 지적했듯 일부 전문가들은 애플의 미래 성장동력이 잘 보이지 않는다고 말한다. 무엇보다 아이폰 매출 비중이 50%에 달한다. 에어팟, 애플워치 등 iOS를 기반으로 거대한 애플 디바이스 생태계를 구축했지만, 아이폰이 흔들리면 타격을 입을 가능성이 있다. 10년을 투자한 전기차 사업은 결국 철수했고 AI 경쟁에서도 밀리는 형국이다.

애플을 잇는 혁신 기업으로 떠오른 테슬라는 코로나 시대 부상한 성장주다. 테슬라의 높은 주가를 정당화하기 위해 나온 논리가 바로 '차세대 애플'이다. 애플은 아이폰을 앞세워 모바일 혁명을 이끌었고 퀀텀 점프에 성공했다. 테슬라 역시 전기차 기업을 넘어 로보택시, 에너지, AI로 무장한 모빌리티 플랫폼이 되면 시가총액 1위를 달성할 수 있다는 것이다. 머스크는 "자율주행과 인간형 로봇 등 사업이 성공하면 그 가치는 무한할 것"이라고 주장한 바 있다.

이는 피셔가 위대한 기업의 조건으로 강조한 '향후 매출액이 상당히 늘어날 잠재력을 가진 제품', '추가로 매출을 늘릴 수 있는 신기술 개발' 등에 해당한다. 그는 기업 연구 개발에 대해 다음과 같이 말했다. "한 기업이 프로젝트를 시작해 이익으로 반영될 성과를 얻기까지 통상 7~11년이 걸린다. 재정적 부담이 될 수밖에 없다. 그러나 신상품과 신형 기계 장치의 도입은 변화 속도를 따라잡지 못하는 수천 개 기업의 시장을 잠식할 것이다."

주가에 이미 반영됐을 것이란 착각

월가 일부 분석가나 공매도 세력은 이러한 주장을 허황된 꿈이라고 비판한다. 한해 180만 대가량 파는 자동차 회사의 시총이 도요타, GM, 포드 등 기존 완성차 회사를 합친 것보다 많은 것은 지나친 고평가라는 논리다. 이들은 테슬라가 향후 글로벌 자동차 1등 기업이 된다고 하더라도 이미 현 주가에 미래 가치가 다 반영됐다고 보고 있다. 2024년 들어 테슬라의 PER은 40~70배 선에서 움직였다. 반면 경쟁사인 도요타, GM, 포드는 10배 이하에 불과하다. S&P500 기업 평균은 28배 수준이다.

피셔의 생각은 어떨까. 그는 이 문제에 대해 G라는 가상의 우량 기업을 예로 들었다. G사는 매출과 순이익이 모두 증가세이고 강력한 성장을 뒷받침할 신제품을 개발 중이다. 이 회사의 주가는 순이익의 20~30배로 다우존스 지수 평균 PER의 두 배 수준이다. G사는 5년 내 순이익이 두 배 증가할 것이라고 전망한다. 대부분의 투자자는 'G사의 주가는 고평가이며 5년 뒤 미래 순이익 증가를 이미 반영하고 있다'고 판단한다.

피셔는 이러한 판단이 실수라고 지적한다. "G사가 꾸준히 성장하는 기업이라면 훌륭한 경영진은 5년 후에도 순이익을 지속해서 늘려줄 또 다른 신제품을 내놓을 것이다. 그렇다면 G사의 주가는 5년 뒤에도 다른 평균적인 기업들에 비해 PER이 두 배 더 높지 않을 이유가 없다. 위대한 기업의 PER은 미래의 순이익을 할인해서 판단할 수 없다."

피셔는 이를 성공한 친구로도 예를 들었다. "당신이 두 친구 중 한 명에게 투자한다고 치자. 크게 성공한 친구는 이미 성공할 만큼 했으며, 평범한 친구는 여전히 성공할 가능성이 있기에 후자에 투자한다는 것만큼 우스운 얘기가 있는가?"

그 기업의 본질은 무엇인가

테슬라가 피셔의 위대한 기업일지는 아직 모른다. 그의 주장대로 머스크와 경영진이 회사를 어떻게 이끌어가느냐에 달린 일이다. 머스크가 그토록 공언했던 자율주행 전쟁에서 승리한다면 시가총액 1위 기업이 꿈만은 아닐 것이다. 하지만 그 전까진 투자자들이 냉정한 눈으로 회사의 상황을 체크하고 공부할 수밖에 없다. 피셔는 "투자 실수를 했는데도, 자신이 틀렸다고 인정하지 못하면 치명적 손실을 볼 것"이라고 말했다. 쉽지 않은 일이다.

"누군가는 나의 성장주 발굴법에 이의를 제기할 것이다. 개인 투자자가 고작 종목 하나 찾는 데 그렇게 많은 시간을 투입하느냐고, 전문가에게 물어보면 될 일 아니냐고 말이다. 성장주를 정확히 선정하면 1만 달러를 10년 뒤 15만 달러로 불릴 수 있다. 소파에 편히 앉아 공짜 리포트를 읽는 정도로 이런 보상을 얻을 수 있다고 생각하는가? 어떤 증권사 직원이 이런 종목을 찍어주겠는가?"

피셔는 마지막으로 투자자들에게 당부했다. "가장 중요한 것은 해당 기업의 본질이 무엇인지 철저히 파악해야 한다는 점이다. 특히 향후 몇 년 동안 기대할 수 있는 것이 무엇인지 알아야 한다. 무엇보다 주식 시장에서 큰돈을 벌기 위해선 인내가 필요하다."

8장

테슬라 목표 주가 계산하기, 피터 린치

> 그동안 모은 돈 모두 주식과 코인에 올인했다. 고작 월급 300만
> 원으로 언제 집 사고 부자 되나? 인생은 타이밍이다. 30대에 20억
> 원 모아 깨끗하게 은퇴하겠다.

주식, 부동산, 암호화폐 등 월급 빼고 모든 자산 가격이 급등했던 코
로나 시기. 온라인 투자 커뮤니티에선 자칭 고수들이 넘쳐났다. 이들
이 인증한 계좌 수익률은 수백%에 달했고 단 1~2년 만에 몇 억 원
을 벌었다는 무용담도 곁들였다. 20~30대에 재테크 등 투자로 큰돈
을 벌어 40세 전에 은퇴하겠다는 파이어족도 심심치 않게 등장했다.
이 시기 주가가 1,300% 넘게 급등한 테슬라 투자자 중에도 이런 이
들이 적지 않았다.

파티는 길지 않았다. 2022년 금리 인상이 시작되자 쓰나미 같은

하락장이 닥쳤다. '암호화폐 대장' 비트코인은 60% 넘게 급락했고 테슬라 주가는 무려 70%에 가까운 역대급 하락을 맞아야 했다. 수년간의 장기 투자자마저 계좌에 빨간불이 들어왔고, 일부는 반대 매매 위험에 부랴부랴 주식을 처분하기도 했다. "은행 저축은 리스크"라고 외치던 투자 고수와 파이어족은 자취를 감췄다. 투자 커뮤니티엔 공포감과 함께 탐욕에 대한 반성과 후회 섞인 글들이 올라오기 시작했다. 그중 가장 많이 거론된 투자 대가의 어록이 있다.

"수익을 당연하게 여기는 생각은 하락장에서 확실하게 치유된다."

영원한 '월가의 영웅'이자 뮤추얼 펀드의 전설. 최근 젊은 세대에 겐 뼈 때리는 '금융 치료사'로 더 잘 알려진 투자 대가, 피터 린치다.

13년간 연 평균 수익률 29%

린치는 피델리티 인베스트먼트에서 1977년부터 1990년까지 13년간 펀드매니저로 활약했다. 이 기간 그가 운용한 마젤란펀드의 자산은 1,800만 달러에서 140억 달러로 777배 성장했다. 당시 미국 최대 규모의 펀드였다. 그는 한창 전성기인 47세에 돌연 은퇴를 선언한다. 지금으로 치면 파이어족의 롤 모델이라 하겠다.

앞장에서 소개한 '성장주의 아버지' 필립 피셔가 장기간 보유할 만한 위대한 기업을 찾으려 애썼다면, 린치는 개인 투자자에게 '자신이 잘 아는 것에 투자하라'고 조언했다. 이른바 생활 밀착형 투자법이다.

그는 훌륭한 주식을 찾기 위해선 가족과 회사 동료들이 어떤 물건과 서비스를 쓰는지 살펴보고, 쇼핑몰에선 어떤 매장에 줄을 서는지 눈여겨보라고 했다. "모든 산업, 모든 지역에서 위대한 성장 기업을 먼저 찾아낸 이들은 전문가들이 아닌 주의 깊은 개인 투자자였다."

그는 실적은 없고 이름만 번드레한 기술주나 닷컴 기업을 매우 경계했다. 그는 한 TV 간담회에 출연해 다음과 같이 설명했다. "1메가비트 SRAM CMOS 양극성의 위험을 배제한, 부동 소수점의 최적화 컴파일러에, 듀얼코어 메모리, 16비트 매트릭스 진공 형광 디스플레이, 유닉스 운영 체제, 15나노엔텍의 매출은 '꽝'인 제품. 이런 쓰레기 같은 설명을 듣고 주식을 사면 당신은 그냥 털린다! 나는 던킨도너츠로 떼돈을 벌었다."

린치의 뼈를 때리는 날카로운 조언은 전 세계 많은 투자자에게 큰 울림을 줬다. 온라인에서 최근까지 회자하는 '피터 린치의 10대 명언'을 꼽아봤다.

─── **피터 린치의 10대 명언**

1. 주식의 성패를 결정하는 것은 결국 기업의 이익이다.
2. 10세 아이에게 2분 이내 주식을 보유한 이유를 설명할 수 있어야 한다.
3. 공부하지 않고 주식을 사면, 카드를 보지 않고 포커 게임에 임하는 것과 같다.
4. 강세장은 근심의 벽을 타고 오른다. 근심은 그치는 법이 없다.

5. 투자는 과학이 아니라 예술이다. 철저하게 계량 훈련을 받은 사람에겐 불리한 일이다.

6. 무슨 일이 있어도 주식을 팔지 말고 보유하고, 이런저런 방법을 알려주는 똑똑한 충고를 무시하면서 멍청한 당나귀처럼 행동하라.

7. 시장 상황은 투자와 아무 상관이 없다. 이 한 가지만 제대로 이해하면 된다.

8. 아무리 훌륭한 회사라도 비싸게 사면 위험한 투자다.

9. 곤경에 빠지는 건 뭔가를 몰라서가 아니다. 뭔가를 확실히 안다는 착각 때문이다.

10. 다른 사람이 등 뒤에서 당신이 하는 일을 어떻게 평가할지 걱정한다면, 당신은 프로가 되기를 포기한 것이다.

피터 린치와 테슬라

린치는 얼핏 보면 워런 버핏 같은 가치 투자자로 보이지만 좀 더 유연했다. 버핏은 선호하지 않는 유형의 주식은 아예 무시했지만, 린치는 입맛에 맞지 않는 주식이라도 '이 주식으로 어떻게 돈을 벌 수 있을까' 고민했다. 그는 주식을 저성장주, 대형 우량주, 고성장주, 경기순환주, 자산주, 회생주 등 6가지 유형으로 분류했고 각각의 투자 전략을 소개했다.

린치의 눈에 테슬라와 같은 주식은 어떨까. 그는 10루타(10배 수익)

를 칠 수 있는 성장주를 가장 좋아하긴 했지만, 테슬라처럼 PER이 높은 인기 고성장주를 선호하진 않았다. 린치는 본인의 저서 《전설로 떠나는 월가의 영웅》에서 다음과 같이 밝혔다.

"내가 기피하는 주식은 가장 인기 있는 업종 중에서도 세간의 주목을 가장 많이 받는 주식이다. 인기 종목의 주가는 가치 기준을 벗어나 빠르게 상승한다. 그러나 추락하는 속도도 빠르다. 기민하게 처분하지 못하면 수익은 곧 손실로 둔갑한다." 지난 2~3년간 테슬라의 급등과 급락을 그대로 묘사한 듯하다. 린치는 기어이 한 번 더 뼈를 때린다. "애초에 이런 주식을 매입한 사람이 기민하진 않을 것이다."

전설적 투자 대가의 일침에 실망할 필요는 없다. 린치는 40년 전 투자자다. 그의 투자 기법을 그대로 흉내 낼 수도 없지만, 그랬다 하더라도 2010년대 들어 최고의 수익을 올린 구글, 아마존 등의 빅테크 기업을 놓쳤을 것이다. 월가의 적지 않은 분석가들이 테슬라 역시 여전히 성장 잠재력이 높은 기업이라고 보고 있다. 켄 피셔(Kenneth Fisher) 피셔인베스트먼트 회장이 아버지 필립 피셔를 딛고 큰 성공을 거뒀듯, 현시대를 사는 우리는 거인의 투자 철학을 배워서 자신의 것으로 가다듬고 발전시키는 자세가 더 중요해 보인다. 가령 주식이 단기간에 급등한다면 매수를 자제하는 것도 하나의 방법이 될 수 있을 것이다.

기업의 가치를 측정하는 방법

"사람들은 주가의 현재 움직임이 회사의 기본 가치를 가리킨다고 착각한다."

린치의 말을 계속 들어보자. 회사의 가격과 가치가 다르다니, 이게 무슨 얘기인가. 주식은 차트에 따라 가격이 오르내리는 종이 쪼가리가 아니다. 워런 버핏의 스승이자 현대 증권 투자의 개념을 정립한 벤저민 그레이엄은 "주식은 기업의 일부이자 사업에 대한 소유권이다"라고 했다. 사업은 고유의 가치를 지닌다. 그 기업의 고유한 가치를 계산할 수 있다면 어떨까. 투자자라면 주가가 기업의 가치보다 오르면 팔고, 떨어지면 사면 된다.

말로는 참 쉽다. 문제는 그 가치를 어떻게 계산하느냐다. 수많은 투자 대가들이 이 문제를 두고 평생을 고민했다. 가장 보편적인 방법의 하나는 그 기업의 이익을 들여다보는 것이다. 기업의 가장 큰 존재 목적은 이윤 창출이기 때문이다. 이를 토대로 보는 지표가 바로 PER이다. PER은 주가를 한 주당 당기 순이익(EPS)으로 나눈 값이다.

- PER=주가÷EPS
- 주가=EPS×PER

예를 들어 테슬라의 최근 PER은 약 60배(2024년 8월 기준)다. 주가를 지난 1년간 EPS로 나눈 수치다. 다시 말해 테슬라라는 기업을 사려면 한 해 이익의 60배 값을 쳐줘야 한다는 뜻이다. 경쟁 완성차 기업의 PER은 도요타 7배, GM 5배다. S&P500 기업 평균은 약 28배 수준이다. 그렇다면 테슬라 주가는 경쟁사는 고사하고 지수 평균으로 봐도 비싼 것인가? 반드시 그렇지만은 않다.

"백미러로는 미래를 볼 수 없다. 과거의 사건으로 미래를 예단하지 마라."(피터 린치) 시장은 미래 가치를 어느 정도 반영한다. 기대 이익이라고 볼 수도 있다. 만약 올해 기업 이익이 작년의 두 배가 될 것으로 예상되면 어떨까. 주가가 동일하다면 내년 이맘때쯤 PER은 반으로 줄어들 것이다. 이 예상 수치를 1년 선행 EPS, 1년 선행 PER이라고 한다. 미래의 이익을 예상할 수 있다면, 향후 주가도 계산할 수 있다. 이것이 애널리스트들이 추정하는 목표 주가다.

적정 PER도 계산할 수 있을까

주식 투자 사이트를 보면 특정 종목의 향후 추정 EPS를 찾아볼 수 있다. 미국 주식 정보 사이트 시킹알파에 따르면 2024년 8월 기준 테슬라의 2025년 추정 EPS 평균치는 3.28달러, 2026년 4.44달러, 2027년 6.56달러다. 이 수치는 계속 바뀐다. 분석가들이 기업 실적 발표나 시장 환경 등을 참조해 업데이트하기 때문이다. 미래의 추정 이익을 구했지만, 또 다른 문제가 있다. 도대체 얼마의 PER을 곱해야 하는가. 현 주가의 PER을 그대로 적용하면 될까.

여기서 등장하는 개념이 피터 린치가 처음 소개한 주가 수익 증가 비율(PEG)이다. PEG는 PER을 EPS 증가율로 나눈 값이다. 가령 PER 10배인 기업의 이익 증가율이 10%라면 PEG는 1이 된다. 린치는 이 값이 0.5면 유리하고, 2배면 불리하다고 했다. 즉 이익 성장률이 PER 보다 높으면 저평가로 본 것이다.

- PEG = PER ÷ EPS 증가율
- PER = PEG × EPS 증가율

테슬라 목표 주가 계산하기

테슬라 장기 투자자이자 《레이어드의 미국 주식 투자 원칙》의 저자 레이어드는 PEG를 활용해 성장 기업의 PER을 구할 수 있다고 설명 한다. 그는 이 방법이 테슬라와 같은 파괴적 혁신 기업에 잘 들어맞 는다고 봤다. 레이어드는 테슬라가 시장 규모, 재투자 비율, 시장 장 악력을 고려할 때 아마존과 유사한 위치를 가질 것으로 예상하고, 비 슷한 멀티플을 부여해야 한다고 설명했다.

왜 아마존일까. 월가의 기술주 전문 분석가인 마크 마하니는 아마 존이 본업인 온라인 유통에 고성장 신사업(아마존웹서비스·광고 부문) 을 훌륭하게 접목해 높은 PER을 정당화시켰다고 분석했다. 단기적 으론 투자로 이익이 줄어들 수 있지만, 미래에 엄청난 수익을 창출해

넬 회사였다는 얘기다. 테슬라 역시 본업인 전기차 외에 에너지·자율주행·로봇 등의 신사업을 장착했기에 아마존처럼 폭발적 성장을 할 잠재력을 지녔다고 볼 수 있다.

우선 PEG 값을 설정해야 한다. 투자 사이트 구루포커스에 따르면 아마존의 지난 10년 PEG 중간값은 3.70이다. (PEG 값은 투자 사이트마다 산정 기준이 다르기 때문에 조금씩 차이가 난다.) PEG가 1을 훌쩍 넘으니 린치의 기준에 따르면 상당히 고평가된 수치다. 이 회사가 지난 10년간 시장에서 높은 PER을 부여받았다는 뜻이다.

다음으로 테슬라의 미래 EPS 성장률을 구할 차례다. 잭스닷컴에 따르면 테슬라는 향후 5년간 연평균 21.6% 성장할 것으로 전망된다. 이 역시 분석가들의 평균 추정치로 투자 사이트마다 차이가 난다는 걸 기억하자.

이 수치들로 테슬라의 적정 PER을 계산하면 다음과 같다.

- 아마존 지난 10년 PEG 중간값: 3.70
- 테슬라 향후 5년 EPS 증가율 추정치: 21.6%
- 테슬라 적정 PER=3.70×21.6=80배

PER 80배는 S&P500 기업 평균(28배)을 고려할 때 역시나 고평가된 수치다. 그러나 과거 전기차 시장 개화기 테슬라의 PER이 100~200배에 달했던 것을 감안하면 터무니없는 멀티플은 아니다. 테슬라가 아마존과 같은 파괴력을 지닌 혁신 기업이라면 이 정도 배수를 받을 수 있다는 가정임을 기억하자. 이 계산을 토대로 테슬라의 2025~2027년 목표 주가를 산정해봤다.

- 테슬라 2025년 목표 주가

  PER 80 × EPS 추정치 3.28 = 262달러

- 테슬라 2026년 목표 주가

  PER 80 × EPS 추정치 4.44 = 355달러

- 테슬라 2027년 목표 주가

  PER 80 × EPS 추정치 6.56 = 525달러

위의 계산법은 아마추어인 저자의 추정일 뿐이다. 독자의 기대치보다 높을 수도 낮을 수도 있을 것이다. 실제 분석가들은 다양한 변수를 종합적으로 분석해 목표 주가를 설정한다. 중요한 것은 한 주식의 가치를 본인이 직접 계산할 수 있느냐다. 가치 기준이 있다면 주가가 하락해도 불안하지 않다. 장기 투자자에겐 오히려 저가 매수의 기회가 될 것이다.

《거인의 어깨》의 저자 홍진채는 린치의 10루타 종목을 설명하면서 개인 투자자가 접할 수 있는 10루타 주식은 '가치가 성장하는 주식'에 장기간 동행할 때라고 설명했다. 변화를 보기 위해선 적어도 5년 이상의 기간이 걸린다. 하지만 대부분 투자자는 그 전에 10루타의 싹을 잘라버리곤 한다. 테슬라에 투자하겠다고 마음먹었다면, 하루하루의 주가 변동보다 이 기업이 장기간 가치가 성장할 주식인지

먼저 파악할 일이다.

뼈 때리는 '금융 치료사' 린치는 사실 그 누구보다 개인 투자자를 응원하는 말을 아끼지 않았다. 그의 조언과 함께 이 책을 끝맺고자 한다. 장기 투자자라면 다음과 같은 격려에 가슴이 뛸 것이다.

"뛰어난 기업의 주식을 보유하고 있다면 시간은 당신의 편이다."

2030년 테슬라 주가 전망

목표 주가 23달러에서 2,600달러까지 '극과 극'

테슬라만큼 목표 주가가 천차만별인 주식도 흔치 않다. 2024년 8월 기준 월가 분석가들이 제시한 12개월 목표 주가는 최고 310달러에 서 최저 23달러까지 갈린다.* 무려 13배 차이다. 애널리스트들의 분 석 기법이 제각각 다르다고 해도 이 차이를 어떻게 설명해야 할까.

테슬라의 주요 수익원은 전기차 사업이다. 전기차 시장이 내연기 관차보다 성장 여력이 크다고 해도 제조업만으로 순이익의 100배 이상 멀티플을 주긴 쉽지 않다. 높은 목표 주가를 부여한 분석가들 은 테슬라가 전기차 외에 자율주행, 에너지 저장 시스템(ESS), AI 등 미래 사업에서 성과를 낼 것으로 기대한다. 반면 목표가를 낮게 잡은

● 모건스탠리의 아담 조나스가 목표 주가 310달러(비중 확대), GLJ리서치의 고든 존슨
(Gordon Johnson)이 23달러(매도 의견)를 제시했다. 조나스는 월가에서 테슬라 강세
론자, 존슨은 약세론자를 대변한다.

애널리스트는 테슬라를 자동차 회사 이상으로 보지 않는다. 글로벌 완성차 회사들의 PER은 5~10배 정도다. 결국 '이 회사의 본질이 무엇인가'라는 판단에 따라 갈린 것이다.

12개월 목표 주가는 단기 전망이다. 회사가 발표하는 분기 실적과 다음 분기 예측에 따라 변동한다. 그렇다면 투자자들이 궁금해하는 테슬라의 장기 전망은 어떨까.

월가엔 테슬라 장기 투자자이자 초지일관 낙관론을 펴는 두 명이 있다. 국내에서 '돈나무 언니'로 유명한 캐시 우드 아크 인베스트먼트 CEO와 억만장자 론 바론 바론캐피털 회장이다. 이들은 테슬라뿐 아니라 머스크의 사업과 혁신 전반을 지지한다. 최근 미국 델라웨어 주 법원이 내린 머스크의 3억 주 규모 주식 보상 철회 판결을 비판하기도 했다.

우드는 최근 보고서를 통해 2029년 테슬라 목표 주가를 2,600달러로 제시해 화제를 모았다. 보고서는 2029년까지 테슬라 기업 가치의 88%가 로보택시에서 나온다고 봤다. 이 사업의 예상 매출은 7,560억 달러(약 1,050조 원)다. 2025년 서비스를 시작해 이익률 40~60%를 달성할 것으로 전망했다. 테슬라의 2023년 전체 매출이 약 1,000억 달러(약 138조 원) 수준이니 로보택시에 엄청난 가능성을 본 셈이다. 보고서는 또 테슬라가 전기차 생산을 600만~1,600만 대로 확대할 것으로 예상했다. 이 같은 분석을 토대로 아크 인베스트먼트는 2029년 테슬라의 목표 주가를 기본 2,600달러, 약세 2,000달러(확률 25%), 강세 3,100달러(확률 25%)로 전망했다.

바론의 전망은 우드보다 다소 보수적이다. 그는 테슬라 주가가 2025년 500달러, 2030년까지 1,200달러에 이를 것으로 전망했다. 테슬라가 향후 10년간 20배의 성장을 달성하고 시가총액 4.5조 달러에 도달한다는 것이다. 바론은 이 같은 전망의 근거로 전기차 시장의 확장을 들고 있다. 전 세계 자동차 시장에서 전기차 비중이 6%에 불과한 데다, 완성차 기업과 충전 네트워크 협약으로 테슬라가 성장할 가능성이 높다는 분석이다. 그에 따르면 하이브리카는 전기차로 향하는 교두보에 불과하다. 또한 테슬라가 로보택시와 배터리 등 신사업에서도 큰 성과를 거둘 것이란 게 그의 생각이다.

다른 애널리스트들의 장기 전망은 어떨까. 시킹알파에 따르면 2030년 테슬라 EPS 추정치를 낸 애널리스트는 총 4명이다. 이들의 평균 EPS는 10.44달러다. 여기에 투자자가 생각하는 PER을 곱하면 테슬라의 목표 주가를 계산할 수 있다.•

• 주가=EPS×PER로 계산할 수 있다. 기업의 미래 예상 이익을 구한 뒤 얼마의 멀티플을 부여하는지가 관건이다. 분석가들은 보통 동종 업계의 멀티플을 적용한다. 테슬라가 미래 어떤 기업이 되느냐의 판단에 따라 이 수치는 달라질 수 있다.

집 팔아서 테슬라 17억어치 사다

39세 은퇴한 '테슬라 백만장자'의 투자법

2020년대 들어 테슬라 주가가 폭등하면서 미국에선 '테슬라네어 (Teslanaire)'란 신조어가 생겼다. 테슬라와 백만장자의 합성어로 테슬라에 투자해 큰 부를 이룬 사람들을 일컫는 표현이다. 모든 테슬라 투자자들이 꿈꾸는 롤 모델이라 할 수 있다. 초기에 테슬라를 투자해 성공한 만큼 대부분 미국인이다.

X에서 16만 명이 넘는 팔로어를 보유한 제이슨 드볼트(Jason DeBolt)는 테슬라네어 중 가장 유명한 인물이다. 그는 2023년 1월 집을 팔아 테슬라 주식 약 1만 주를 추가로 매수했다고 밝혀 큰 화제를 모았다. 이미 테슬라 투자로 100억대의 자산을 보유한 그가 집까지 팔게 된 사연은 무엇일까.

2023년 초는 머스크의 트위터 인수 여파로 테슬라 주가가 급락해 100달러 선을 위협받던 시기였다. 월가 일부 분석가들은 100달러도 곧 깨질 것으로 점쳤다. 하지만 드볼트는 이를 저가 매수 기회로 봤다. 문제는 동원할 현금이 없었다. 대부분 자산이 테슬라 주식에 묶여 있었고 남은 건 거주하는 캘리포니아 집뿐이었다.

그는 "테슬라 주가가 지난 1년간 고점에서 70% 하락했지만, 회사 매출은 50%, 순이익은 두 배 늘었고 수만 명에게 FSD를 배포했다. 그냥 무시하기엔 너무 저렴한 가격이었다"고 매수 이유를 설명했다. 이어 "많은 투자자가 머스크 때문에 테슬라 주가가 내려갔다고 비난하는 동안, 나는 더 많은 주식을 사기 위해 현금을 확보할 방법을 찾고 있었다"며 "결국 내 집을 팔기로 결심했다"고 말했다.

드볼트는 테슬라의 실적 발표 전 몇 주 동안 한 주당 123달러에서 139달러 사이 가격에 9,500주를 사들였다. 매수에 대략 124만 달러(약 17억 원)를 쓴 것으로 추정된다. 그는 이 추가 매수로 총 4만 8,000주의 테슬라 주식을 보유하게 됐다고 밝혔다. 100달러 밑으로 떨어진다던 테슬라 주가는 실적 발표 이후 급반등했다. 월가의 예상보다 호실적을 낸 덕분이었다. 드볼트가 매수한 테슬라 주식 1만 주는 실적 발표 이틀 만에 40만 달러(약 5.5억 원)의 평가 차익을 올렸다. 귀신 같은 투자였다.

테슬라 전문 매체 〈테슬라라티(Teslarati)〉는 드볼트가 집 매도 대금을 받기 전에 신용 대출을 활용해 주식을 매입했다고 전했다. 이후 드볼트는 "집을 판 돈으로 대출을 정리했고 기분이 좋다"고 밝혔다. 그는 캘리포니아주 로스앤젤레스 해변 근처에 새집을 임대했다.

드볼트는 2013년부터 테슬라에 꾸준히 투자했고 2021년 39세의 나이로 은퇴 선언을 해 화제를 모았다. 당시 그가 보유한 테슬라 주식 가치는 1,194만 달러(약 165억 원)였다. 드볼트가 처음 테슬라 주가를 매수할 당시 단가는 한 주당 2.5달러(주식 분할 2회 기준)였다. 그는 "테슬라 모델S를 구입하고, 테슬라 공장을 견학하면서 주식을 처음 사게 됐다"고 말했다. 2021년 그가 밝힌 테슬라 평균 매입 단가는 약 19달러다.

네티즌들의 반응은 엇갈렸다. 한 네티즌은 "테슬라는 변동성이 매우 큰 주식이기에 낮은 가격에 사는 게 좋은 전략으로 보인다"고 말했다. 또 다른 댓글엔 "도박에서 이긴 사람이 큰소리를 친다. 내 집까지 베팅하는 건 너무 위험하다"고 적었다. 드볼트는 본인의 투자에 대해 어떤 생각을 가지고 있을까. 그가 최근 개인 투자자들에게 조언한 X 글을 일부 소개한다.

"지난 10년간 테슬라 투자를 하면서 하루 9% 이상 급락한 날이 26번 있었습니다. 스무 번 지나니 모든 게 무덤덤해졌습니다. 기업의 재무는 주가의 후행 지표입니다. 재무 지표가 좋아 보일 때쯤엔 저 같은 초기 투자자가 최고의 수익을 거둔 뒤입니다. 선행 지표를 봐야 합니다. 공학 서적을 읽어보세요. 피터 린치는 '당신이 소유한 것이 무엇인지를 알아야 한다'고 했습니다. 주식은 가격이 중요하다고요? 재테크 책에서 읽으셨나요? 행운을 빕니다. 저는 이 주식이 어떤 가치를 지니고 있는지 알고 있습니다. 다른 이들의 말에 관심을 끄고, 수년간 조용히 사 모았습니다. 향후 131년간 하루에 한 주씩 팔 수 있는 수량의 테슬라 주식을요. 인내심을 가지세요. 내 성공의 절반은 다른 사람들이 공포에 빠졌을 때 아무것도 하지 않은 것입니다."

전 지구적 AI 솔루션 기업의 꿈

2023년 가을 나는 테슬라를 주제로 한경 코리아마켓 유튜브 방송에 패널로 출연했다. 사회자는 방송에 앞서 사전 질문지를 보내줬다. 그 중 마지막 질문이 눈에 띄었다. "본인이 생각하는 테슬라의 미래를 설명해 달라." 기자는 엔지니어도 투자 전문가도 아니다. 다만 지난 수년간 이 회사를 취재하면서 관련 서적과 문건, 그리고 인터뷰 영상 등을 샅샅이 찾아보게 됐다. 테슬라 비판론은 더욱 꼼꼼히 챙겨봤다. 테슬라 사사(社史) 전문가가 된 셈이다. 알면 알수록 이 회사가 어떤 위치에 있고 앞으로 어떤 길을 가게 될지 나름의 윤곽이 보이기 시작했다. 내가 생각하는 테슬라의 미래는 '전 지구적 AI 솔루션 기업'이다.

너무 거창한 얘기일 수 있다. 그렇다면 현재의 테슬라는 어떤 기업인가. '미국의 혁신 기업'이다. 머스크의 혁신 기업이라고 생각하는 많은 사람은 이를 의아하게 여긴다. 단언컨대 테슬라가 미국에서 창업하지 않았다면 현재의 우리는 그런 회사가 존재한다는 사실조차 몰랐을 것이다. 전기차 기술은 과거 100년 전에도 있었다. 머스크라는 희대의 사업가가 그 잠재력을 발견하고 키워낸 것이다. 그런 머스크조차 혁신에 무한한 자본과 기회를 제공하는 미국 땅이 아니었다면 결코 굴지의 기업을 일궈낼 수 없었을 것이다. 남아공의 17세 왕따 소년이 그토록 미국에 가고 싶어 한 이유였다.

머스크는 전기차 외에 민간 로켓 사업을 하고 있다. 그가 우주에 쏘아 올린 지구 저궤도 인공위성 스타링크는 6,000대에 달한다. 이 군집 위성들은 전 세계 어디에나(심지어 우크라이나 전쟁터에도) 고속 인터넷 서비스를 제공한다. 이는 특정 국가의 정보 통제 및 감시 체제를 우회할 가능성이 있다. 각국의 안보 정책과 밀접한 연관이 있다는 얘기다. 이 우주 사업은 미국이라는 세계 최강대국의 뒷배 없인 불가능했을 일이다. 2007년 파산 일보 직전에서 머스크를 구제한 것은 미 항공우주국(NASA)이었음을 알아야 한다.

미국을 등에 업은 테슬라는 전 세계 혁신 기업의 대표 브랜드가 됐다. 머스크는 테슬라가 미래 AI & 로봇 회사가 될 것이라 설파한다. 수많은 젊은 천재들이 그의 비전을 믿고 몰려들었다. 그 꿈에 투자할 자본도 넘쳐난다. 테슬라가 마음만 먹으면 모빌리티 및 에너지 영역의 모든 사업에 손댈 수 있다. 전기차를 넘어 비행기, 선박, 열차, 드론, 로봇, 태양광, 유틸리티, 수소까지도 가능하다. 머스크 시대에 안 된다면 수십 년 뒤 후대의 CEO가 충분히 진출할 수 있다. 이 모든 사업의 중심은 단연 AI다. 이에 성공한다면 테슬라는 글로벌 기업을 넘어 전 지구적 기업이 되는 최초의 사례가 될 것이다.

물론 이것은 하나의 그림일 뿐이다. 당연하게도 테슬라는 실패할 수 있다. 고백하건대 이 책은 낙관론에 근거했다. 아메리칸 드림을 찾아 아프리카에서 건너온 맨주먹 촌뜨기의 대책 없는 낙관주의 말이다. "천성이 병적으로 낙관적인 성향이 있습니다. 그랬기에 (테슬라의) 이 모든 일이 가능했던 거죠. 결국엔 해낸다는 게 중요합니다." 머스크가 2024년 테슬라 연례 주주총회에서 한 말이다. 그의 사단은 지금 이 시간에도 밤잠을 아껴가며 현장에서 맹렬히 일하고 있다.

나는 머스크 신화론을 경계한다. 그는 결점 많은 한 명의 인간일 뿐이다. 화려한 성공의 이면엔 경영적 실수와 실패가 적지 않았다. 아스퍼거 증후군을 앓고 있기에 사람들과의 소통이 서툴렀고 정치적 행보는 여전히 논란거리다. 그렇다. 그는 참 이상한 남자다. 하지만 우리는 본능적으로 인지하고 있다. 그가 사람을 들끓게 하는 힘이 있다는 걸. 결국엔 해낼 것이란 기대를 품게 한다는 걸.

"새로운 계획의 성취는 불요불굴의 마음에서만 이뤄진다. 그러니 오로지 열망하라. 긍지 있고 강하게 오직 한 길만."•

일본에서 '경영의 신'으로 존경받는 고(故) 이나모리 가즈오 교세라

• 　오니시 야스유키(大西康之),《이나모리 가즈오 1,155일간의 투쟁》(2013).

창업자가 직원들에게 강조한 어록이다. 테슬라의 역사를 되짚어보면 지난 20년간 본인의 비전을 밀어붙인 우직한 남자의 얼굴이 떠오른다. 그의 메시지는 때론 과장됐지만 한결같았다. 어느새 전 세계 많은 이들이 그의 꿈에 공감하고 있다.

"지금 테슬라에 투자해도 될까요?" 이 에필로그는 그간 기사를 쓰면서 수없이 들었던 질문의 답변이기도 하다. 이 회사의 주주가 되는 것은 투자의 목적보단 새로운 비전을 향해 함께 가는 동지가 되는 것에 가깝다. 그것은 지속 가능한 에너지 사회의 가속화이거나 다행성 종족을 향한 꿈, 인류를 위협하는 AI를 막기 위한 노력일 수도 있다. 그 머나먼 여정에서 보람과 즐거움을 느낀다면 보상은 뒤따르지 않을까. 꼭 테슬라가 아니어도 좋다. 부디 이 책을 읽고 새로운 모험을 향한 아이디어가 떠올랐길 바랄 뿐이다.

감사의 말

이 책을 쓰는 데 도움과 격려를 보내준 분들께 감사를 전하고 싶다. 취재에 응한 많은 이들이 있었기에 이 책을 완성할 수 있었다. 역량은 부족했으나 최선을 다했다. 책의 내용에 오류가 있다면 그것은 오로지 나의 잘못일 것이다. 네이버에서 기자를 구독하는 1만 5,000명의 독자 분들께 가장 먼저 고개 숙여 감사 인사를 드린다.

　회사 내 수많은 선·후배들이 도움을 베풀어줬다. 우선 책을 출간할 기회를 주신 김정호 〈한국경제신문〉 사장님과 김수언 한경BP 대표님께 깊은 감사의 말씀을 올린다. '테슬람이 간다' 연재를 시작할 때부터 관심과 조언을 아끼지 않은 이심기 편집국장께 감사의 마음을 전하고 싶다. 소속 부서인 B&M의 서정환 부국장 및 윤현주, 조영선, 박병준, 이주현 기자에게 큰 빚을 졌다. 고비 때마다 따뜻한 격려의 말을 해준 남정혜 편집부장과 편집부원들, 동기 김정은 기자, 후

배 권용훈 기자에게도 고마움을 전하고 싶다. 책의 제목과 편집 방향의 결정에 남궁훈 한경BP 편집자의 역할이 컸다.

X에서 만난 수많은 테슬라 팬들이 기사를 쓰는 데 힘이 됐다. 일면식도 없는 저자에게 James Lee, Oh Hahm Ma, MI&ME 님은 애정 어린 관심을 보내주셨다. 각 분야의 전문가들이 아니었다면 이 책의 아이디어를 얻지 못했을 것이다. 취재원으로 큰 도움을 준 테슬라코리아 관계자들과 임은영 삼성증권 팀장, 오랜 친구인 이태호 픽쿨 대표에게도 고마움을 전한다. 이들의 경험과 전문 지식이 없었다면 이 책은 나올 수 없었다.

가족들이 큰 힘이 됐다. 프로젝트 내내 응원해준 부모님과 동생네 가족에게 감사하다. 무엇보다 변함없는 사랑과 지지를 보내준 아내 진희와 산, 설에게 고마움을 전한다. 나의 영혼은 오직 당신들의 것임을 밝혀둔다.

팔로우할 만한 테슬라 인플루언서들

X와 유튜브 등엔 테슬라를 다루는 인플루언서들이 많다. 이들은 전통 미디어보다 발 빠르게 테슬라 소식을 전하고 실적 발표와 기술 행사를 분석한다. 남다른 시각과 정보를 제공하는 인플루언서들을 소개한다. 테슬라와 머스크에게 비판적인 인물도 포함했다. 판단은 독자들에게 맡긴다.

강세론자

Sawyer Merritt @SawyerMerritt (X)
팔로어 72만 명의 대표 테슬라 소식통. 테슬라 뉴스를 발 빠르게 전한다.
Whole Mars Catalog @WholeMarsBlog (X)
FSD 주행 분석 영상을 올리며 유명해졌다. 머스크가 종종 댓글을 단다.
레이어드 @LayeredInvest (X)
국내 대표 테슬라 투자자. 테슬라 급등 이전부터 블로그에 분석 글을 올렸다.
大趙 @zhongwen2005 (X)
테슬라 중국 소식통. 테슬라의 중국 사업 비중이 크기에 현지 루머도 관심사다.

> **Munro Live @MunroLive (유튜브)**
>
> 수년간 테슬라 차량 분해 영상을 올려 큰 화제를 모은 샌디 먼로의 유튜브.

중립

> **Gary Black @garyblack00 (X)**
>
> 퓨처펀드 대표이자 애널리스트. 월가의 냉철한 계산법으로 테슬라를 평가한다.

> **Troy Teslike @TroyTeslike (X)**
>
> 테슬라 배송량 전문 분석가. 머스크의 트위터 인수 이후 행보에 다소 비판적이다.

> **James Cat @TSLAFanMtl (X)**
>
> 최근 테슬라 분기 실적을 가장 잘 맞춘다. 테슬라 경영에 까칠한 글을 자주 올린다.

> **green @greentheonly (X)**
>
> FSD 컴퓨터를 분해하는 등 하드웨어 측면에서 기술적인 글을 올린다.

비판론자

> **KoGuan Leo @KoguanLeo (X)**
>
> 테슬라의 3대 개인 투자자. 한때 머스크의 팬이었지만 현재는 독단 경영을 비판하고 있다.

> **Gordon Johnson @GordonJohnson19 (X)**
>
> '테슬라 안티'로 유명한 월가 애널리스트. 최근 그의 목표 주가는 20달러대다.

테슬라 투자에 도움이 될 사이트

테슬라 IR(ir.tesla.com)
테슬라 사업보고서 및 공시 자료가 올라온다. 투자자라면 반드시 확인해야 한다.
야후파이낸스(finance.yahoo.com)
개별 종목 정보부터 뉴스까지 총망라한 미국 투자 대표 정보 포털이다.
한경 글로벌마켓(hankyung.com/globalmarket)
국내 대표 해외 주식 투자 사이트. 특파원들의 생생한 기사와 방송을 접할 수 있다.
시킹알파(seekingalpha.com)
테슬라 어닝콜 전문을 볼 수 있다. 유료 고객은 EPS 10년 추정치 확인 가능.
잭스닷컴(zacks.com)
각 기업의 주가, EPS, PER 등의 추이를 그래프로 확인할 수 있다.
팁랭크(tipranks.com)
유료 가입 시 개별 기업 목표 주가 변천사를 한눈에 볼 수 있다.
블룸버그(bloomberg.com)
미국의 경제 전문 매체. 테슬라 비판 기사가 많지만 읽을 만한 가치가 있다.
배런스(finance.yahoo.com)
미국의 투자 전문 매체. 심도 있는 종목 분석 기사들이 많다.
테슬라라티(teslarati.com)
친테슬라 매체로 일론 머스크와 테슬라 관련 뉴스를 제공한다.

참고문헌

- 권순우, 《수소전기차 시대가 온다》(2019), 가나출판사
- 권종원, 《일론 머스크와 지속 가능한 인류의 미래》(2021), 클라우드나인
- 뉴욕주민, 《뉴욕주민의 진짜 미국식 투자》(2020), 비즈니스북스
- 레이어드, 《레이어드의 미국 주식투자 원칙》(2020), 포르체
- 루카스 베드나르스키, 《배터리 전쟁》(2023), 위즈덤하우스
- 메이 머스크, 《여자는 계획을 세운다》(2021), 문학동네
- 마이클 블리스마스, 《일론 머스크, 대담한 선택》(2023), 알에이치코리아
- 마크 마하니, 《기술주 투자 절대원칙》(2024), 리더스북
- 미카엘 발랑탱, 《테슬라 웨이》(2021), 한빛비즈
- 박순혁, 《K 배터리 레볼루션》(2023), 지와인
- 박태준, 《충전 중인 대한민국 전기차》(2021), 한울
- 반병현, 《챗GPT: 마침내 찾아온 특이점》(2023), 생능북스
- 브라운스톤(우석), 《부의 인문학》(2019), 오픈마인드
- 애슐리 반스, 《일론 머스크, 미래의 설계자》(2015), 김영사
- 에드워드 니더마이어, 《루디크러스》(2021), 빈티지하우스
- 에릭 버거, 《리프트 오프》(2022), 초사흘달
- 월터 아이작슨, 《일론 머스크》(2023), 21세기북스
- 정지훈 · 김병준, 《미래 자동차: 모빌리티 혁명》(2017), 메디치미디어
- 차두원 · 이슬아, 《포스트 모빌리티》(2022), 위즈덤하우스
- 찰스 모리스, 《테슬라 모터스》(2020), 을유문화사
- 최원석, 《테슬라 쇼크》(2021), 더퀘스트
- 크리스 맥냅, 《일론 머스크》(2023), 움직이는서재
- 팀 히긴스, 《테슬라 전기차 전쟁의 설계자》(2023), 라이온북스
- 피터 틸 · 블레이크 매스터스, 《제로 투 원》(2014), 한국경제신문
- 피터 린치, 《전설로 떠나는 월가의 영웅》(2017), 국일증권경제연구소
- 필립 피셔, 《위대한 기업에 투자하라》(2005), 굿모닝북스
- 하마다 가즈유키, 《일론 머스크가 그리는 미래, 뇌와 AI의 결합 IOB》(2022), 동아엠앤비
- 홍진채, 《거인의 어깨》(2022), 포레스트북스
- 홍춘욱 · 박종훈, 《밀레니얼 이코노미》(2019), 인플루엔셜(주)

AI 패러다임을 이끄는 위대한 전환

테슬라 리부트

제1판 1쇄 발행 | 2024년 10월 30일
제1판 2쇄 발행 | 2024년 11월 27일

지은이 | 백수전
펴낸이 | 김수언
펴낸곳 | 한국경제신문 한경BP
책임편집 | 남궁훈
교정교열 | 이근일
저작권 | 박정현
홍   보 | 서은실·이여진
마케팅 | 김규형·박정범·박도현
디자인 | 이승욱·권석중
본문디자인 | 디자인 현

주   소 | 서울특별시 중구 청파로 463
기획출판팀 | 02-3604-556, 584
영업마케팅팀 | 02-3604-595, 562   FAX | 02-3604-599
H | http://bp.hankyung.com   E | bp@hankyung.com
F | www.facebook.com/hankyungbp
등   록 | 제 2-315(1967. 5. 15)

ISBN 978-89-475-4980-6 03320